세계교회의 품격있는 일원되기

동반자 선교 보고서

한경균 지음

동반자 선교 보고서
세계교회의 품격있는 일원되기

초판 발행 2022년 7월 5일
지은이 한경균
펴낸이 민대홍
펴낸곳 서로북스
편집협력 한국교회생태계연구Network
출판등록 2014.4.30 제2014-141호
주소 경기도 파주시 회동길 480 A동 407호
홈페이지 www.seoro2.com
이메일 pfpub@naver.com
팩스 0504-137-6584

ISBN 979-1-87254-44-7 (03230)

ⓒ 서로북스, 2022
저작권법에 의하여 한국 내에서 보호를 받는 저작물이므로 무단 전재 및 복제를 금합니다.
책값은 뒤표지에 있습니다.

세계교회의 품격있는 일원되기

동반자 선교 보고서

한경균 지음

서로북스

추천사

한경균 목사는 에큐메니칼 정신에 의해 선교지 교회를 이해하신 분입니다. 그리고 예장 통합 교단의 파송을 받아 선교협정서(MOU)를 맺는 파트너 교단과 교회들을 지난 2002~2020년까지 18년 동안 선교 현장에서 섬기셨습니다. 저자는 에큐메니칼 정신에 따라 선교사(Missionary)로 파송되어 현지의 교회들을 이해한 것이 아니라 에큐메니칼 사역자 즉 동역자(Fraternal Worker)로서 인도, 필리핀, 뉴질랜드에서 사역하였고, 현지 교회의 동역자로서 에큐메니칼 기관에서 사역하므로 실무를 통한 동반자 선교를 잘 이해하였습니다.

저자는 한국선교가 '세계교회의 일원 되기'라는 평범한 것 같은 부제를 통해 알려진 글로벌 네트워크 현장을 오늘날 한국 선교계가 주목해야 할 중요한 단어라고 말합니다. 특히 이 책 부제에 '품격있는' 이라는 문장이 추가되면서, 이를 위해 한국선교가 이전 독자적인 선교 패턴에서 벗어나 세계교회와 함께 나아가야 할 책무를 제안하였는데, 이는 현장 선교사들과 한국교회 선교 지도자들, 미래 선교를 준비하는 이들이 꼭 들어야 할 메시지입니다.

4장에서 등장하는 선교 키워드들과 4장 7절에서 소개된 '에큐메니칼 대화 마당'에서 보여준 저자의 열정은 단순한 아이디어 제시가 아닙니다. 앞으로 선교사역을 담당해야 할 후배 선교 사역자들을 위한 길라

잡이가 되도록 자신이 경험하고 익힌 내용을 중심으로 구체적인 대안과 사례도 제시 하였습니다. 이를 통해 저자가 세계선교의 현장과 필요를 얼마나 깊이 이해하고 있는지와, 선교 현장에 다음 세대들의 참여를 위한 열정과 초청의 메시지가 곳곳에서 발견됩니다.

이 책의 가장 중요한 점은 저자가 선교지 교회를 이해하는 일에 있어서 외부자(Outsider)의 시각을 가지고 이해하려고 한 것이 아니라 내부자(Insider)로서 현지 교회를 이해하려고 노력 한 것입니다. 그래서 이 책을 읽어야 하는 분은 선교지 리더라고 생각하는 분들, 특히 건강한 선교를 하기 원하는 분들이 읽고 그들에게 파송 교회 중심의 시각보다는 현장 교회의 일원으로 현장 선교를 이해하시도록 선교적 퍼스펙티브가 업그레이드되면 좋겠습니다. 쉽게 쓰인 책이지만 이 책을 관통하는 저자의 선교 철학은 현장 선교사들에게 새로운 통찰력을 주리라 확신합니다.

강대흥 선교사(KWMA 사무총장)

추천사

한경균 목사의 〈동반자 선교 보고서〉는 21세기 선교 관계에 가장 핵심적인 주제인 "동반자 선교 (Mission in Partnership)"를 자신의 에큐메니칼 선교 현장 경험에서 성찰한 소중한 매뉴얼입니다. 이 책의 첫째 특징은 움직임입니다. 저자가 한국에서 인도로, 필리핀으로, 뉴질랜드로 선교의 부르심을 따라 한 지역에 머무르지 않고 부지런히 움직이며 아시아 태평양 지역 및 세계교회와 동역한 운동성이 역동적으로 담겨 있습니다. 둘째 특징은 이음매입니다. 사람 좋아하는 한경균 목사 주위에는 늘 사람이 있고 환대와 교제가 있습니다. 동반자 선교에서 무엇보다 중요한 요소는 사람 사이의 연결일 것입니다. 특히 나와 다른 환경에서 성장하고 활동하는 파트너를 겸손과 열린 태도로 만나고 경청하며 서로 배우는 자세를 자연스럽게 제시하고 있습니다. 셋째 특징은 공유성입니다. 이 책은 동반자 선교에 관해 축적된 풍부한 지적, 물적, 영적 자산을 개인 차원에 묶어두지 않고, 공동체와 아낌없이 나누는 공공 플랫폼의 성격도 띠고 있습니다. 한경균 목사는 책과 논문과 대화를 곁에 두고 공부하며 실시간으로 변혁하는 선교 동역자입니다. 이 책에 포함된 다양한 선교 파트너들과 교류하며 터득한 보물 같은 통찰은 선교 여정뿐 아니라 삶의 여정에 꼭 필요한 품격있는 동반자 관계를 가꾸어줄 것입니다.

2018년 세인트루이스에서 열린 미국장로교 223차 총회에서 대면으로 한경균 목사를 처음 만난 후 좋은 선교 동역자로 벗으로 지내고 있어 기쁩니다. 저는 갈수록 동반자 선교는 함께 추는 "춤"이라고 생각합니다. 독무가 아니라 상대의 움직임과 감정에 서로 유의하며, 서로 이끌고 따라주며, 그 과정이 함께 하기에 즐겁고 공감할 수 있는 춤추기 말입니다. 저자의 〈동반자 선교 보고서〉는 하나님의 선교에 기꺼이 부르심에 응답하며 동참하는 순례의 여정에 친절한 동반자로 동행해 줍니다. 그 길에서 함께 추는 춤, 그 무엇도 가둘 수 없는 자유롭고 진정한 몸짓이 얼마나 신명나고 생명을 불어넣어주는지 새롭게 경험하실 수 있을 것입니다. 〈동반자 선교 보고서〉의 출간을 함께 기뻐하며 진심으로 축하드리며, 널리 읽히고 두루 활용되기를 바랍니다.

김지은 목사(PCUSA 세계선교부 동아시아 선교 책임자)

추천사

　제2차 세계대전이 종식된 후 세계선교는 수백 년 동안 수행해 온 선교를 중단해야 할 위기를 직면한다. 그것은 서구의 기독교국가들에 의한 식민지 정책과 또 양차 세계대전을 통해서 서구교회가 더 이상 세계선교를 주도할 수 있는 도덕적 신뢰를 잃었기 때문이다. 이때 1947년 캐나다 휘트비에서 열린 에큐메니칼 선교대회는 "순종 안에서 협력"(Partnership in Obedience)는 주제어를 제시하였다. 선교는 더 이상 일방적으로 진행되는 것이 아니라 상호관계에 바탕을 두고 함께하는 선교라는 사실을 선언하며 실행하기로 한다. 이로써 세계선교는 새로운 차원에서 다시 시작하였다.

　한경균 목사의 동반자 선교는 에큐메니칼 선교 관점에서 어떻게 교회들이 하나님의 선교의 파트너로 서로 협력하면서 동반자가 될 수 있는가를 자신의 오랜 선교 동역자의 경험을 바탕으로 기록한 책이다. 아시아와 세계교회들과의 실제적인 만남과 동역을 바탕으로 기록된 내용으로 다양한 목차로 구성되어 있지만 크게 두 가지 문제의식이 전체 내용을 관통한다. 첫째, 에큐메니칼 기구들의 좋은 가치와 정신이 복음주의 교회들, 지역 교회들에게 미치지 못하는 점, 둘째, 본인이 경험한 세계교회들과의 다양한 에큐메니칼 경험을 어떻게 한국교회와 접목하며 동반자 선교로 안내할 수 있을까?

본서는 한경균 목사가 직접 방문하거나 수년 동안 현지교회의 선교 동역자로 경험한 내용을 바탕으로 생생하고 다채로운 선교 이야기를 들려준다. 또한 여러 교회들의 특징들을 상세히 설명하면서 우리와 다른 점, 발전된 점들을 소개하면서 서로 배움을 통해 진정한 동반자 선교를 어떻게 실천하는가를 기록하고 있다. 본서는 동반자 선교의 필요성을 깨닫고 있는 한국교회에 귀한 실천 지침서가 될 뿐 아니라, 신학교에서 동반자 선교를 배우고 가르치는 데 매우 유용한 원자료를 제공함으로 동반자 선교의 교과서로 사용하기를 진심으로 추천한다.

한국일 교수(장로회신학대학교 은퇴교수, 선교학)

추천사

　　한경균 목사는 대한예수교장로회 청년회 전국연합회가 배출한 자랑스러운 지도력입니다. 1990년대부터 세계선교협의회(CWM)와 아시아기독교협의회(CCA)로부터 에큐메니칼 선교훈련을 받고 인도, 필리핀, 뉴질랜드에 선교동역자로 활동해왔습니다.

　　귀국 후에 총회 본부에서 에큐메니칼 협력의 실무자로서 세계교회 지도자들을 만나고 소통하면서 세계선교의 흐름을 읽고 소개한 선교전략가이기도 합니다.

　　이번에 출간한 〈동반자 선교 보고서〉는 2013년 세계교회협의회(WCC) 부산총회 이후 한국교회가 걸어가야 할 길을 제시하고 있습니다. 세계교회의 품격있는 일원이 되어 동반자 선교를 실천하기를 바라는 그의 바람은 이 책 곳곳에 간절한 마음으로 드러나고 있습니다.

　　이 책을 통해 저자는 아시아의 친구들과 우정을 발전시키고 선교동역자로 협력해 왔던 노하우를 공개하고 있습니다. 타 문화권에서 활동하고 있는 선교사들뿐만 아니라 선교, 동역에 관심 있는 모든 그리스도인에게 필독하기를 추천합니다.

이순창 목사(대한예수교장로회 총회 106회기 에큐메니위원장)

차 례

추천사 4

서문 17
세계교회의 품격있는 일원 되기

Part I 25
세계교회와 함께 걷기: 동반자로 받아들임

1. 인도교회(NCCI)와 함께 걷기
2. 필리핀그리스도연합교회(UCCP)와 함께 걷기
3. 뉴질랜드장로교회(PCANZ)와 함께 걷기
4. 아시아교회(CCA)와 함께 한 선교여정
5. 미국장로교회(PCUSA)와 함께 걷기
6. 스코틀랜드, 영국개혁교회(CofS, URC)와 함께 걷기

Part II 73
품격있는 교회로 거듭나기: 동반자로서 품격을 갖추다

1. 동역교단에서 경험한 품격있는 지도력
2. 맛, 멋, 판이 있는 신학교육
3. 몰트만이여 안녕 : 한국신학교육의 미래 로드맵
4. 신학교육과 글쓰기 훈련
5. 동반자 선교를 꿈꿨던 인물
6. 필리핀에서의 에큐메니칼 협력선교
7. 과거 답습형 선교는 세계교회 동반자로 협력할 수 없다

Part III 119
일원이 되어 함께 품기: 동반자와 함께 품다

1. 한국교회, 아시아교회의 친구인가?
2. WCC 부산총회의 열매
3. 여전히 낯선 로잔문서
4. 케이프타운서약(CTC)이 남긴 교회의 실천과제
5. 아시아교회와 함께 호흡하다
6. 인도교회를 이해하기 위한 보물창고
7. 아시아에서 활동하는 한국교회의 선교단체들

Part Ⅳ 173
키워드로 정리하는 동반자 선교의 비전

1. 선교신학
2. 신학교육 : 신학적 상상력
3. 디아스포라 공동체
4. 뉴질랜드 장로교회
5. 에큐메니칼 : WCC, 로잔, 가톨릭, 아시아
6. 한경직 VS 맥킨타이어
7. 에큐메니칼 대화마당 : 신학춘추 인터뷰

| 부록 | 249 |

동반자 선교를 위한 신학문서

(부록 1) 21세기 대한예수교장로회 신앙고백서
(부록 2) 총회선교신학
(부록 3) 필리핀그리스도연합교회와의 선교협정서
(부록 4) 미국장로교 선교국 운영메뉴얼
(부록 5) 벨하르 신앙고백서
(부록 6) 에딘버러 2010 대회, '공동의 소명'
(부록 7) 다종교 사회에서의 그리스도인의 증언
(부록 8) 뉴질랜드장로교회-대한예수교장로회 선교협의회 합의문

| 고마운 사람들에게 | 303 |

서문

세계교회의
품격있는 일원 되기

나는 2002년부터 2020년까지 동반자 선교를 현장에서 경험하고 실천했다. 16년간 에큐메니칼 선교동역자로 활동했고, 예장통합 총회 행정지원본부에서 에큐메니칼 업무 실무자로서 해외 동역 교단들과 교류하기도 했다. 이번에 이 책을 내는 목적은 내가 경험한 동반자 선교의 중요성과 실천 가능성을 주변의 지인들과 동료 선교사들에게 나누기 위함이다.

동반자 선교를 위한 나의 여정은 초등부부터 대학부까지 출석했던 종암교회에서 출발했다. 일본 동경신학대학에서 수학했던 故 김윤식 목사님은 일본과 대만의 자매교회들과 종암교회 교인들이 정기적으로 서로 교류하도록 장려하였다. 장신대에서 김수진 목사님으로부터 일본교회사를 배우고 자매교회인 동경의 이다바시 교회와 재일대한기독교회 소속의 나고야교회, 오사카를 방문하기도 했던 나는 한일교회 사이에 그리스도 안에서 형제자매로서 공동의 신앙을 고백하고 실천하는 일이 가능하다는 것을 경험하였다.

본격적으로 에큐메니칼 사역에 관심을 가지면서 크게 세 가지 경로를 통해서 동반자 선교를 접할 수 있었다.

먼저, 한국의 기독교단체가 밀집한 종로 5가의 선배들로부터 에큐메니칼 협력의 중요성을 배웠다. 한국교회100주년기념관에 위치한 대한예수교장로회(예장통합) 총회에서 일하는 사람들과 한국기독교교회협의회(NCCK), 한국기독교장로회 총회, 에큐메니칼청년협의회(EYC), 한국기독교학생총연맹(KSCF)에 종사하는 사람들을 이어주는 신학코드가 있는데 그것은 '하나님의 선교(Mission Dei)'다. 이 개념은 1970년대 세계교회협의회(WCC)를 통해 한국에 소개되었고 국내의 지역교회를 넘어서 세계의 그리스도 형제자매들을 연결시켜서 하나님의 일꾼으로 부르시고 동역하게 하는 동반자 선교의 신학적 기초가 되었다.

둘째로, 아시아와 태평양 국가에서 배웠다. 1년 이상을 살아보았던 인도, 필리핀, 뉴질랜드 외에도 그리스도인 형제자매들을 만나서 교제한 일본, 중국, 대만, 태국, 말레이시아, 인도네시아, 미얀마, 베트남, 캄보디아, 싱가폴, 홍콩, 호주, 피지, 바누아투, 나우루에서 동반자 선교의 씨앗이 뿌려진 역사를 들었고, 동반자 선교를 위한 절차와 과정을 목격했으며, 동반자 선교를 통해 기쁨과 감격을 맛보았다. 한국교회도 2만 명이 넘는 선교사를 파송하는 특별히 선택받은 교회라는 자부심만 내려놓으면 그리스도를 주로 고백하는 지구촌의 형제자매 그리스도인들을 친구로 사귈 수 있다. 5대양 6대륙에 있는 모든 교회가 가진 선교적 열정과 속도의 차이를 인정하고 하나님의 선교에 부름 받은 동역자로 받아들이면 동반자 선교를 위한 실천적 기초가 준비된다.

셋째로, 국제선교의 자원봉사자와 참가자로 동반자 선교의 현장에 있었다.

나는 신대원 3년 동안 매년 9월 예장통합 총회 기간 해외교회 대표들을 지원하는 자원봉사자(Steward)였다. 당시 김포공항 국제선 터미널에 가서 한국교회를 방문하는 해외교회 대표들을 환영하고, 한국교회 100주년기념관내에 있는 게스트룸에 모신 후, 한 주간 총회 참석과 서울 시내 관광 안내를 도왔다.

국제적인 차원에서 배움의 기회는 남태평양에서부터 시작되었다. 1991년 가을 남태평양 나우루섬에서 세계선교협의회가 주관하는 청년 선교프로그램(Youth in Mission)에 참석한 것을 시작으로 2001년에는 인도 케랄라주에서 열렸던 아시아에큐메니칼훈련(Asia Ecumenical Course)을 받았다. 또 2013년 부산에서 열렸던 세계교회협의회(WCC)

10차 총회 참석을 비롯하여, 1994년 서울과 2017년 미얀마 양곤에서 열렸던 아시아선교대회(Asia Mission Conference)에 참석했고, 2000년 인도네시아 토모혼과 2010년 말레이시아 쿠알라룸푸르, 2015년 자카르타에서 모였던 아시아기독교협의회(CCA) 정기총회에 참석하면서 아시아 교회를 이끌고 있는 지도자들과 교제할 기회를 얻었고 지금도 페이스북을 통해 틈틈이 안부를 나누고 있다. 선교동역자로 활동하면서 필리핀그리스도연합교회(UCCP) 4년차 총회를 2차례, 뉴질랜드장로교회(PCANZ) 2년차 총회를 3차례 참석했다. 2018년 한국으로 돌아와서 예장통합 총회의 에큐메니칼 업무의 실무자로서 미국 세인트루이스에서 열린 미국장로교(PCUSA) 223차 총회와 2019년 스코틀랜드(장로)교회 총회도 참석하기도 하였다.

그동안 참석했던 다양한 국제기구의 총회와 선교 관련 회의들은 내게 신학적인 영감을 주고 선교적으로 자극했다. 현재 국제적인 선교의 흐름은 모든 곳에서부터 와서 모든 곳으로 흘러간다는 것이고, 더 이상 서구교회 중심으로 선교를 돕는 교회와 선교적 도움을 받는 교회가 따로 존재하는 것이 아닌 모든 교회가 하나님의 선교에 동반자로 참여한다는 것이었다.

16년간 선교동역자의 임무를 마무리하고 한국으로 돌아오면서 한국이 새로운 선교지일 수도 있다는 생각을 했다. 서울사이버대학교에 1학기 등록하면서 한국에서 벌어지고 있는 사회변동 특히 다문화 상황을 배웠다. 법무부와 여성가족부를 중심으로 정부 차원에서 준비한 다문화정책에 비해 한국교회가 진행 중인 다문화선교는 체계적이지 못하다는 것을 알게 되었다. 다문화 관련 석박사 학위 프로그램이 전국에 22개 대학교에서 운영 중이고 전국적으로 다문화지원센터를 운영하는 것에 비해 한국교회는 외국인 노동자들의 인권 차원이나 교회에 출석하는 다문화가족을 환대하는 차원에 머무르고 있는 것으로 보였다.

레슬리 뉴비긴이 남인도에서 40년간 선교사역을 마치고 영국으로 돌아가서 느꼈던 세속화된 모습과는 비교할 수 없지만 2018년 한국으로 돌아온 이후 한국교회(특히 장로교) 생태계에 대한 근본적인 질문을 하게 되었다. 목회자 후보생 선발을 아직도 왜 저렇게 엉성하게 할까? 총회 직영신학대학교에 목회자 후보생들을 추천한다고 하는데 수업료를 왜 학생 개인들이 부담하고 있을까? 목사 안수와 청빙 과정에서 노회의 역할이 더 중요한 것 아닌가? 선교사 후보생의 선발, 훈련, 파송 그리고 돌봄의 시스템은 이전보다 개선되고 있는 것인가? 세계교회협의회 부산총회가 남긴 선교적 합의와 유산은 한국교회에 제대로 수용되고 선교 정책에 반영되었을까? 교회 개척의 사명은 개척교회 목사의 몫일까? 노회의 국내선교부의 몫일까? 전임목회자가 부족한 젊은 목회자들에게 목회 소명과 기회는 각자도생의 길인가? 임대료로 고통 받고 있는 작은 교회들의 지속가능성은 무엇인가?

이런 질문은 목사안수를 받은지 27년차, 그리고 50대 중반이 된 나의 질문이기도 하지만 최근에 신대원을 졸업하고 안수를 받고 목회현장에 가담하게 된 후배 목회자들의 질문이기도 하다. 한국교회의 출발부터 알아보는 것이 필요하다고 고민하던 시기에 옥성득 교수의 『한국기독교형성사』가 2020년 3월에 출간되었다. 10명의 후배들과 함께 3개월간 이 책을 꼼꼼하게 읽고 한국교회의 목회유전자(DNA)에 대한 많은 궁금증도 해답의 가능성도 발견하면서 한국교회를 넓게·멀리·길게 바라보는 관점을 기르기 시작했다. 코로나19로 인해 대면모임이 어려워졌지만 줌(Zoom)을 이용해서 매월 2째주, 4째주 화요일에 책읽기 모임을 이어갔고 해외에서 활동하고 있는 이민목회자들과 선교사들과도 연결되기 시작했다.

2021년 7월 5일부터 책읽기 모임은 이름을 갖기로 했다. '한국교회 생태계연구네트워크'라는 거창한 명칭을 붙이고 약칭으로 '교생연N'이라고 부르기로 했다. 한국교회의 현재를 진단하고 미래를 전망하기 위해서 책을 읽으면서 대화의 희열을 맛보았고 한국교회를 위한 작은 담론들을 형성하기 시작했다. 우리는 현재의 목회 시스템을 불편해 하기보다 새로운 목회생태계에 대한 희망을 퍼뜨리기로 했다. 남성 목회자 중심의 목회 구조를 극복하기 위해서 의사결정 구조부터 대안적 실험을 하기로 해서 9명으로 구성된 운영위원회를 두되 남성 5인, 여성 4인이 참여했다. 20대 청년, 30-40대 전도사와 목사, 그리고 50대의 집사가 동등하게 참여하는 실험을 시작했다. 목회경험이 풍부한 선배 목회자와 선교사들을 교생연N 코치로 추대하였다.

장동민 교수가 진단한 대로 대한민국은 크리스텐덤(기독교가 주도하는)사회가 아니었지만 대부분의 개신교회들이 크리스텐덤시대의 교회를 꿈꾸고 교회성장론에 의존해 왔다. 한국사회의 필요에 응답하는 봉사를 하고 사회적 약자들의 친구가 되기보다는 교회내부의 필요에 응답하는 일에 익숙하다. 신학대학의 교수들도 공적 혹은 공공신학의 시대를 설파하기 전에 교회성장론의 패러다임의 효력이 다 했음을 인정하고 과감한 궤도수정에 적극적으로 참여할 필요가 있다. 한국개신교에 대한 사회적 신뢰도는 심각한 하락세에 있다. 한국사회가 한국교회를 동반자로 여기지 않는다.

한국교회의 국내목회와 해외선교는 긴밀하게 연결되어 있다. 국내목회를 통해 경험한 장단점이 해외선교 현장에서도 반복된다. 돌파형 목회자가 지교회를 성장시켰듯이 돌파형 선교사가 선교지에서 눈에 보이는 열매들을 맺는다. 지교회를 성장시킨 목회자나 선교지에 많은 업적을 남긴 선교사들은 공통적으로 자기 주도성이 강하다.

우정과 사귐을 통한 신뢰와 존중의 선교보다 후원교회의 일정에 맞추어 현지 교회 지도자들을 동원하는 일에 익숙하다.

한국교회가 동반자 선교를 하려면 주는 자(Donor)의 자리에서 벗어나야 한다. 한인선교사들을 둘러싼 유혹은 배우기보다는 가르치려는 것이고, 선교현장에서 조달가능한 자원을 활용하기 보다는 한국으로부터 무엇인가를 끌어 와야 한다는 부담 속에서 사는 일이다. 한국의 후원교회로부터의 기대와 압박을 지혜롭게 견디면서도 진짜로 순종하고 협력해야 하는 대상의 현지교회의 지도자들이다.

아시아에는 오랜 기간 아시아교회를 겸손하게 도와 온 국제선교단체들의 노하우가 넘친다. 현지 언어와 문화에 익숙한 서양 선교사들은 방향 수정과 속도 조절에 능하다. 5년 정도의 시간을 투자해야 현지교회의 전통, 신학, 선교정책과 구조를 존중하는 선교사가 동반자(Partner) 선교를 할 수 있다.

이 책은 공식적으로는 동반자 선교를 배우고 실천한 과정을 소개하는 선교 보고서의 성격을 가지고 있지만 개인적으로는 동반자 선교를 현장에서 시행착오를 반복하면서 깨우친 선교 고백록의 성격도 있다. 〈한국기독공보〉, 〈기독교 사상〉 등에 기고했던 글들과 페이스북에 공유했던 글들을 모아서 『동반자 선교 보고서』라는 이름으로 책을 세상에 내놓는다.

2022년 7월
저자 한경균

Part I.
세계교회와 함께 걷기: 동반자로 받아들임

1. 인도교회(NCCI)와 함께 걷기
2. 필리핀그리스도교연합교회(UCCP)와 함께 걷기
3. 뉴질랜드장로교회(PCANZ)와 함께 걷기
4. 아시아교회(CCA)와 함께 한 선교여정
5. 미국장로교회(PCUSA)와 함께 걷기
6. 스코틀랜드, 영국개혁교회(CofS, URC)와 함께 걷기

나의 선교인생을 회상했을 때, 훌륭한 친구들이 함께했기에 가능했던 순간들로 가득하다. 세계교회 친구들이 곁을 주고 서로 마음을 나누었던 시간은 값진 선교 유산이라 말할 수 있겠다. 이번 '세계교회와 함께 걷기: 동반자로 받아들임'에서는 세계교회 친구들을 통해 배운 신학적 통찰과 교훈들을 나누고자 한다. 인도에서 공부하며 만난 인도교회 친구들 이야기부터 필리핀그리스도연합교회(UCCP), 뉴질랜드장로교회(PCANZ), 아시아의 협력교회들, 미국장로교(PCUSA)까지 소개하면서 각 교회들이 처한 특수성과 선교적 성찰들을 함께 이야기하는 장이 될 것이다.

1. 인도교회(NCCI)와 함께 걷기

인도는 일반적으로 힌두교국가로 알려져 있지만, 기독교 인구가 4천만 명 가량 되는 나라이다. 개인적으로는 2002년 뱅갈로루에 있는 연합신학교(United Theological College, UTC)로 떠난 유학의 경험을 토대로 인도교회를 돌아볼 수 있었고, 인도교회의 환대를 받으면서 인도 신학과 선교적 유산을 경험할 수 있었다.

인도교회 지도자 대부분은 한국교회에 대해 기도하는 교회, 선교적 열정을 가진 교회라고 하는 인상을 갖고 있었고 특히 대한예수교장로회(PCK)에 대하여 많은 기대를 하고 있었다. 인도교회는 전체 인구대비 4퍼센트에 불과하지만 이를 숫자로 환산하면 4천만 명이 넘는 기독교인이 있는 교회다. 신학교도 1백여 개가 넘고 대한민국의 교육부 인가 수준 이상의 신학대학도 40여 개가 넘는다. 또 세계교회 차원에서 활동하는 많은 '에큐메니스트'를 배출하였고 아시아

한국-인도 선교협의회

에서는 최초로 세계교회협의회 총회(1961년, 뉴델리)를 유치한 나라이기도 하다.

한편으로는 한국교회 에큐메니칼 기구의 실무자로 일하면서 항상 품었던 질문이 있었다. 에큐메니칼 기구가 추구하는 가치와 사역들이 보수적이고 복음주의적인 단체나 지역교회와는 너무 동떨어져 있었기 때문이다. 그래서 에큐메니칼 기구가 추구하는 가치와 사역들이 보수적이고 복음주의적인 단체나 지역교회와는 너무 동떨어져 있었기 때문이다. 그래서 에큐메니칼 기구가 복음주의 단체나 지역교회와 눈높이를 맞추는 것이 우선인지, 아니면 그들이 에큐메니칼 기구와 협력할 수 있도록 하는 것이 우선인지가 고민이었다. 쉽게 풀릴 수 없는 문제이지만, 나를 인도교회로 초청해주었던 인도기독교교회협의회(NCCI) 총무인 아이프 목사(Rev. Dr. Ipe Joseph)와의 대화, 그리고 그들의 프로그램에 참여하면서 이 질문을 풀기 위한 실마리를 찾게 되었다.

내가 방문했던 NCCI에서는 매년 1월에 교회일치주간(1월 18~25일)을 준비하고 축하하는 모습을 볼 수 있었다. NCCI 캠퍼스에게 각 회원 교단의 지도자들을 초청한 일치주간(Christian Unity Week)축하행사를 시작으로 해서 정교회신학교와 카톨릭신학교, 마토마교회, 인도평화센터 등에서 일주일 내내 행사를 진행하였다. 한국에서 지켜지는 교회일치주간이 하루 저녁의 공동예배로 진행되는 것에 비해 NCCI는 회원 교단과 지역교회가 동참하고 특히 한 주간 전체를 교회일치의 축제로 지키고 있는 것을 볼 수 있었다. 이를 통해 교회연합과 일치는 행사보다는 함께 기도하고 교제하면서 예배 속에서 주님 안에서 한 형제자매임을 고백하는 과정이 필요하다는 생각을 하게 되었다.

NCCI는 회원 교단과 지역 교회협의회를 섬기고, 교육훈련프로그램을 통해 교회의 일꾼들을 지속적으로 훈련하여 배출하는 일에 중점을 두고 있었다. 특히 젊은 목회자, 여성, 청년들을 대상으로 하는 지도력훈련 프로그램에 NCCI의 인적, 물적 자원들을 아낌없이 투자하고 있음을 목격하면서 에큐메니칼 기구는 무엇보다도 변화된 세상과 교회에 대처할 수 있는 지도력을 모으고 훈련하는 데 역점을 두어야 한다는 사실을 재확인하였다. NCCI는 회원 교단과의 소통을 매우 중요하게 생각하고 있었다. 회원 교단을 대표해서 하는 사역도 잘 하지만 회원 교단이 요청하는 일이라면 언제든지 감당하려는 자세를 갖추고 있었다. 인도는 생각보다 넓은 나라였고 지역 교회와 회원 교단의 부름에 응답하려면 보통 1주일 이상의 출장이 소요되었지만 기쁜 마음으로 섬기고 있는 스태프들의 모습을 보면서 많은 도전을 받았다.

진정한 에큐메니칼 기관은 복음주의단체나 지역 교회와 충돌하거나 대립하지 않는다. 오히려 그들과 대화하고 협력하면서 에큐메니칼 정신과 가치를 공유한다. 에큐메니칼 기구는 복음주의적 신앙이나 선교적 열정을 간과하지 않는다. 진정한 에큐메니칼 사역은 복음주의적 신앙과 선교적 열정을 기반으로 하면서도 그것을 넘어서야 하는 용기가 필요한 사역이기 때문이다. 이 점은 NCCI도 회원 교단도 지역 교회도 잘 알고 있었다. NCCI방문을 통해 얻은 해답은 지역 교회는 에큐메니칼적이고 협력적이어야 하고, 에큐메니칼 기관은 회원 교단과 지역 교회를 섬기는데 열심을 가져야 한다는 것이다.

인도교회는 힌두교 근본주의자의 위협과 박해 속에서도 존재하고 있으며, 인도의 복음화를 위해 부지런히 기도하고 준비하고 있는 선교적인 교회이다. 이러한 인도교회와 동반자적 관계를 맺기위해 PCK와 선교적 협력 관계를 갖고 있는 동역 교단들을 알아보고자 한다.

◈ **남인도교회(Church of South India, www.csisynod.org)** :

세계교회 일치운동사에 큰 족적을 남긴 교단. 1947년 9월 27일 장로교와 회중교회 배경을 가지고 있었던 남인도연합교회(SIUC)와 성공회, 감리교회가 교리적 차이를 극복하고 하나의 연합교단으로 탄생하였다. 국제선교협의회(IMC) 총무를 지낸 레슬리 뉴비긴이 마두라이 교구의 초대 주교로 섬기면서 인도 교회와 세계교회 에큐메니칼 운동에 많은 영향을 주었다. 인도 남부 4개주를 중심으로 하여 첸나이(마드라스)에 본부를 두고 있으며 약 400만 명의 교인이 소속해 있다.

남인도교회 지도자들과 함께

◆ **북인도교회(Church of North India, www.cnisynod.org) :**

남부 4개 주를 제외한 인도 전체를 기반으로 하는 교단. 1970년에 북인도 지역의 교회들이 모여 연합교회로 출발하였다. 본부는 수도 델리에 있고 커뮤니케이션과 사회봉사 사역에 전문성을 가지고 있으며 24개 교구(dioceses)에 약 1백 25만 명의 교인이 소속해 있다. 남인도교회, 마토마교회와 함께 선교 협의체(Joint Council)를 구성하고 있으며 교리와 직제의 상호 인정, 교역자 공동사역 등 가시적 일치를 위해 애쓰고 있는 교단이다.

◆ **마토마교회(Mar Thoma Syrian Church, www.mathomaevan.com) :**

인도 교회의 역사를 보존하고 있는 교단. 도마 사도가 주후 52년에 와서 세운 교회의 신앙전승을 이어가고 있다. 이 교단의 특성으로는 예전에 있어서는 정교회 방식을, 신학에 있어서는 개혁주의를, 교회행정에 있어서는 대의제를, 신앙과 목회에 있어서는 복음주의를 표방하고 있다. 주로 남부 케랄라 주를 기반으로 하고 있으며 선교와 복음사역에 있어서 열정을 가지고 있다. 특히 1895년부터 시작된 마라몬 컨벤션은 1백년 이상의 역사를 가진 연례 신앙사경회로 연인원 10만 명 이상이 회집하고 있다. 마토마교회는 주일학교와 국내전도에 있어서 인도 현지 교회에서 가장 활발한 사역을 펼치고 있다.

◆ 인도장로교회(Presbyterian Church of India) :

지도상으로는 방글라데시의 북쪽인 인도 북동부 7개 주를 기반으로 하는 장로교회. 웨일즈장로교회와 긴밀한 협력관계에 있으며 세계선교협의회(CWM)의 회원 교단. 미조람 대회(Synod)를 비롯한 대회들의 연합체로서의 교단본부보다는 대회본부가 더 활발히 사역을 전개하고 있다. 교단창립 75주년 행사에 PCK를 대표해서 최병두 총회장과 총무 등이 현지를 방문하였고 2012년 9월에 PCK 총회 때에 인도장로교회 총회장이 한국을 방문하였다. 신앙적 색채로서는 한국의 장로교회와 가장 비슷하고 평신도의 지도력이 강한 교회이다. 주일학교와 선교사역에 전문성과 열정을 갖고 있다.

위에서 소개한 네 개의 교단 가운데 남인도교회, 북인도교회, 인도장로교회는 세계선교협의회의 회원 교단으로 한국의 PCK와는 이미 선교협력을 하고 있다. 그러나 문제는 개별교회가 파송한 선교사들이 이 협력관계를 잘 활용하지 않는다는데 있다. 개교회의 선교는 대부분 전도와 교회건축에 초점을 맞추고 있기 때문에 인도교회와의 선교적 과제와 우선순위를 정하는 협의회의에 초청을 받아도 그 중요성을 모르고 협력하기 어려운 상황에 있다.

가령 인도 교회에서 한국인 선교사들을 초청하여 '회의'를 하자고 해도 잘 응하지 않고, 그런 회의는 선교와 별개라고 여기기도 한다. 그러나 인도교회가 먼저 손을 내미는 것은 사귀고, 친교하자는 의미와 더불어 선교의 동반자가 되자는 요청이다. 세례교인 수를 늘리고 지교회 건축을 많이 하는 것만이 선교는 아니다. 인도교회와 협력하는 것 자체가 선교라는 인식이 있어야 한다. 그런 의미에서 그들과의 회의도 선교다.

또한 동반자 선교의 감각을 익히기 위해 인도의 신학교를 살펴볼 필요가 있다. 인도 선교의 개척자 윌리엄 캐리(William Carrey 1761~1834)가 세운 세람포르대학교에는 약 40여개의 개별 신학교가 있다. 모두 정부 인가를 받은 정식 신학교이고 교파 배경과 지역도 각각이다. 그러나 그 모든 신학교가 공통의 학과과정을 공유하고, 본인이 원하면 언제든지 다른 학교에서도 공부할 수 있다. 자기 교파 중심으로만 배우지 않고 다른 교파의 신학, 다른 사람들의 사고를 배울 수 있는 것은 학교 간 긴밀한 협력이 있기에, 그리고 서로를 '동반자'로 여기기에 가능한 것이다.

한국의 신학교육을 성찰해본다. 한국에도 전국신학대학협의회(Korea Association of Accredited Theological Schools, KAATS)가 있으며, 40개의 학교가 회원으로 가입되어 있다. 학점 교류도 가능하다. 그러나 이 제도를 알거나 활용하는 경우는 극히 드물다. 한국교회의 교파주의가 워낙 강하기 때문이기도 하지만, PCK 소속의 일곱 개 신학교도 1년에 한 번 하는 연합 수련회 이외에는 학점교류를 거의 하지 않는다.

나는 연합과 일치에 있어서 품격 있는 인도 교회를 경험했다. 그리고 우리 교회의 상황을 성찰적으로 바라볼 수 있게 되었다. 한국교회는 인도교회와 동반자의 관계를 맺고 상호 소통하며, 배워야한다.

우리가 중심이 되고, 저들은 선교의 대상으로 여기는 것은 선교의 본질이 아니다. 선교는 동반자적 관계를 통해서만 이루어지고 완성된다.

2. 필리핀그리스도연합교회(UCCP)와 함께 걷기

UCCP 따갈록서남노회 목회자들과 함께

인도에서 동반자 선교의 중요성과 가능성을 배웠다면 필리핀에서는 '필리핀그리스도연합교회'의 선교 동역자로서 동반자 선교를 실천하고, 성찰하고, 진행했다. 이번 장에서는 필리핀에서의 경험을 차분하게 돌아보며, 어떻게 필리핀 교회와 동반자가 될 수 있을지 고민해 보고자 한다.

하나님의 선교를 준비한 기간(2003-2004년)

2003년 1월 필리핀에 도착하기 전 나는 2002년 1년간을 인도에서 보냈다. 사도 도마가 도착했다는 코친 앞바다도 가보았고. 윌리암 케리의 사역지인 세람포르대학교도 방문했고, 레슬리 뉴비긴의 활동 무대였던 마두라이와 (첸아이)마드라스를 둘러보기도 하였다. 하나님의 선교(Missio Dei)[1]와 아시아교회를 대표하는 인도교회를 배우고 돌아오는 길에, 당시 아시아기독교협의회 사무실이 있던 홍콩을 거쳐서 마닐라를 방문하였다. 필리핀교회협의회(NCCP), 성공회신학교(SATS), 연합신학교(UTS)를 방문하였고 그곳에서 필리핀교회를 대표하는 지도자들과 신학자들 그리고 목회자들을 만날 수가 있었다. 그들과의 대화 속에서 진지한 요청을 듣게 되었다. 필리핀 교회와 더불어 필리핀 교회와 소통할 수 있는 선교동역자로 와 달라고 하는 것이었다. 복잡한 생각이 머릿속에 오갔다. 인도에서 경험한 하나님의 선교에 대한 준비가 없었다면 외면할 수도 있는 이야기였지만 하나님의 선교를 향한 부르심으로 생각할 수밖에 없었다. 한국에서 선교를 간접적으로 도우면서 살고 싶은 마음을 흔드는 초청이었다. 이후에 초청장을 받고 정식으로 준비하면서 2002년 필리핀그리스도연합교회(UCCP)와 대한예수교장로회 간의 선교협정서를 읽어보면서 먼저 일하시는 하나님, 동반자 선교의 길을 마련한 양 교회 지도자들의 안목과 결단에 감사하게 되었다.

필리핀 까비테에서 준비한 하나님의 선교는 UCCP에 속한 지역교회를 살리는 일이었다. UCCP는 1948년에 다섯 개의 교파에 속한 선교부가 하나의 교회를 이룬 교회일치 운동의 산물이다. 그들의 신학과 역사는 세계교회에 자랑할 만한 것이었지만 선교적 역동성은

---

1) 하나님의 선교는 세계교회협의회에서 나온 선교용어로, 지역교회가 주도하는 선교의 개념을 넘어, 하나님이 선교의 주체가 되고 지역교회가 참여하는 개념이다.

사라지고, 교회의 지속가능한 발전을 위한 대책이 필요한 시점이었다. 그러한 상황 속에서 나는 지역교회에 속한 목회자들과 청년들의 아픔을 듣고, 그들과 현장을 함께하는 친구가 되는 것으로 동반자 선교를 시작하였다. 그리고 이 일은 한국에서 온 선교사 한 사람의 열정으로 감당할 수 있는 일이 아니었다. 절대적으로 필리핀 교회와 협력하는 것이 필요했다. 그곳에서 나의 역할은 필리핀교회에 하나님께서 이미 허락하신 은사를 발견하고 활용하도록 돕고 자극하는 일이었고, 필리핀 교회의 역할은 스스로 역량을 강화하는 것이었다.

하나님의 선교를 실천한 기간(2005-2010년)

내가 동역했던 따갈록서남노회(KTKK)는 까비테 주와 바탕가스 주에 속해 있는 45개 교회들로 구성된 도농복합(都農複合)지역에 위치한 노회였다. 2003년이 노회 설립 5주년 이었지만 노회의 형편은 매우 열악했다. 사무실에는 비품과 장비들이 부족하고, 일할 수 있는 선교 자원과 재정적인 상황도 좋지 않았다. 그래서 노회의 지도력을 세우고 속한 지교회들을 살리는 접근을 시도하였다. 노회 전체의 필요를 파악하는 데만 1년 6개월이 걸렸다. 그리고 노회임원들과 호흡을 맞추는데도 상당한 인내와 노력이 필요했다. 나를 그들의 일부로 받아들일 때까지 그들 역시 시간이 필요했다.

2006년 5월 PCK 서울북노회와 따갈록서남노회간에 선교협정을 맺고 본격적인 사역에 들어갔다. 노회안의 미자립/미조직교회들을 돌아보는 일을 주로 맡았는데, 1년에 4번의 헌당식을 진행하기도 했다. 일주일에 한 번씩 노회 사무실에서 노회장 및 관련 임원들과 회의를 하기도 했다. 그 주말에 방문할 교회를 정하고, 필요를 파악하며, 효율적으로 사역할 수 있도록 함께 준비했다. 노회장이 초청받는 곳에 나도 함께 갔고, 노회장이 축사하는 자리에서 함께 축사를 했다. 노회장의 동반자가 되어 노회 전체의 선교사역에 참여하는 일은 참으로 보람있었다. 특히 노회 사무실에 목회지원센터(RCTM)를 설치하고, 지교회 목회를 돕기 위한 프로그램을 개발하여 자료를 비치하며, 청년지도력 훈련 프로그램(Youth in Mission)을 진행했던 것은 참으로 감격스러운 경험이었는데, 일 년에 열두 명의 청년 지도자들을 발굴하여 훈련시켰고 이들 중에는 신학교에 입학해서 목사가 된 경우도 있었다. 이들은 필리핀 교회와 사회에 중요한 일꾼으로 헌신하는 '열매'였다. 무엇보다 노회 안에서 자립한 교회들이 많아지면서 하나의 노회가 두 개로 '성장'하는 것을 지켜보는 기쁨을 누렸다.

필리핀에서의 동반자 선교는 한국인 선교사들과도 이어졌다. 감사하게도 한국인 선교사들로 이루어진 필리핀현지선교회의 임원으로 봉사할 기회가 주어졌다. 당시에 필리핀 선교 30주년을 내다보면서 '선교대회'를 준비했고, 2번에 걸친 선교전략회의를 통해 필리핀 교회와 동반자가 될 수 있는 축제로 만들고자 노력했다.

한국인 선교사들은 선교적 열심과 선교센터라는 건물은 갖추었으나, 진지하게 선교를 성찰하는 공론장이 없다는 것이 항상 아쉬웠다. 그래서 마닐라길벗교회(백성범 목사)의 도움을 받아 길벗선교포럼을 시작했다. 이 공론장은 마닐라주빛교회(임장순 목사), 마닐라명성교회(이교성 목사)와 함께 '마닐라선교포럼'으로 발전하여 3년 동안 15번 모임을 가지게 되었다. 선교사들과 함께 선교전문 도서를 읽고 진솔한 대화를 시도한 것이 또 하나의 선교적 실천이었다.

친구로서의 선교(2010년 이후)

7년을 쉬지 않고 필리핀 교회와 동반자가 되어 선교사역을 했고, 몸과 마음이 지쳤다. 최근 선교학자 안홍철 박사의 〈주님 나는 선교사입니다〉는 선교사의 소진에 대한 깊이 있는 연구서인데, 나와 같은 소진을 경험한 선교사들이 공감할 수 있는 내용이다. 2010년 당시 나는 쉼이 필요했고 안식년을 준비했다. 선교사가 선교지를 떠나고 나면 그 공백은 현지 교회가 매꾸어야 한다. 그래서 선교사가 현장에 있을 때 하던 일을 떠난 후에도 지속하려면 필리핀 교회가 스스로 감당할 수 있는 방식으로 전환해야 했다.

매주 가는 사역지가 있었다. 다음 달에는 세 번, 그 다음 달에는 두 번, 그 다음에는 한 번 가는 방식으로 일을 줄였다. 일주일에 두 번씩 노회에 가서 임원들과 회의하며 사역 협조를 하던 것도 한 번으로 줄였다. 그동안 자립되도록 도왔던 교회들을 순회했다. 나 나름대로는 일을 줄이고 정리하는 시간이었지만, 필리핀 사역자들은 나를 친구로 받아들여준 시간이었다. 보통 선교사들은 물주다. 가령 식사자리가 있으면 대개는 선교사들이 산다. 그런데 안식년을 맞아 떠나기 전 필리핀 교회 지도자들이 식사 초대를 했다. 아흔 아홉 번 사고, 한 번 대접 받았지만 나에게는 잊을 수 없는 기억이다. 식사 후에 2부 파티에서는 지난 6년간 사역했던 사진을 영상으로 만들어서 보여주었다. 그러면서 이런 말을 건냈다.

"한 목사님, 당신은 선교 동역자만이 아니라 우리의 친구다."

그리고 2010년 5월 말까지 UCCP와 약속한 첫 임기를 마치고 한국으로 돌아왔다. 많은 동료 선교사들이 나를 부러워했다. 1년간 안식년을 갖는 경우는 드물기 때문이다. 두고 온 선교지에 대한 불안

감, 예측 불가능한 상황이 발생할 수도 있다는 염려 등으로 길게 안식년을 갖지 못한다. 그러나 안식년을 6개월 전부터 준비했다. 모임 횟수, 방문 횟수를 파격적으로 줄이고, 선교사의 일, 현지 교회의 일이라는 경계를 허물기 위해 노력했다. 그 과정이 필리핀 교회가 나를 친구로 받아들인 이유가 아니었을까 싶다.

한국으로 돌아오는 과정도 만만치 않았다. 비행기 티켓 비용이 없었다. 오래도록 알고 지낸 여행사에 외상으로 티켓을 구매했고 한국에서 안식년을 보내는 동안 갚아나갔다. 가난한 현장의 가난한 선교사의 안식년은 끊임없는 사랑의 손길과 식구들의 헌신으로 채워진다. 모든 것이 동반자 선교다.

3. 뉴질랜드장로교회(PCANZ)와 함께 걷기

안식년을 보낼 때, 대한예수교장로회총회(PCK) 사무총장 조성기 목사로부터 연락이 왔다. 뉴질랜드 장로교회에서 늘어나고 있는 아시아 이민자들과 그들의 교회를 돌볼 사람이 필요하다는 초청장이 총회로 온 것이었다. 그래서 사무총장이 그 사역을 소개해주었다. 뉴질랜드 장로교회와 PCK는 이미 1980년대부터 선교 협정 관계에 있었다. 그래서 나는 뉴질랜드장로교 총회 본부의 직원(Asian Ministry Coordinator)으로 초청을 받아 뉴질랜드라는 새로운 선교 현장으로 발을 딛게 되었다.

뉴질랜드에는 이미 한인교회가 100개 이상 있었다. 그러나 자립한 교회는 15% 남짓으로 미자립 교회가 대다수였다. 그러나 막상 현장에 가보니 아시아 배경의 여러 교회들이 보이기 시작했다. 한인교회, 중국인교회, 인도네시아인교회, 필리핀인교회 등 이민자로 구성된 다양한 교회들이 있었고, 각각의 특징들로부터 배울 점이 있었다.

중국인교회는 자기 건물을 소유하려 하기보다 백인교회 건물을 지혜롭게 공유하고 있었다. 인도네시아인 공동체는 현지교회와 공간만 공유하는 차원을 넘어 교회를 하나로 합치기도 했다. 그래서 1부는 영어로, 2부는 인도네이사어로 예배를 드렸는데, 2부예배 인원이 몇 배가 많았고, 오히려 백인 교회를 돕는 동반자가 되었다. 백인 공동체는 그들을 받아들였고, 인도네시아인 공동체는 성장하여 본교회를 돕는 '아름다운 역전'이라고 할 수 있겠다. 필리핀교회에는 흥과 열심이 넘친다. 그들의 성향과 문화적 요소가 교회에 잘 정착하도록 돕는 것이 아시아 목회 조력자로서의 내 역할이라고 생각했고, 지난 6년간 필리핀에서의 경험이 크게 도움 되었다.

목사후보생선발부터 제대로 해야

뉴질랜드장로교회에서 목사가 되기 위해서는 교회의 추천을 받아야 하고 2년 이상 그 교회의 정식 멤버여야 하는데, 이 과정에서 교우들과 해당 성직자로부터 성직자가 될 사람이라는 인식이 얻어야 한다. 이후 성직 지원자는 소명확인과정(Discernment Process)을 거친다. 이 과정은 장로교 성직자의 추천이 있어야 하며, 일차적으로 노회 신학생 위원회와 인터뷰를 한다. 경찰신원조회, 의료검사와 정신과 검사 자료를 제출해야 한다.

이때 제출한 서류와 에세이에 대한 평가와 함께, 총회가 주관하는 집중 인터뷰(National Assessment Week)를 받는다. 15명의 면접관들이 참여하는 집중인터뷰의 추천을 거쳐 전액 장학생으로 낙스신학교(KCML)에 입학한다. 학비를 지원하는 것은 물론이고 월 2000달러 정도의 사례를 준다. 면세다. 목사 후보생이 재정적인 안정성을 유지하면서 목회 수업에 전념할 수 있는 구조가 있는 것이다.

목회자 후보생으로 선발이 되면 그 학생은 '총회의 자원'이다. 마치 육군사관학교 생도들처럼 관리한다. 후보생 시절부터 '우리의 사람'으로 존중 받기 때문에 신학교 입학 때부터 총회와 '동반자'로 관계를 맺게 되는 것이다. 즉 목사 후보생 선발과 교육의 전 과정에서 교회, 노회, 학교, 학생이 동반자가 된다.

한국에서 신학대학원에 입학하고 목사 후보생이 되기 위해 가장 중요한 것은 '시험'이다. 지식의 양을 측정하는 방식으로 학생을 선발한다. 몸 건강과 정신건강을 꼼꼼히 따지는 경우는 드물다. 나아가 교회, 노회, 학교, 학생이 각각 자기의 힘으로 경쟁하며 길을 찾는다. 교단이 필요한 만큼 목사 후보생을 선발하는 것이 아니라, 입학 정원을 채우는 것이 목표다. 그래서 최근 한국교회는 소위 일하는 목회자, 그러니까 목회 사역이 아니라 다른 일을 하는 목사들이 급격하게

낙스신학교 교수진과 함께

증가하고 있다. 실업자를 양산하는 신학교육의 현장을 재고해야 할 이유다. 목회자 선발 과정부터 달라져야 한다.

담임목사의 취임

뉴질랜드장로교회에는 임시목사와 위임목사라는 개념이 없다. 목회자 후보생 교육을 마치면 누구나 담임목회를 할 수 있는 자격이 주어진다. 처음부터 우리식으로 하면 위임목사로 부임한다. 임시목사는 담임목사가 오기 전에 임시로 설교하는 목사인데, 설교목사(Stated Supply)라고 부른다.

목사가 한 교회의 담임으로 취임하는 것은 청빙한 교회와 언약을 맺는 것이다. 노회는 중매를 서고 교인 공동체와 목회자가 언약을 맺는다. 담임목사의 사임을 뉴질랜드에서는 목회적 끈(관계)이 끊어졌다는 표현을 쓴다. 반대로 생각해보면 담임목사가 된다는 것은 교회와 목회적 끈을 맺는 것이다.

뉴질랜드장로교회에서 담임목사가 되는 것은 한국교회의 사정과는 많이 다르다. '갑'의 위치인 위임목사가 교회로 가는 것이 아니라 노회의 허락을 받고 노회를 대표해서 청빙한 교회에 '을'의 위치로 시무하러 가는 것이다. 목사는 교회위에 군림하지 않는다. 노회의 권위를 존중하고, 파송 받아 교회를 섬기는 사역을 감당한다. 그래서 지교회를 섬기는 담임목사는 교인 수를 늘려서 노회 안에 영향력을 행사한다는 생각 자체를 하지 않는다. 노회도 마찬가지다. 담임목사를 노회가 파송했으니 책임을 진다. 노회는 담임목사에게 목회 조언가를 소개하고, 3년에 한 번씩 목회 평가(Ministry Review)를 제공한다. 교회가 년 10회 이상 목회 조언을 받을 수 있도록 제도적인 조건을 갖추어주기도 한다. 노회는 단순히 관리자가 아니라 목사의 조언자이자 동반자다. 행정, 목회뿐만 아니라 목사 개인의 몸, 정신 건강까지도 캐어하니 말이다. 그래서 담임목사가 특별한 욕심을 내지 않는 한 노회, 교회, 목사의 관계 속에서 순항할 수 있다.

그럼에도 불구하고 지교회의 목회적 돌봄은 담임목사의 고유한 사역이다. 장로교 목사는 목회적 소신도 분명해야 하지만 사람들을 잘 엮어내는 조직력이 있어야 한다. 특히 상처가 많은 교회를 돌보려면 목회자 자신부터 정서적으로 안정되고, 건강한 정신을 가질 필요가 있다.

장로교회에는 감독(Bishop)이 없다.

뉴질랜드장로교 북부노회 목회위원회(Ministry Work Group)는 매월 셋째 주 화요일에 모인다. 하루는 회의 중에 이런 대화를 했다. "장로교 안에는 감독 제도가 없다." 그래서 소속 교회를 돌보는 (Oversee) 역할은 몇몇 탁월한 지도자가 아닌 노회가, 특히 목회위원회가 감당한다. 이는 공동체적으로 교회를 돌보는 장로교 정치의 핵심이다. '장로교도 탁월한 지도자 한 두 명이 노회 안의 여러 가지 문제를 다루고 결정해 준다면 시간도 아끼고 좋지 않을까?'라는 생각을 해본다. 그러나 이런 것을 불가능하다. 목회위원회에는 은퇴목사, 여장로, 직전노회장 등 목회와 삶에 경험이 풍부한 구성원들이 참여한다. 이들의 집단 경험과 지성은 한 두 사람이 감당할 수 있는 범위를 훌쩍 넘어선다. 이들이 있기에 위원회가 풍성해지고, 은사가 다양해진다. 한국에서는 30분이면 다룰 안건을 두 시간 이상 토론하면서 서로 존중하고, 경청하며, 공동의 지혜를 발견해 나아가는 모습을 배운다.

교회가 민주적이 된다고 하는 것은 직제를 없애거나 누구나 다 참여하는 것을 의미하지는 않는다. 그렇다고 해서 뛰어난 지도자가 있어야만 민주적 가치를 이룰 수 있는 것도 아니다. 교회의 지도자로 부름 받은 여러 목사들이 각각 받은 성령의 은사들, 그리고 경험적 지혜를 지교회와 나누고, 나아가 더 큰 교회, 그러니까 노회나 총회를 위해 공유할 수 있다면 장로교는 집단 지성에 의해 운영되는 민주적인 공동체가 될 수 있다고 본다.

뉴질랜드장로교회(PCANZ) 목사는 소속노회의 조언과 지도를 수용한다. 장로교 목사는 지교회로부터 청빙을 받아 지교회가 소속된 노회의 허락을 얻어 시무한다. 장로교 목사는 노회의 회원으로 시무하는 교회의 목회활동 이외에 정기노회 참석 의무와 함께 노회의 요청으로 소속 교회들을 돕는 부서 활동에 참여한다. 뉴질랜드 장로교회와 동역 관계에 있는 호주연합교회(UCA) 목사나, 대한 예수교 장로회(PCK, 통합) 목사, 한국기독교 장로회(PROK, 기장) 목사는 뉴질 랜드 장로교회에서 안수 받은 목사와 동일한 청빙 과정을 거쳐서 지 교회에 시무할 수 있다.

뉴질랜드 장로교회 목사로 지교회로 청빙 받는 과정을 소개하고자 한다. 첫 번째 단계가 지교회의 목회자 혹은 목회 팀이 목회 기능을 감당하지 못한다고 볼 때 목회 공백(Ministerial Vacancy)으로 본다. 현 목회자의 임기가 완료된 경우나 은퇴나 사임한 경우이고, 지교회가 사례비를 줄 수 없는 상태이거나 노회나 총회에 의해 공식적으로 목회 관계가 해소되었을 때 노회는 임시당회장을 파송해서 목회 공백을 대비한다. 임시당회장은 노회 서기와 행정적인 소통을 하면서 신임 목사가 부임하기 전까지 지교회 목회 안정을 도모한다.

뉴질랜드장로교회 목회자청빙의 핵심은 목회청빙위원(Ministry Settlement Board)가 주도적으로 진행한다. 보통 노회가 3명(목사, 장로)의 위원을 파견하고 지교회 공동의회로 부터 5명 정도의 위원을 추천받아 목회청빙위원회를 구성하는데 위원장은 노회에서 파견한 목사가 맡는다. 목회청빙위원회의 과제는 먼저 지교회 목회상황을 파악하고, 둘째, 총회 헌법 9장에 언급된 목회자의 유형 중에서 지교회에서 적합한 모델을 찾으며, 셋째, 지교회의 장래를 위해 조언할 내용을 준비하는 것이다.

뉴질랜드장로교회에서는 목사를 청빙하기에 앞서서 교회개요(The Parish Profile)를 작성한다. 지교회의 상태(영적, 재정, 회원)을 파악하고 지교회의 필요를 이해하고 지교회가 속한 지역사회를 위해 감당할 사역을 파악하고 회중들로부터 기대사항을 접수하고 포함시킨다. 그리고 지교회가 새로운 목회자를 청빙할 여력이 있는지를 객관적으로 파악한다. 교회개요에 담길 내용은 교회의 역사, 목회성과, 미래에 대한 전망과 함께 5개년 발전계획과 교인통계, 교회의 재정과 재산내용을 구체적인 수치로 밝혀야 한다. 교회개요가 준비되면 노회에 그 내용을 제출하여 노회의 승인을 얻는다.

노회가 교회개요를 승인한 후에야 비로소 목회자의 청빙공고를 낼 수 있다. 복수의 후보가 있더라도 우선순위를 정하여 단수로 인터뷰와 설교를 한 뒤에 공동의회 투표를 거쳐서 청빙을 받는다. 법적으로는 교인들의 2/3 이상의 동의만 얻으면 청빙될 수 있지만 뉴질랜드장로교회는 85% 이상의 동의가 없이는 노회가 승인하는 것을 꺼린다. 15%의 반대는 시무기간 동안 극복할 수 있지만 1/3의 반대는 극복하기에 버거운 숫자라고 생각하기 때문이다. 노회의 지교회의 목회안정을 돕기 위해 구체적인 상황을 꼼꼼히 점검한다.

뉴질랜드장로교회는 청빙 받는 목사의 임직식을 위임식(Induction)이라고 한다. 지교회 목사의 임직식이지만 노회장과 노회 서기가 진행하고 노회원들이 참여하는 노회 행사이다. 위임받는 목사는 다음과 같은 내용을 노회 서기 앞에서 읽고 회중 앞에서 서약하고 2부를 서명한 후 1부는 노회에 제출하고 1부는 교회에 보관한다. 다시 말해 위임식은 노회와 목사와 지교회간의 언약식이라고 볼 수 있다.

> "I gladly confess my faith in the triune God of grace; and I wholeheartedly reaffirm my trust in Jesus Christ, my Saviour and Lord. I readily receive the witness to Jesus Christ in the Holy Scriptures of the Old and New Testaments, and in the Subordinate Standards of the Presbyterian Church. As one whose ministry is exercised in the Presbyterian Church, I accept the oversight of this Presbytery, and undertake to share in the life and witness of the wider Church that this Presbytery represents. I look forward with joy to serving the people of this parish and congregation, strengthening them in their faith, and encouraging them in mission."

장로교 목사로서 개인의 신앙고백과 성경과 장로교회의 신앙고백문을 목회의 기준을 받아들이고, 소속노회의 지도(Oversight)와 조언을 수용하겠다고 선서하는 것이다. 이렇게 선서한 목사를 뉴질랜드장로교회는 방치하지 않는다. 여러 모양으로 돕고 지원한다. 왜냐하면 목사는 노회의 회원이기 때문이다.

뉴질랜드장로교회의 헌법

뉴질랜드에서 6년간 활동하는 동안에 10여개 한인교회의 교회 분쟁을 지켜보았고, 때론 갈등 조정자의 역할을 감당하기도 하였다. 교회 분쟁이 발생된 후에 해결하기보다 분쟁의 소지를 예방하는 것이 바람직하다. 이런 면에서 문서화된 가이드라인이 있다면 한인교회들을 보호하는 데 중요한 역할을 할 수 있다.

한 국가에 최고 기본법으로 헌법이 존재한다면 뉴질랜드 장로교회도 '질서의 책'(The Book of Order)이라고 부르는 헌법이 있다. 한국의 장로교 총회들도 헌법을 제정하여 사용하기 있지만 뉴질랜드 장로교회 헌법은 한국의 그것과 비교해서 몇 가지 특징을 가진다. 첫째, 제1장에서 뉴질랜드장로교회의 역사적 신학적 배경을 소개하고 있다. 둘째, 제6장에서는 장로교 목사와 장로가 감당할 역할을 설명하고 있다. 셋째, 교회의회(Chruch Council)라고는 부르는 지교회 치리회의 기능과 역할을 상세히 기술하고 있다.

특별히 주목해야 할 내용은 헌법 전문에 해당되는 제1장의 내용이다. 뉴질랜드장로교회가 믿고 고백하는 신앙고백서들을 구체적으로 언급하면서 16세기 이후 개혁교회 신학전통을 따르는 교회의 정체성을 밝히고 있다. 1. 2. (2)에서 뉴질랜드장로교회가 뉴질랜드 사회의 이중문화, 다문화 정책을 반영하고 있다고 말한다. 1.6. (2)에서는 1862년에 설립된 북장로교회와 1866년에 설립된 남장로교회가 1901년에 뉴질랜드장로교회의 이름으로 통합된 경험도 언급하고 있다. 1967년에는 세계교회 일치운동의 유산을 따라 뉴질랜드 성공회와 회중교회, 감리교회와 함께 연합교회(Cooperative Ventures)가 지교회 차원에서 추진되었음도 밝히고 있다. 1969년 남태평양 이주자들로 구성된 28개의 회중교회가 장로교회의 공식적인 회원교회가 되었던 역사적 사실 또한 기록하고 있다. 이런 역사적 배경을 살펴보면 뉴질랜드장로교회의 정체성을 더 잘 이해할 수 있다.

한편으로 제6장에 나타난 장로교회 목사의 역할은 말씀 증거와 성만찬 집례이다. 장로의 역할은 지교회의 목회적 돌봄을 주로 하면서 예배와 선교 그리고 영적 양육에 있어서도 지도력을 보여야 함을 보여준다. 6. 1. (4). 목사와 장로의 임기는 일반적으로 은퇴 까지 시무할 수 있지만, 지교회의 형편과 합의로 혹은 연합교회(Cooperative Ventures)의 경우 임기를 정할 수도 있다는 점에서 유연성을 가지고 있다.

제7장의 교회의회(Church Council)는 한국의 장로교회의 당회와 비슷한 성격으로 이해할 수 있다. 장로만으로 구성된 당회가 교회의회가 될 수도 있지만 장로들과 집사들의 연석회의가 될 수도 있고. 장로들을 포함하여 공동의회에서 선출된 교인들의 대표자로 구성된 지교회의 의결기관이다. 교회의회가 제 기능을 발휘하지 못하고 사고의회로 판단이 되면 노회가 지교회의 교회의회를 해산하고 임시로 교회의회를 구성할 권한을 갖기도 한다. 지교회에 분규에 대처하는 상회인 노회의 권한이라고 볼 수 있다.

지교회 운영이 성경과 은혜와 진리로만 될 수 있다면 교회 구성원이 신앙적 수준이 대단히 높은 상태가 있다고 평가할 수 있다. 교회 헌법은 지교회를 운영하는데 불필요한 간섭조항이 아니라 지교회의 선교와 목회의 방향을 설정하고 지원하기 위해 문서화된 보호막이라고 이해할 필요가 있다.

뉴질랜드장로교회 총회 총무단

뉴질랜드에서 선교당시 작성한 기도편지

아래 기도 편지는 당시 선교 현장에서 경험한 것들과 그것을 통하여 발전시킨 생각들을 생생하게 담고 있다.

마오리 언어로 뉴질랜드를 아오테아로아라고 부릅니다. 하얗고 긴 구름의 나라라는 뜻입니다. 제가 섬기는 뉴질랜드장로교회의 영문명 (Presbytreian Church of Aotearoa New Zealand)에도 이 단어가 들어가 있습니다. 이것은 뉴질랜드 장로교회가 원주민 마오리의 문화와 언어를 존중하는 교회라는 뜻이기도 합니다. 지난 3년 6개월 동안 아시아사역총무로서 뉴질랜드장로교회를 섬기면서 여러 가지 면에서 감사할 점이 많습니다.

먼저는 아시아(인도와 필리핀)에서 보고 느끼고 경험했던 것을 활용하고 공유할 수 있다는 점입니다.
둘째 뉴질랜드장로교회 총회임원들과 동료들의 지지와 격려를 받으면서 사역할 수 있다는 점입니다.
셋째 아시안 이민자교회들과 함께 뉴질랜드장로교회의 미래를 준비하고 있다는 점입니다.
넷째 한국과 뉴질랜드의 신학교들이 글로컬 상황속에서 협력하고 연대하도록 돕고 있습니다.

1. 총회 총무 아시안목회자들을 만나다.
2014년 10월 뉴질랜드장로교회 정기총회에서 웨인 메써슨 목사가 총회 총무로 선출되었습니다. 이곳에서는 임기는 따로 없지만 보통 8년정도 총회를 섬기게 됩니다. 웨인 총무는 지난 일년동안 총회의 산적한 문제들을 지혜롭게 처리해가고 있고 특히 부서총무들의 사역을 적절하게 격려하고 자극하는 리더십을 가지고 있습니다. 웰링턴 총회 본부에 있는 웨인 총무가 2014년 12월 오클랜드를 방문할 때 오클랜드 지역의 아시안 목회자들과 북부노회 임원들이 함께 모여서 크리스마스 파티도 하고 함께 인사하는 기회를 가졌습니다.

2. 아시안 이민자교회의 증가
뉴질랜드장로교회 안에는 기존의 한인교회, 중국인교회, 대만인교회 이외에 인도네시안 교회, 필리피노 교회가 있습니다. 인도네시안 교회는 역사도 오래 되었지만 매주 토요일 모이는 인도네시안 청년회는 전도 유망한 청년들이 모이고 신양적으로도 참 진지하고 성숙한 면이 있음을 볼 수 있습니다. 노스쇼어 지역에 모이는 필리피노 교회도 비슷합니다. 이민자교회의 장래도 교회안에 청년들이 있는가에 달려있습니다. 필리핀 이민자들은 상대적으로 젊습니다. 이들의 자녀들이 뉴질랜드에서 태어나고 자라난다면 건강한 이민자 공동체가 될 것으로 기대가 됩니다.

3. 학술교류 프로그램 지원
장신대와 오클랜드에 있는 레이드로 칼리지(신학교)는 2002년부터 학술교류 협정을 맺었지만 실질적인 교류가 없었습니다. 2012년부터 2년간의 준비를 거쳐서 두 신학교간에 학술교류 협정을 갱신하는 과정을 도왔습니다. 2014년 10월 레이드로 신학교 로드 톰슨 학장이 장신대를 방문하고 채플에서 설교하였고 2015년 2월에는 장신대 글로컬현장교육원에서 4명의 학부 학생들을 3주간의 인턴십 프로그램으로 레이드로 신학교 기숙사에 머무르면서 뉴질랜드장로교회의 다양한 사역현장을 돌아보기도 하였습니다. 올해 5월 장신대 개교기념 학술대회에 뉴질랜드장로교회 총회 신학교 학장대행인 케빈 워드 박사가 발제자로 초청을 받아 뉴질랜드 다문화 상황속에서의 목회와 선교에 대한 발제를 하기도 하였습니다. 아시아 태평양 시대를 살면서 한국과 뉴질랜드의 신학교가 공동으로 연구할 내용이 많아지고 있습니다.

4. 다문화, 교차문화 사역 확대
뉴질랜드장로교회는 교회헌법 전문에 뉴질랜드장로교회가 문화적 다양성을 기초로 한 교단임을 밝히고 있습니다. 2014년부터는 한단계 넘어서 유러피안, 마오리, 퍼시피카,

아시안들이 상호 존중과 상호 작용을 통해서 함께 더불어 살아가는 것을 천명하였습니다. 제 사역지가 주로 오클랜드에 집중하고 있지만 전국노회를 대상으로 사역의 장이 넓어지고 있습니다. 현재 뉴질랜드장로교회는 5개의 광역노회로 재편되어 있습니다. 지교회와 지역노회의 필요에 응답하기 위해 더 많은 지역을 방문하고 있습니다. 특히 지난 7월과 8월에는 오클랜드 노회가 주최한 3주 연속강좌에서 강사로 참여하여 오클랜드의 인구 변동속에서 뉴질랜드장로교회의 지역교회들이 가야할 길에 대해 강의하기도 하였습니다.

5. 아시아기독교협의회(CCA) 정기 총회 참석
아시아기독교협의회에는 5년에 한번씩 아시아의 교회의 대표들이 모여서 축제로서의 정기총회를 가집니다. 임원선출도 하고 회무처리도 하지만 아시아의 다양한 문화속에 존재하고 있는 복음증거와 교회의 모습을 확인하는 일은 대단히 감격스런 경험입니다. 이번 총회에서 인도출신으로서는 최초로 매튜즈 조지 박사가 5년 임기의 총무로 선출되었습니다. 최근까지 세계교회협의회에서 아시아 국장으로 일해 온 아시아선교의 전문가이기에 새로운 열정과 지도력이 기대가 됩니다. 개인적으로 저는 이번 총회를 포함하여 3번째 참석하였는데 아시아교회들과의 협력선교가 더욱 절실하다는 것을 느끼고 있습니다.

6. 예장과 기장 100회 총회 참석
뉴질랜드장로교회 앤드류 노튼 총회장을 모시고 지난 9월 한국에서 열린 예장과 기장의 100회 총회를 참석하였다. 특히 기장은 타 교단이지만 뉴질랜드장로교회의 대표자격으로 총회장님과 함께 참석하면서 한국기독교장로회 총회가 가진 선교적 방향과 열정에 대해 다시 배울 수 있는 기회가 되었습니다. 성찬의 정신을 선교적으로 적용하려는 점과 차세대 지도자들을 발굴하고 위해 애쓰는 점은 인상적이었습니다. 예장과 기장이 공동 주최한 한반도 평화통일을 위한 기도회에 기도 순서를 맡기도 하였습니다. 예장 총회기간 셋째날에 있었던 100회 총회 감사예배는 전 세계에서 온 교회 대표들과 함께 예장 총회의 발전을 축하하고 격려하는 감동의 순간이었다고 생각합니다. 이제 한국교회는 세계교회의 일원입니다. 세계교회와의 연대와 협력은 필수적인 과제가 되었습니다.

7. 아시안목회자 웰링턴 본부 방문
10월 12일에는 뉴질랜드장로교회 안에서 사역하는 12명 아시안 목회자들이 웰링턴에 있는 뉴질랜드장로교회 총회 본부를 방문하였습니다. 12명의 목회자들이 전국에서 비행기를 따고 한 장소에서 모였다는 것만으로는 큰 의미가 있었지만 공식적으로 총회 총무의 환영을 받고 총회사역 전반에 대한 설명의 시간을 가진 것은 향후 아시안교회 사역에 긍정적인 효과를 가져 올 것으로 기대하고 있습니다. 현재 뉴질랜드 장로교회안에 아시안 목회자와 신학생이 모두 20명도 있습니다. 아직은 개별적으로 일을 하고 있고 총회로부터 주목받는 단계에 이르지 못했지만 5년안에는 뉴질랜드장로교회의 선교적 발전을 위한 열정과 경험이 나올 것으로 기대하고 있습니다.

8. 가족들의 형편과 기도제목
1) 영주권 신청과 승인 : 뉴질랜드에서는 4년이상 체류하려

면 반드시 영주권 신청을 해야 합니다. 올 초부터 서두르기는 했지만 아직 승인이 나오지 않아서 아쉬운 상태에 있습니다. 영주권이 없으면 대학등록금을 감당하기 어렵기 때문에 세주는 올해 대학입학 허락을 받았지만 휴학 상태에 있습니다. 올 연말까지는 승인이 되기를 간절히 기다리고 있습니다.

2) 둘째 성주는 오클랜드에서 가장 다민족 구성 비율이 높은 마운튼 로스킬 중학교를 다니고 있습니다. 학교 임원도 하고 학교 농구대표 선수도 하는 등 학교생활을 즐기고 있습니다. 아마도 저희 집에서 다문화 다민족에 가장 적응을 잘 하고 있는 것으로 보입니다.

3) 아내 박정헌 선교사는 성 요한 교회의 시무 장로가 되어 2달에 한번씩 예배인도를 하기도 하고 매주 화요일 성경공부, 매주 금요일 아기 학교에 참석하면서 열심히 교회 생활을 하고 있습니다. 특히 이민자 여성들의 애로를 청취하고 위로하는 일에 사명감을 가지고 있습니다.

늘 저희 가정을 기억하고 기대해 주셔서 감사드립니다. 뉴질랜드의 아시안 사역의 미래와 열매를 위해 기도해 주셨으면 합니다.

2015. 10월
오클랜드에서 한경균 올림

4. 아시아교회(CCA)와 함께 한 선교여정

아시아교회와 함께한 나의 여정은 1994년부터 시작되었다. 1994년 한국에서 아시아선교대회가 열렸고 신대원 학생의 신분으로 청년자원봉사자로 섬기게 되었다. 1995년에 아시아기독교협의회(CCA)를 공식적으로 방문했고, 2000년 인도네시아 토모혼, 2010년 말레이시아 쿠알라룸푸르, 2015년 인도네시아 자카르타에서 열린 정기총회에 참석하였고 2001년에 아시아에큐메니칼훈련(AEC)을 받은 이후 2002년부터 인도, 필리핀을 거쳐서 2002년부터 2018년까지 뉴질랜드장로교 아시안 사역 총무로 일했고 이후에 대한예수교장로회 총회 기획국에서 일했다

미얀마 양곤에서 목격한 일

2017년 10월 양곤에서 열린 아시아선교대회는 크게 3가지 의미가 있었다. 첫째, 미얀마는 오랜 군부독재의 시기를 극복하고 민주화 과정에 있고 또 미얀마교회협의회(MCC)를 중심으로 교회의 선교적 역할이 강조되고 있다. 아시아선교대회에 참석하기 위해 아시아 각국에서 온 기독교 지도자들은 미얀마 교회들의 선교동반자로서 깊은 우정과 진한 연대를 보여주었다. 둘째로, 2017년은 아시아기독교협의회가 출범한 지 60주년을 맞는 해이기도 하다. 1957년 '더불어 함께 살자', 2017년 '더불어 함께 가자'라는 아시아기독교협의회의 주제는 아시아의 색깔과 영성 그리고 노래로 표현된 당당한 아시아 기독교의 진면모를 보여 주었다. 셋째로 아시아선교문서(Asia Mission Statement)가 발표되었다. 그동안 아시아교회가 참여하고

수행한 선교가 구체적이고 헌신적이었지만 종합적으로 아시아선교신학을 표현하기 위한 선교문서가 없었다. 이번에 아시아기독교협의회 회원 교단들과 함께 준비한 수렴문서가 아시아선교대회의 결과물로 발표된 것은 아시아교회들이 기여할 선교영역과 과제에 합의한 성과를 남겼다.

CCA60주년 기념 아시아선교대회

아시아선교문서(AMS)에 담긴 내용

첫째로 AMS는 아시아교회들이 처한 상황에 주목하였다. 아시아의 사회적, 정치적, 경제적, 종교적 그리고 생태적 상황 속에서 처한 아시아교회의 모습이 구체적으로 반영되었다. 둘째로 AMS는 성경적 기초가 충실하다. 성경에 나타난 하나님의 통치에 순종하고, 십자가의 영성을 구체화하고, 자기비움의 영성을 강조한 점은 아시아라는 힘겨운 상황(Context)과 빛, 진리, 생명되신 예수 그리스도의 사역(Text) 사이에 신학적 균형감을 보여주었다. 셋째로 AMS는 아시아교회들이 기여할 선교영역을 다음과 같이 제시하였다. 1) 신음하는 피조물을 보호하기 2) 이민/이주자들을 환대하기 3) 배제된 차별된 이들을 포용하기 4) 경제적 불의에 항거하기 5) 이웃 종교와 조화롭게 지내기 6) 정치적 혼란에서 평화세워가기

한국교회의 과제

이번 아시아선교대회에 한국인들은 40여 명이 참석하였다. 적지 않은 규모이다. 문제는 대회 기간에 받은 은혜와 감동 그리고 다짐을 어떻게 한국 참가자들이 실천하고, 한국교회의 선교지도자들과 공유할 것인가?

아시아 각국에서 활동하고 있는 한국 선교사들이 AMS에서 나타난 아시아 선교 상황에 걸맞는 선교를 하고 있는지 신학적 성찰이 긴급히 요구된다. 한국교회의 아시아 선교는 아시아 교회가 처해있는 긴장, 갈등, 아픔들에 대한 이해 없이 한국 선교사들의 성취와 후원교회들의 보람을 위한 선교에 머무르고 있는 경향이 있다. 아시아 교회들을 한국선교의 대상이나 협조자로만 대하지 말고 이제부터는 하나님의 나라에 함께 초대받은 동반자로 여기고 더불어 선교의 여정을 가야 한다. 2017년부터 선교학을 배우는 신학교에서, 선교사를 파송하는 선교 기관에서 이번에 발표된 아시아선교문서를 진지하게 공부하고 선교신학적으로 반성하면서 혼자서 열심히 하는 선교에서 더불어 함께 웃고 우는 선교로 전환해야 한다.

5. 미국장로교회(PCUSA)와 함께 걷기

한국기독교장로회 총회 총무 이재천 목사와 예장을 대표해서 2018년 6월 16일~23일 세인트 루이스에서 열린 미국장로교 223차 총회에 참석 했다.

제223차 미국장로교 총회 참석

미국장로교(PCUSA)는 1983년 6월 10일 미국연합장로교(UPCUS북장로교)와 미국남장로교(PCUS)의 통합으로 이루어진 교회이며, 고 이승만 박사와 김인식 박사가 미국장로교 세계선교부안에서 스탭으로 일하면서 한반도 통일과 평화를 만들어 가는 일에 크게 기여했다. 현재에도 9명의 한인들이 루이빌에 있는 미국장로교 총회 본부에서 일하고 있다. 미국장로교 170개 노회중에 3개노회가 한미노회이고 400개의 한인교회가 속해 있으며, 11명의 한인교수가 미국장로교 산하 신학대학에서 교수로 활동하고 있다. 동부한미노회에 속한 이문희 장로는 224차 총회를 준비하고 있었다.

미국장로교는 현재 15개 대회, 170개 노회, 9829 지교회가 속해 있다. 223회 공동총회장은 신디 콜만(Cindy Kohlmann) 목사와 빌마니 신트론-올리비에리(Vilmarie Cintrón-Olivieri)장로, 정서기(Stated Clerk) 허버트 넬슨 목사(The Rev. J. Herbert Nelson, II)가 총회의 실무 책임을 맡고 정서기 중심의 교단이다. 총회사무처,

총회한인목회실, 청년자원봉사단, 한국어번역실, 여성리더십개발, 다양성과 화해프로그램, 연금국, 출판사, 한국어자료개발실, 장로교 투자기금 등 각 분야에서 활동하고 있다.[2]

미국장로교의 신학적 성향은 규례서에 나와 있는 신앙고백서 내용을 보면 알 수 있다.

> "신앙 고백 문서들의 역사적 및 동시대적 속성 사이의 긴장은 교회 안에 열매를 맺게 해주는 긴장이다. 이 문서들이 만약 진리에 대한 불멸의 표현들이라고 상상함으로써 역사 가운데 있었던 특정 상황을 무시한다면, 이 고백들은 존중받지 못할 것이다. 이러한 문서들에 그것들 자신의 목소리로 오늘날 교회와 세상에 말할 수 있는 자유가 부여될 때, 이 고백들은 최상으로 교회를 가르치고, 인도하고, 지도할 수 있을 것이다."

PCUSA의 신조들과 신앙고백은 하나님 백성의 역사 가운데 있었던 특정 상황에 대응하기 위하여 생겨났다. 그 고백들은, 이것들을 쓴 저자들이 진리가 위태로워졌음을 깨달았던 시점에서 복음의 진리를 공언한 것이다. 그것들은 살아 있는 전통 속에서 기도와 사색과 체험의 결과로 나온 것들이다. 이것들은 그들이 쓰였던 당시의 사회적, 문화적 상황 속에서 복음의 진리를 표현하면서 동시에 복음의 보편적인 진리에 호소하고 있다. 그것들은 공통적인 신앙 전통을 확인하지만, 때로는 서로 간에 긴장이 있기도 하다. (규례서 F-2.01)

---

2) 관련자료: www.pcusa.org/news/2018/6/17/fourth-ballot-cintron-olivieri-kohlmann-win-kor/

신앙고백 : 개혁 전통의 신앙진술로서의 고백들

개혁 전통의 미국장로교는 그 신앙고백들에서 개혁 전통의 신앙을 표현한다. 이 전통의 중심은 그리스도 안에서 그리고 성령의 권능으로 주권적인 공의와 사랑으로 자유로이 이 세상을 창조하시고 보존하시고 통치하시고 속량하시는 하나님의 위대하심, 거룩하심, 섭리하심에 대한 확증이다. 하나님의 절대적 주권에 대한 이 핵심적 선언과 관련하여 개혁 전통의 또 다른 큰 주제들이 있다.

1. 니케아 신경 2. 사도신경 3. 스코틀랜드 신앙고백
4. 하이델베르크 요리문답 5. 제 2 헬베틱 신앙고백
6. 웨스트민스터 신앙고백 7. 소요리문답 8. 대요리문답
9. 바르멘 신학선언 10. 1967년 신앙고백
11. 벨하르 신앙고백 12. 미국장로교 간추린 신앙고백

미국장로교의 신학적 키워드는 화해, 하나님의 선교, 사회정의 촉진 그리고 다양성 존중, 세계교회와의 연대와 협력이라고 느꼈고 이런 내용들이 신앙고백서와 각종 선언문에서 발견된다.

미국장로교는 에큐메니칼 자문위원(14명), 에큐메니칼 대표(24명), 이웃종교대표(2명), 에큐메니칼 초청객(4명)들을 함께 초청하여, 총회기간중인 6월 20일 수요일 오전 9시 30분에 세계개혁교회 커뮤니언 회장인 나즐라 카샵 목사를 설교자로 에큐메니칼 예배를 드렸고, 총회 위원회 모임과 본 회의가 속회 될 때마다 인사하고 기도하는 기회를 가졌다. 초청한 에큐메니칼 대화들과 총대들이 만나고 교제할 수 있는 시간을 배려해 주었다.

WCRC 회장
나즐라 카샵 목사와 함께

223차 총회 위원회(Assembly Committee)는

a. 정서기는 총회 소집 45 일 전에 본 규정에 기술된 무작위 선발 과정을 통해 각 총대들과 자문 총대들을 총회 위원회 중 한 위원회에 배정한다.

b. 총회 정서기는 총회 기간 동안 위원회 보조원으로 봉사할 사람의 이름을 임명하도록 총회에 제안해야 한다. 총회 정서기는 위원회 보조원으로 봉사할 사람을 추천하기 전에 총회 사무국 위원회와 협의해야 한다. 제안된 사람은 총회의 총대 또는 총회 주체의 직원 또는 장로교 선교국 임원 또는 총회의 다른 단체의 구성원인 사람이 되어서는 안된다. 위원회의 보조원을 임명하여 각 위원회에 직원 서비스를 제공해야 한다.

c. 총회장은 각 위원회마다 위원장과 부위원장을 임명해야 한다. 위원장의 직책은 차기 총회의 총대들에 의해 채워지거나 지난 6년 이내의 총회에서 정해질 수 있다. 모든 부위원장은 차기 총회 총대로 채워진다. 최종 임명은 총회 사무국 위원회와 협의한 후에만 해야 하

며, 또한 규례서 F-1.0403 및 G-3.0103에 위임된 포용성에 관하여 총회 대표위원회의 대표자들과도 협의하여야 한다. 적어도 재정 및 예산을 다루는 위원회를 포함하여 모든 위원회 중 적어도 절반의 위원장은 사역 장로가 되어야 한다. 총회 위원회의 최소한 절반의 위원장은 여성이어야 한다. 총회 위원회의 위원장 중 최소한 2/3 는 현 총대이어야 한다. 같은 노회에서 한 명 이상의 사람이 위원장으로 봉사하도록 지명될 수 없다. 모든 대회는 공평하게 표명되어야 한다.

223차 미국장로교 총회 현장에서(2018. 6. 22.)

"우리의 궁극적인 충성심은 우리의 주인이시자 구세주이신 예수 그리스도와 그분의 교회 전체에 달려 있다."

미국장로교(PCUSA)는 한국교회와 밀접한 관련이 있는 교단이다. 역사적으로 한국에 선교를 결정하고 충성된 선교사들을 보내어 헌신하게 하였고, 한국교회의 성장 속도에 맞추어 선교지 재산이양을 실천한 교회이다. 한반도 평화통일을 위해 이승만 목사, 김인식 목사를 비롯한 분들이 용기 있게 일해왔고 지금도 애쓰고 있다.

세인트루이스에서 열린 223차 총회에 에큐메니칼 자문위원의 자격으로 참석해서 경험한 몇 가지를 공유하고 싶다.

첫째, 공식회의 기간만 8일이다. 좀 길다싶지만 행사, 회의, 예배 중에서 줄일 수 있는 것이 없어 보인다. 잘 준비된 총회다.

둘째, 사역전시관이다. 미국장로교 본부사역과 산하기관, 유관기관이 총출동해서 사역의 내용을 공유하는 박람회가 인상적이다.

셋째, 구성원의 다양성이다. 정작 투표권을 가진 총대는 170개

노회에서 온 538명이지만 144명의 청년자문위원, 16명의 신학생 자문위원, 8명의 선교사자문위원 그리고 14명의 에큐메니칼 자문위원들이 의사결정에 참여하고 있고, 100명이 넘는 객원 회원과 100명의 총회 직원, 245명의 노회, 대회 직원, 625명의 참관인을 보면 다양한 연령과 인종, 신학적 배경이 서로 서로 연결되어 있다.

넷째, 식사시간을 이용한 만남이다. 그냥 밥 먹는 일이 거의 없다. 신학교 동문회부터 선교적 만남과 신학적 토론까지 밥 먹는 모임만 참여해도 배울 것이 많다.

다섯째, 전자회의록과 투표방식이다. www.pc-biz.org에 로그인해서 보고서, 회의록 읽어보고 안건처리도, 총회장 투표도 다 전자투표로 하고 그 내용이 스크린에 다 공개된다.

여섯째, Way Forward Commission이라고 부르는 '앞으로 나아갈 길' 전권위원회의 활동 내용이다. 그중에 한 부분만 인용하면, "하나님 만이 양심의 주인이시다. 신뢰를 창출하고, 성령의 역사가 자유롭게 흐르도록 하며, 모든 사람의 재능과 관점에 대한 존중을 반영하기 위해 우리 지역사회의 구성원, 과정, 정보 및 식별의 투명성과 개방성에 대한 우리 교단의 기본 원칙이 오랫동안 있었다. 우리의 열린 회의 정책은 이 근본 철학의 하나의 표명일 뿐이다.

우리는 성경과 개혁 교회의 기독교 전통이 우리가 사랑과 재치와 친절과 보살핌과 적절한 예의와 더불어 예수님이 다른 사람들의 사생활과 감정에 민감한 것처럼 민감하게 이야기할 것을 촉구한다. 그러나 성서와 우리의 개혁 전통은 또한 우리가 신념의 진리를 말할 것을 촉구한다. 지난 수십 년 동안 최근 몇 년 동안 특히 심각해지고 있는 일부 교단 기관에서는 비교회 또는 기업 환경에서의 경험을 통해 얻은 최선의 의도로 시행된 불건전한 관행이 건강하지 않은 제도적 결과를 낳았다. 자유 언론의 제한, 양심의 자유, 정보 유출, 부당한 혐의와 불충한 주장, 그리고 우리 교단의 공개회의 정신에 위배되는 직원 및 이사회에서의 우리 교단 문화 및 공포 수준 정책 등이다. 이 작업은 이러한 열린 모임 정책을 변경하거나 대체하지는 않는다.

자유롭고 솔직한 언변에 대한 제한, 개인적으로나 공개적인 "충성" 요구, 진실을 말하고 양심의 자유를 행사하려는 개인의 의지에 무게를 주는 비공식적 압력, 협박, 해고 및 법적 조치의 위협 등은 모두가 주님의 식탁에서 용인 할 수 없는 일이다.

우리의 궁극적인 충성심은 우리의 주인이시자 구세주이신 예수 그리스도와 그분의 교회 전체에 달려 있다. 어떤 특정한 기관이나 개인이 아니다.

일곱 번째로, "다양한 목소리 테이블"을 만들어서 다양한 인종적 배경을 가진 이들과의 신뢰와 소통을 강화하려고 노력하는 점이다.[3]

어려운 결정에 민감하게 반응하기 보다 전체를 보고 참여하고 기여하는 미국장로교회의 모습이 우리에게 절실하게 필요하다.

1,500 단어로 요약한 미국장로교 제223차 총회 (2018)

교회리더십: 빌마니 신트론-올리비에리(Vilmarie Cintrón-Olivieri, Tropical Florida 노회) 장로와 신디 콜만Cindy Kohlmann, Boston and Northern New England 노회) 목사는 6월 16일 토요일 저녁에 223차 총회(2018)의 공동 총회장으로 선출되었

---

3) 참고자료: http://www.pcusa.org/···/commissioners-overwhelmingly-approv···/

PCUSA 총회장
신디 콜만 목사와 함께

다. 네 번째 투표(266-253)에서, 그들은 다른 공동총회장 후보팀인 엘리나 맥심(Eliana Maxim, 시애틀 노회) 목사와 버람 존슨(Bertram Johnson, 뉴욕시 노회) 목사를 이겼다. 총회장/부총회장 후보인 찬탈 앤립(Chantal D. Atnip, Carlisle 노회) 장로와 켄 호켄베리(Ken Hockenberry, 시카고 노회) 목사가 그 뒤를 이었다. 미국장로교회의 지도력과 관련된 다른 활동들은 다음과 같다:

다이앤 머펫(Diane Moffett) 목사를 장로교 선교국의 사장 겸 사무국장으로 인준하였다. 미국장로교 재단의 대표로 톰 테일러(Tom Taylor)목사의 재선을 확인했다. 루이빌 장로교 신학대학원의 총장으로 알톤 폴라드 3세(Alton B. Pollard III)의 선출을 확인했다.

화석연료 매매: 332-178 표결에 따라, 총회는 미국장로교회가 매각보다는 오히려 투자위원회를 통한 임무 책임을 통해 화석 연료 회사와의 기업 참여를 계속하도록 요구한 소수 보고서를 채택하였다. 환경 문제 총회 위원회는 허드슨 강 노회가 제시한 매각 제안에 대해 35-20표로 통과시켰다. 소수 보고서가 주요 동의안이 된 후에, 그것은 총회의 409-106에 의해 승인되었다.

이스라엘-팔레스타인/중동: 중동 문제에 관한 총회 위원회에서 열띤 논쟁이 세인트 루이스 컨벤션 센터의 복도로 이어진 후, 총회는 6월 22일 불과 35분 만에 보고서를 통과하였다. 그것에 관한 총회의 결정들은 다음과 같다:

동 예루살렘 및 웨스트 뱅크에 점령되어 분쟁중인 토지에 부동산 매각 및 임대를 종료할 것을 요청했다. 투표는 393-55였다.

팔레스타인과 이스라엘인들을 평화롭게 하기 위한 모든 노력을 지지한다.

차별적 관행을 중단하기 위해 이스라엘 국가에 인권 선언을 전적으로 부탁하고 유엔 인권 이사회에 재가하도록 미국 정부에 촉구했다.

최근 이스라엘과 가자 지구 국경을 넘는 폭력 사태를 비난했다.

상회비: 총회 사무국은 2019년 상회비 분담금을 1인 당 8.95 달러로 2018년에 1인당 1.25 달러 (또는 15.8%) 인상하는 것을 승인했다. 총회 사무국 위원회는 원래 2019년 상회비 39%인상 즉 1인당 $ 10.71을 제안하였다. 총회에서 J. Herbert Nelson II 총회 정서기는 2019년과 2020년에 10% 증가로 수정하여 요청했다. 총회 절차위원회는 2019년 요청을 승인하지만 2020년 인상은 승인하지 않았다. 총회는 상회비 예산에 $ 643,000 (또는 교인 1인당 45 센트)을 추가해 최종 상회비 할당액을 8.95 달러로 올렸다. 상회비와 관련하여 다른 의결사항들은 다음과 같다:

뉴턴 노회 헌의안을 약간 수정하여 12명에서 15명으로 구성된 팀을 구성하여 "현재의 상회비 기반 체제를 재검토하여 당회보다 높은 공의회 사역에 대한 향후 10년간의 재정적인 지속 가능성을 검토한다"고 승인했다.

총회 사무국과 총회 사무국 위원회에 장래 총회 비용을 줄이는 방안을 모색 할 것을 요청했다.

앞으로 나아갈 길: 474-47 표결에 의해 총회는 222차 총회(2016)가 결의한 "우리 교단의 구조와 기능에 대한 비전을 분별하기 위해 만들어진" The Way Forward Commission 보고서를 압도적으로 승인했다. 앞으로 나아갈 길 전권위원회는 전기관 검토위원회의 권고에 참여했다. 또한 총회는 이행 행동의 후속 조치를 보장하고 현재와 224 차 총회(2020) 사이에 "중간 과정 수정"을 위한 이행 팀을 구성했다. The Way Forward에서의 총회 결정은 다음과 같다:

미국장로교회의 6개 국가 기관 모두를 대표할 수 있도록 이전의 장로교 선교국 이사회의 A Corp을 구조 조정하여 A Corp 법인을 구성한다. 새로운 A Corp법인은 연금국을 제외하고 각 기관을 대표하는 11 명의 위원으로 구성되며 일반 회원을 포함한다.

총회 정서기의 역할을 강화하여 그를 "계속되는 교회의 대표와 성만찬의 책임자"로 재확인하여, 정서기를 교회의 삶과 증인을 위한 "헌법적이고 영적인 지도자"로 지명하고, 정서기에게 교회의 모든 기관에 직권상 회원으로 가입하고, 미국장로교회의 6개 기관의 최고 대표 후보 결정을 고려 전에 정서기와 협의하여야 할 권한을 부여한다.

"재정적 지속 가능성 검토" 승인.

교단의 번역 서비스와 교회의 모든 코커스 간의 포괄, 형평 및 화해를 위한 노력을 강화했다.

특히 장로교 선교국에서 투명성을 제고하고 총회 직원들이 보복이나 앙갚음없이 지배적인 문화를 해결할 수 있는 자유를 요구하는 6월 12일 위원회의 행정 조치를 승인했다.

인종차별/빈곤/폭력: 총회는 세인트 루이스에서 허버트 넬슨 정서기의 '손과 발 이니셔티브'에 따라 인종차별, 빈곤 및 폭력 문제를 다루는 다양한 공개 증언에 참여했다. 집회 중에 손과 발 서비스/학습 프로젝트에 참여하기 위해 세인트 루이스에 온 여러 그룹 외에도, 다양한 신앙 기반 공동체 그룹과 협력하여 빈곤과 인종 차별에 대처하기위한 여러 "선교 팀"들이 도시를 찾았다. 개회 예배에서 모금한 기금은 4만 7,000달러가 넘었다. 화요일 오후 컨벤션 센터에서 시청까지 약 1,000명의 총회 참석자들이 행진한 후, 경범죄로 수감된 자들의 보석금을 제공하는 신앙 기반 그룹인 ArchDefenders에게 기금을 전하였다. 이들은 세인트 루이스의 과격한 현금 보석 시스템의 희생자로서 보석금이 없는 삼십 여명을 도왔다. 총회 의결은 다음과 같다: 사회 증인 정책 자문위원회가 준비한 "세인트 루이스로부터의 복음"을 승인했다.

마틴 루터 킹 주니어의 "버밍엄 감옥에서 보낸 편지"를 신앙고백서에 포함하는 어려운 과정을 시작했다.

"사람들과 국가 전체의 부당하고 인종차별"을 강하게 비난하고 "미국과 세계가 직면한 실제 문제를 해결하기 위한 공동의 노력"을 미국장로교회에 위임했다.

교회가 사용하는 명칭인 "인종적 민족"에서 "유색인종"으로, 인종 문제에 대한 옹호위원회의 이름을 인종평등 옹호위원회로 변경했다.

사형 집행에 대한 즉각적인 유예와 모든 사형 선고의 종결에 대한 종신형 선고를 촉구했다.

흑인 여성 대다수로 구성된 5인 태스크포스에 사회와 교회의 흑인 소녀들과 여성들에게 불리한 영향을 미치는 이슈에 대한 인식을 제고하고 그러한 문제를 해결하기 위한 실천 계획을 수립했다.

모든 성 정체성과 성적 지향의 사람들의 "완전한 존엄성과 인성"과 은사들을 확인하고 축하했다.

이민국: 총회 정서기인 허버트 넬슨의 성명서에 이어서 총회는 연방국이 미-멕시코 국경에서의 가족 분리를 종식시키고 부모와 자녀를 즉시 재결합 시키며 모든 부모에게 그들의 자녀들이 부모의 자녀들을 형사 고발을 위한 전술로 삼는 것을 그만두기를 원한다고 결의하였다. 장로교인들에게 이민가정, 특히 부모와 이산 가족 자녀들을 어떤 식으로 든 지원할 것을 촉구했다. 중앙 아메리카 (특히 니카라과), 남 수단, 예멘, 시리아, 마다가스카르, 한반도의 전쟁, 폭력 및 인권 문제도 다루었다.

총기폭력: 총회는 총기 폭력을 줄이기 위해 고안된 이전의 총회 정책을 재확인했다. 모든 장로교인들은 총기 폭력을 예방하기 위해 장로교에 전국적인 활동을 하도록 성령의 움직임을 기원하며 장로교 평화 휄로우십에서 만든 자료에 집중하여 총기 문제를 연구할 기회를 창출하도록 촉구했다.

유급가족휴가: 위원회와 총회 전체회의에서 오랜 논쟁 끝에 총회는 228차 총회 (2020)에 교단 전반에 걸친 표준을 재정립하고 교회 노동자를 위한 유급 가족 휴가 제도를 재정립하기 위한 대책반을 만들어 보고하도록 결정했다.

회중의지도력: 총회는 425-57의 마진으로, 교회가 당회에서 봉사할 필요없이 사역장로를 선출하고 임명하도록 허락한 몬머스 노회의 헌의안을 거부했다. 이 제안은 새로운 예배 공동체, 이민자 개척 교회 및 기타 비 전통적 신앙공동체와 같이 변화하는 리더십을 가진

교회에서 보다 나은 평신도 지도력을 제공하도록 설계되었다.

PCUSA 선교협의회(2019년 1월. 태국 치앙마이) 참가자들과 함께

6. 스코틀랜드(CofS), 영국교회(URC)와 함께 걷기

2019년 5월 17일부터 23일까지 스코틀랜드교회와 영국개혁교회 방문을 통해 받은 감격이 여전하다.

이번 여정에서 인상깊은 점은 여성목회자들의 활약이었다. 스코틀랜드교회의 직전 총회장, 총회 진행위원장, 영국개혁교회 선교담당 부총무, 남부대회 대회장이 모두 여성목회자였다. 특히 스코틀랜드교회 총회 진행위원장인 피오나 스미스 목사는 총회의 원활한 회무 처리를 진행하고 총회장의 의사 진행을 돕는 핵심적인 역할을 감당하고 있었다. 또한 본교단 제103회 총회에 참석했던 영국개혁교회 남부대회장 니콜라(Nicola Furley-Smith) 목사는 대회 산하 4개

노회, 141개 교회, 10명의 남부대회 직원들을 이끄는 상근 대회장이었다. 본교단 안에 1000명이 넘은 여성 목회자들을 생각해 보면서 여성목회자들이 은사를 발휘할 수 있는 지도력 훈련과 기회가 절실함을 느꼈다.

스코틀랜드 총회에서 참석한 총대들의 대부분이 60세 이상이었지만 노회당 1명씩 청년 총대들이 총회에 참석하는 것은 이채로웠다. 존 낙스의 종교개혁 이후에 세계개혁교회들의 맏형 역할을 해 온 스코틀랜드교회의 총대 구성원이 목사 장로 여성 남성으로 구성되지만 50명 가까이 되는 청년 총대들의 숫자는 다음 세대와 함께 하려는 스코틀랜드교회의 구체적인 노력이라고 생각이 되었다.

매년 10월이 되면 차기 총회장 추천위원회가 구성되고, 다음해 5월 총회 개회 첫날 차기 총회장이 결정된다. 총회장의 명칭은 스코클랜드교회 총회장이 아니고 스코틀랜드 총회 의장(Moderator of the General Assembly of the Church of Scotland)이다. 이 말은 스코틀랜드교회 총회의 의장은 스코틀랜드교회의 수장도 아니고 지도자도 아니고 오직 예수 그리스도만이 교회의 머리가 되신다는 신앙고백에 기초하고 있다. 총회 의장으로서 총회 안에 위원회들의 조언을 받아서 스코틀랜드교회의 입장을 표현할 수 있다. 총회장 선거에 과열된 한국교회의 현실을 비추어 볼 때 총회정책 결정과 집행 권한은 없지만 총회의 권위와 위상을 상징하는 존경받은 총회장의 자리가 필요하다는 생각이다.

2015년부터 공식적으로 선교동역관계를 수립한 영국개혁교회(The United Reformed Church)는 잉글랜드, 웨일즈, 스코틀랜드에 속한 6만 8,000명의 교인과 1500개 교회로 구성되어 있다.

1972년, 1981년, 2000년까지 세 번에 걸쳐서 회중교회와 장로교회, 형제교회들이 통합을 이루어 영국을 대표하는 교회가 되었다. 영국 전역에 걸치는 13개 대회(Synod)가 운영되고 있다. 특히 남부대회는 런던 템즈강 이하부터 잉글랜드 남부지역을 관할한다.

스코틀랜드교회나 영국개혁교회나 세속화의 영향 속에서 힘겨운 과정을 겪고 있었다. 개혁하는 교회, 선교하는 교회, 미래를 준비하는 교회로서 진지함 속에서 과감한 개혁을 시도하고 있었다. 한국교회의 미래를 위해 선교적 공동체로 거듭나고 있는 두 교회의 노력을 배울 필요가 있다고 본다. 또한 남북한 동시 수교국인 영국에 있는 교회로서 한반도 평화와 통일을 위해 두 교회들이 보여준 헌신과 수고 또한 기억할 필요가 있다.

영국개혁교회 총회임원들과 함께

Part II.
품격있는 교회로 거듭나기: 동반자로서 품격을 갖추다

1. 동역교단에서 경험한 품격있는 지도력
2. 맛, 멋, 판이 있는 신학교육
3. 몰트만이여 안녕 : 한국신학교육의 미래 로드맵
4. 신학교육과 글쓰기 훈련
5. 동반자 선교를 꿈꿨던 인물
6. 필리핀에서의 에큐메니칼 협력선교
7. 과거 답습형 선교는 세계교회 동반자로 협력할 수 없다

세계교회의 동반자가 되기 위해서는 어떠한 노력을 해야 할까? 나는 동반자가 되기 위한 기본적인 자격요건을 품격이라고 정의한다. 여기에서 말하는 품격이란 고귀하고, 우아한 무언가를 의미하는 것이 아니다. 세계교회의 일원이 되기 위한 품격은 오히려 나를 주체로 두고 상대를 객체로 두는 이분법적 도식에서 벗어나 상대방의 다양한 가치를 지닌 존재로 존중해주며 동반자로서 인식하는 것이다. 어떠한 의사결정을 할 때, 힘을 가진 교회를 중심으로 선교를 진행한다면, 그것은 동반자 관계라고 할 수 없다. 그러나 상대방의 의견을 묻고, 들으며 함께 비전을 향해 서로를 이해해 나간다면 진정한 동반자적 관계를 형성해나갈 수 있다. 이러한 인식태도를 갖춰가는 과정이 바로 품격있는 교회로 거듭나기 위한 출발점이다. 이를 위하여 해외 동역교회가 어떻게 동반자적 관계를 위한 노력을 하고 있는지, 한국교회는 이러한 시대의 흐름에 어떻게 동참하고 있는지를 살펴보고자 한다.

1. 동역교단에서 경험한 품격있는 지도력

해외교회에서 바라본 한국교계의 선거과정은 세속적 가치에 영향을 받은 교회의 진통으로 보인다. 교회를 섬기는 일꾼을 뽑는 과정에 세상 정치 이상의 과도한 에너지가 투입되고 있다. 선거 절차를 보완하고 선거관리 규정을 강화하는 것만으로는 개선하기 어려운 근본적인 한계가 있다. 선거제도의 보완보다 교회를 섬기는 지도자 됨에 대한 새로운 관점이 필요하다. 아래의 교회들을 통해 아시아에서 목격한 교회지도자 됨의 사례를 소개한다.

인도 마토마교회

AD52년부터 유래된 사도 도마의 선교 전통을 이어가는 마토마교회는 선교적 정체성을 위해 시리안 정교회로부터 개혁된 교회이다. 교회의 궁극적 목표는 선교이고 선교를 위해 교회의 모든 역량을 집중한다. 교회를 섬기는 비샵 후보들은 독신을 자발적으로 선택했고 대부분 신학자들로 훈련을 받았다. 그래서 비샵이 된다는 것은 신학적 기초를 세워서 교회의 선교적 방향을 이끌어 가는 것을 의미했다. 교회일치운동에 앞장서는 것도 비샵들의 몫이다. 북인도교회, 남인도교회, 마토마교회 사이에 상호 교역인정과 일치 과정은 든든한 신학적 연대 속에서 추진된다.

남인도교회(CSI)

남인도교회의 한 교구에서는 비샵을 뽑을 때 적당한 후보가 없다고 판단이 되면 총회의 비샵 추천위에서 다른 교구에서 비샵 후보들을 추천하여 선출한다. 유명한 선교신학자 레슬리 뉴비긴은 남인도교회가 출발하던 해에 인도 사람들에 의해 비샵으로 선출된 영국출신의 선교사였다. 비샵은 해당교구의 대표자이기도 하지만 교구에 속한 전체 교회를 살필 수 있는 포용력을 가진 지도자이다. 남인도교회가 세계교회 안에서 지도력을 갖게 된 것은 비샵들이 신학적 선교적 기여를 통해 남인도교회를 건강하게 발전시킨 것을 세계교회가 인정한 것이다.

필리핀그리스도연합교회(UCCP)

본인이 2003년부터 2011년까지 선교동역자로 섬겼던 UCCP는 미국으로 파송된 5개의 교단선교부(장로교, 감리교, 회중교회, 제자교회, 형제단)가 1948년에 연합교회를 설립한 독특한 경험을 가진 교단이었다. 선교를 위해 교파주의를 극복하고 필리핀 상황에 적합한 신앙고백과 교회의 구조를 새롭게 만들어 냈다. 장로교 배경의 교회들이 숫자상으로는 더 많았지만 대회의 대표와 본부 사무총장을 비샵이라고 하면서 사도적 계승에 의한 비샵이 아니라 교회 전체를 돌아보는 행정책임자로서 비샵이라고 불렀다. 비샵의 선거도 해당 교구에서 선출하는 것이 아니라 4년에 한번 열리는 총회에서 총대들의 직접 선거를 통해서 지역대회를 섬길 비샵들을 선출했다. 지역대회 뿐 아니라 비샵들이 총회의 상임위원회를 하나씩 맡아서 신학적 행정적 지도를 하고 있었다.

UCCP의 지역노회는 Confernce Minister(이하 CM) 라고 부르는 전임(Full time) 노회장이 있다. 노회의 의사결정기구인 운영위원회(Conference Council)의 의장은 평신도가 될 수 있지만 노회의 선교적 방향과 지교회를 목회으로 돌보는 역할은 신학적 훈련을 받은 목회자를 세운다. 보통 2년에서 최장 6년의 임기동안 지교회 목회를 중단하고 노회 전임목회로 부름을 받아 신실하게 섬기는 것을 목격할 수 있었다. 전임 노회장의 경험을 가진 이들 중에서 대회 비샵이 나오고 그들 중에서 총회 본부 사무총장이 나오는 상향식 지도력 배출과정이 있다.

뉴질랜드장로교회(PCANZ)

나는 2012년부터 뉴질랜드장로교회의 아시안사역총무로 초청을 받아 섬기고 있다. 2012년 10월에 회집되었던 PCANZ 총회에서는 총회장의 역할에 대한 진지한 토론이 있었다. 2년 임기를 4년으로 바꾸고 결정권이 없는 명목상의 지도자에서 교회의 선교적 흐름을 주도하고 자극하는 역할을 구체적으로 명시하자는 토론이 있었다.

결론은 2년 임기를 유지하면서 교회의 대표자로서의 역할을 수행하는 것으로 났지만 토론 과정에 참여한 전국교회들에게 기독교가 약화되고 있는 절박한 시기에 뉴질랜드 장로교회 총회장은 어떤 역할에 대해 생각해 보게 하였다.

'교단(제도교회)의 대표자 인가? 선교공동체의 지도자인가?' 이 토론을 거쳐서 총회장에 선출된 현 총회장 앤드류 노튼 목사는 2014년 총회 주제를 '영감있는 선교(Inspring Mission)'로 정하고 전국 노회와 교회를 순회하기 위해 시무교회로부터 휴무하고 '선교적 총회장'으로 역할에 전념하고 있다.

PCANZ는 섬김의 지도력(Servant Leadership)을 총회의 정책문서에서 다루고 있다. 회무에 대한 의결권한과 사역에 대한 실행권한을 분산하고 교회 전체를 돌아보는 역할은 총회장이 하고 사업의 실행은 총회총무와 부서 총무들이 하도록 하였다. 최근에 있었던 총회장과 부서 총무단과의 간담회에서도 현 총회장은 총회 주제인 '영감있는 선교'의 의미를 다시 한 번 설명하고 총회의 부서총무단들이 지역노회 행사들을 적극적으로 지원해 줄 것을 선교적으로 요청하였다. 임기동안 PCANZ 총회 전체의 발전을 위해 선교적 동원과 격려에 앞장서는 총회장을 전국교회는 신뢰하고 존경하고 있다.

PCANZ에서 경험한 총회장 선거절차는 너무나 조용한 선거였다. 입후보 과정이 없이 전국교회가 무작위로 추천한 차기 총회장 예비 후보들 중에서 상위 4명에 추천된 사실을 알리고 예비 후보자들이 수락하면 후보들의 소개와 함께 선교적 비전을 담은 문서를 전국 교회로 발송한다.

지교회 당회에서 4명의 후보중에서 선호하는 후보를 정하여 공문으로 총회로 보내면 사실상의 절차가 마무리되고 총회 석상에서 그 결과를 발표함으로 차기 총회장 선출을 선출한다. 한국식으로 보면 싱거운 선출과정이다. 향후 2년간 차기 총회장(Moderator Designate)으로 총회를 섬길 체계적인 준비를 한다.

해외교회의 사례를 종합해 보면 교단을 섬기는 지도자는 건강한 신학적 기초 위에, 총회 전체를 바라보는 안목을 가졌고, 선교적 차원에서 세계교회안에서 교류하고 협력하는 포용력을 발휘하고 있다. 앞으로는 한국교회의 총회장들의 역할도 정치적 역량을 발휘하는 힘 있는 지도자보다 총회 전체를 신학적으로 목회적으로 돌보는 섬김의 지도자로 발전해 갈 필요가 있다.

선거규정보다 총회장의 직무와 역할을 명시하고 부총회장때부터 차기총회장으로서 직무수행을 준비할 수 있는 시스템을 만들고 임기 동안 총회를 위해 전적으로 헌신할 수 있도록 도와야 한다.

리처드 도슨 뉴질랜드장로교회 총회장과 함께

2. 맛, 멋, 판이 있는 신학교육

맛 – 창의성 / 멋 – 경쟁력 / 판 – 네트워크

장신대 신학은 멋은 있지만 맛이 별로 없다. 이미 짜여진 판을 보지 못하고 새로운 판을 짜려고 한다. 장신대의 신학은 아시아의 풍미가 느껴져야 한다. 장신대의 건물과 상징들은 상당히 서구적임을 부일할 수 없다. 한신대 수유리 캠퍼스와 비교해 보면 차린 것 많은 부페식당과 같다. 장신대가 세계적으로 기여 할 수 있는 영역(주메뉴)은 기독교교육 부분이라고 생각한다. 기독교교육 부분은 규모와 내용에 있어서 세계적으로 평가할 수 있다. 그러나 아쉬운 것은 기독교교육의 장을 펼치는 데 소극적이라는 것이다. 개인, 가정, 신앙공동체, 학교공동체를 넘어서 지역공동체(마을), 선교공동체, 지구촌공동체까지 확대될 필요가 있기 때문이다. 교육과 선교를 함께 가르치는 학교라는 점은 세계 무대에서 분명 경쟁력으로 작용할 수 있다. 아시아 기독교교육 학자, 혹은 아시아기독교교육학회 같은 것을 장신대가 주도하여 개최 할 수 있다면 아시아 교회를 살리는 큰 기여를 할 수 있을 것이다.

한편 장신대가 가장 취약한 부분은 조직신학이라고 생각한다. 서구 신학의 영향으로부터 해방되지 못한 한계가 있기 때문이다. 특히 성서신학도 탈식민주의 관점에서 성경을 읽어야 한다고 생각한다. 교회사쪽에서 아시아교회사를 가르치는 것은 주목할만하지만 아시아 신학교와 교류 없이 서구에서 배운 아시아 교회사를 가르치는 것은 오리엔탈리즘의 한계로 보인다. 장신대를 방문할 때마다 느끼는 2% 아쉬움 점은 캠퍼스에 미적 요소가 부족하다는 것이다. 둘레길을 만드는 것은 좋은 시도이지만 캠퍼스 전체를 신학적인 요소를 담아

미학적으로 디자인 할 수 있도록 하면 더욱 좋을 것이다. 둘째는 외국인 학생들과 한국인 학생들의 단절이다. 이것은 미래의 글로벌 지도자들과 PCK 지도자들 사이의 사귐의 기회가 없다는 것을 의미한다. Only you보다 With you(Asia, Africa, Pacific)가 더 필요하다. 벗과 사귀고 연대하는 선교를 학교에 있을 때부터 경험토록 하면 좋겠다.

한편 장신대의 "판"은 어디에 있을까? 글로벌네트워크 동남아시아신학대학연맹, 인도세람포르대학교, 아시아신학교연맹과 신학교육 발전을 위한 대화모임을 시작할 필요가 있다. 요즘 총신대가 아시아신학교육연맹(ATA)에 빠져 있다. 좋은 현상으로 평가할 수 있다. 장신대는 동남아시아신학대학(ATESEA)과 인도 세람포르대학교를 네트워크해야 한다. 혹은 아프리카, 태평양, 남미 쪽은 신학교육 담당자들과 대화를 시작할 필요가 있다. 북미와 유럽은 에큐메니칼 협력 혹은 동역교단 신학교와의 협력을 강화해 갈 필요가 있다. 장신대를 중심으로 판을 짜지 말고 장신대가 판의 중요한 멤버가 되도 록 노력해야 한다. 이를 고려하여 다음과 같이 일곱 가지의 제안을 하고자 한다.

1. PCUSA 세계선교부 동아시아 선교 책임자들과의 만남이 필요하다. 미국장로교 선교사들은 재정난으로 축소되고 있다. 철수하는 자리에 PCUSA – PCK- 현지교단의 협력으로 박사급 교육선교사를 파송할 수 있다. 마삼락교수는 신학교육전문 선교사였다는 점을 기억하라.
2. 한신대 수유리 캠퍼스 M. Div(에큐메닉스전공) 외국인 학생들과 장신대 외국인학생들과의 만남을 정례화(학기에 한번씩 상호방문)을 하든지 여름방학에 2주간 공동수업 진행

3. 장신대 선교학을 위한 제안점은 다음과 같다. 디아스포라에 대한 체계적 연구, 국제개발을 통한 선교, 로잔 주제 풀어내기
4. 아시아기독교협의회 프로그램을 통한 지도력 양성 - 문정은 목사 제안서 대한성공회 김기리(사제) - 아시아기독교프로그램위원장
5. 사랑방(라운지) 활용 제안 - 매월 2회씩 한국인 선교사와 영어 쓰는 선교사 지도자 초청 사랑방(라운지) 대여 - 선교단체의 소모임 진행
6. 글로컬현장교육원을 위한 제안
   1) 영어성적이 아니라 언어교육원 수료자가 지원하도록, 영어 공부는 장신대에서
   2) 해외방문자 지속 모임
   3) 해외방문 자료 전시회
   4) 해외 동역교단 지도자 초청하기
   5) 레이드로 신학교에서 일석 삼조 영어로 신학, 상담, 교육 공부 학점 교환으로 비용 및 시간 절약 뉴질랜드장로교회의 다문화 목회와 선교 배우기
7. 아시아의 영혼이 아니라 아시아의 친구, 아시아의 벗이 될 때까지 동반자 선교 지속

뉴질랜드 스티브 테일러 박사와 함께 한 장신대 학생들

3. 몰트만이여 안녕: 한국신학교육의 미래 로드맵

아듀 몰트만, 한국신학은 어디에?

1975년 한국을 처음 방문했던 몰트만 교수가 2015년에 장신대와 서울신대가 초청해서 다시 한국을 찾았다. 몰트만 교수는 1970년대 이후 한국을 여러번 방문하면서 민주화를 위해 애쓰는 한국교회 지도자들과 신학자들을 격려하고 지원했다. 특히 당시 한국인 제자들이 현재 한국의 신학교육기관의 책임자가 되었으니 제자들을 볼 줄 아는 안목도 있었던 것 같다.

그런데 2015년에 한국을 방문하는 몰트만 교수를 보면서 좀 슬픈 생각을 했다. 몰트만 교수가 아니라 몰트만 교수를 아직도 초청해서 강연자로 세워야 하는 한국 신학교의 현실이 아쉬었다. 한국적 신학의 논쟁이 치열하던 1960년대와 민중신학을 세계교회로 공유하는 1980년대가 지난 후 오히려 한국신학계는 길을 잃고 있는 것 같다. 규모에 있어서는 세계적이지만 한국에서 한국적인 신학이 생성되고 있지 않다.

아직도 신학을 서양식으로 하고 있기 때문이다. 그래서 세계적인 신학자들을 한국에 초청하는 것이 국제화하는 것이라고 생각한다. 이제는 한국신학자들이 세계교회를 다니면서 강의하고 지구촌 신학운동에 기여해야 할 때이다. 학문적 수준이라는 것이 영어로 평가되는 것이 현실이라면 아직도 영어권에 가서 유학을 해야 하지만 언제까지 신학적 종속성에서 안주할 것인가?

2002년 인도에서 만났던 많은 인도신학자들, 대부분 인도에서 신학박사를 했는데 지금은 거의 인도에 활동하지 않는다. 서구 신학교들이 가만히 내버려 두지 않는다. 서양신학교육 시스템에서 만들어 지지 않은 아시아 신학자들을 극진히 수입(?)하였기 때문이다. 페북으로 연결된 아시아 신학자들이 세계교회와 신학교를 활동무대로 삼고 있다.

한국의 신학교는 40년동안 한국교회를 방문한 몰트만을 이제는 극복해야 한다. 몰트만 신학은 장신대 신옥수교수의 "몰트만 신학 새롭게 읽기"를 통해 잘 정리되고 소개되었다. 이 책 한권 읽고 몰트만을 소화하고 극복해야 할 때이다. 이제는 아시아의 몰트만을 한국의 신학교들이 만들어 내야 할 차례이다. 이를 위해 신대원 시절부터의 고민이 담긴 논문 "한국신학 형성과정 연구"의 일부분을 참고자료로 인용한다.

> 한국신학이 나아가야할 전망과 과제는 다음과 같다.
> 첫째, 한국신학의 경향성은 하나가 아니라는 점이다. 변혁주의적 패러다임이 지금까지의 논의를 수렴하는 모델이 될 수 있다고 하지만 한국신학은 그 성장배경과 관심사가 다른 원류들이 있음을 인정하여야 할 것이다. 사실 창조적 비판을 통한 한국신학의 형성보다는 소모적 논쟁 즉 다른 신학적 견해를 수용하지 않으려는 태도가 과거에서부터 현재까지 있고 특히 신학과목이 'OO 신학 비판'으로 정해져서 그 신학의 내용파악 이전에 배타적 관점부터 키우는 일은 지양해야 할 것이다.
> 둘째, 신학은 언어로 또 글로 정리되기 때문에 신학논문이 발표되는 신학전문지가 중요하고 그 기여도는 긍정적 평가를 받을 만하다. 하지만 신학적 경향을 가진 계보를 중심으로 한

계승, 발전차원에서 이루어지고 있는 사실은 신학전문지가 가진 역할보다도 크다할 것이다.

셋째, 한국신학사에 있어서 시기구분은 신학운동사적 측면에서 특별한 계기가 되는 사건들 예를 들면, 신학연구기관의 개원이나 새로운 신학적 경향이 등장하게 되는 시기에 대한 면밀한 연구를 통해 조심스럽게 설정되어야 할 것이다.

넷째, 한국신학의 형성과정을 돌아보면서 보수와 진보의 대립에 머물러 있지 말고, 진보적 그룹에서도 박형룡이나 박윤선의 신학사상에 대한 연구와 보스적인 그룹에서도 김재준이나 감신계열의 신학자들에 대한 연구를 통해 한국신학사에 있어 선배들의 업적을 인정하고 계승발전시켜야 할 것이다.

다섯째, 교단을 배경으로 한 신학교에서 뿐만 아니라 신학적 관심분야에 집중적인 연구를 위해 학술기관인 신학연구소들이 설립되고 그 신학작업이 출판물을 통해 발표되면서 소모적 논쟁이 아닌 창의적 연구가 지속되어야 할 것이다.

21세기가 다가오고 있다. 준비를 시작하기엔 때늦은 감이 있을 만큼 목전에 와 있다. 이제 한국신학은 창의적인 형성작업과 동시에 한반도에서 숨쉬며 복무해야 할 과제 앞에 실천적으로 나서야 할 것이다.

21세기를 향한 한국신학의 과제는 민족문제 즉 통일을 비롯한 민족공동체와 한반도 전체에 발생하는 과제를 포괄하는 신학의 자리로 나아가야 할 것이다.

JPIC주제는 곧 생존의 문제와 관련이 있다. 자연환경의 오염과 생태계의 파괴로부터 오는 도전을 창조론과 성령론에 대한 재해석을 통해 새로운 삶의 스타일을 창출해 가야 할 것이다.

한국문화와의 만남과 해석에 더욱 매진해야 할 것이다. 사회적으로도 한국적인 것에 대한 관심이 깊어지고, 신학적으로는 다원종교시대에서 신학적 위치를 분명히 할 것을 요구하고 있다. 이런측면에서 토착화신학의 역할에 기대하고 격려하여야 할 것이다.

수많은 신학교를 통해서 수만명의 신학생들이 신학을 공부하고 있다. 하지만 서양에서 시작된 내용의 전달과 진보적 시각에 대한 배타적 이데올로기 형성 작업은 아닌가. '한국적'인 것에 매몰될 필요는 없지만 시대와 역사, 그리고 사회전통에 대한 재해석 속에서 한국신학은 재형성되고 이런 과정은 계속 열려야 할 것이다.[1]

아시아적인 정체성을 가진 신학자 김용복 박사와 함께

---

1) 한경균, "한국신학 형성 과정에 대한 연구", 장로회신학대학교, 석사학위논문, 1994.

장신대와 총신대의 국제학술대회

매년 5월 개교기념일을 맞는 장신대와 총신대가 국제학술대회를 개최하였다. 신학교육의 세계화가 중요한 과제가 되었다. 장신대는 1987년부터 제3세계 지도자들을 훈련하여 350명이 넘는 졸업생을 배출해 냈다. 총신대는 올해부터 영어 M.Div과정을 개설하고, 아시아신학연맹(복음주의, ATA)와 연대를 강화하고 있다.

한국에 국제적인 인사를 초청하는 일은 이제 어려운 일이 아니다. 한국교회와 신학교들은 손님을 융숭하게 섬기는 좋은 문화를 가지고 있다. 2-3일의 국제학술대회를 개최한 것으로 한국교회와 신학교의 역할을 다했다고 착각하면 안된다. 후속 작업이 더 중요하다. 신학자료를 공유하고 사람을 길러내는 방향으로 정교하게 진행해야 한다.

제3세계 학생들에게는 전액 장학금을 제공하니까 그들이 한국 신학교에 올 수 있다. 나아가 1세계 학생들이 수업료를 내면서 배울 수 있는 협력까지 가야 한다. 혹은 가족들을 데리고 와서 함께 지낼 수 있는 수준까지 배려해 주어야 한다. 강의실에서 외국인 학생들을 가르치는 은사는 한국교수들이 잘한다. 강의실 밖에서 살아가는 외국인 학생들의 총체적 삶을 이해하는 '촉'은 한국교수들이 약하다.

서정운 명예총장님의 말씀대로 "캠퍼스 안에 있는 이들(외국인학생)에게 별 관심과 동지적 유대감 없이 아시아선교나 세계선교를 말하는 것은 부자연스러운 위선이며 귀중한 선교자원을 소홀히 하는 비선교적 형태이다." 동지적 유대감(서정운 명예총장), 동료의식(구나완 박사)이 중요하다. 왜냐하면 선교는 가슴으로 하고 관계로 발전하기 때문이다. 학술적 언어보다 공감적 언어와 실천이 더 중요하다.

4. 신학교육과 글쓰기 훈련

표절은 학자들만의 문제는 아니다. 자신의 글 속에 담긴 세련된 생각을 통해 주변에 영감을 주고 싶은 것은 글을 쓰는 사람들의 보편적 동기라고 본다. 문제는 그 세련된 생각이 어디에서부터 왔는가 하는 점이다. 평소에 독서, 관찰, 참여를 통해 얻은 독창적인 내용은 그 글을 읽은 독자의 정서를 풍요롭게 할 수 있다. 그러나 다른 사람의 독창적인 결과물을 가져다가 자신의 것처럼 전달했다면 독자들에게 배신감을 가져다줄 수 있다. 한국의 교회와 신학교에서 이뤄지고 있는 표절 문제는 한국사회에서 한국교회에 대한 신뢰도에도 영향을 줄 것으로 생각된다. 강단에서 선포되는 설교가 설교자의 인성, 영성, 연구에 의한 창의적인 것처럼 포장된다면, 그 설교자의 진정성 전반을 의심할 수밖에 없기 때문이다.

설교자는 신학교를 졸업하고 목회적 훈련을 거치고 목사안수를 받은 사람들이다. 설교자의 표절 문제는 신학교의 표절 상황과 방지 노력과 직접 관계가 있다. 한국교회 설교자들이 설교 횟수가 과다해서 충분한 시간을 들여서 설교를 준비하기 어려운 것은 목회 상황적인 문제이지만, 보다 근본적인 문제는 표절 문제를 비교적 너그럽게 받아들이는 교육 풍토와도 관계가 있다고 생각한다.

나는 2002년 1년간 인도에서 에큐메니칼 신학과 사역을 배울 기회가 있었다. 인도 뱅갈로에는 1910년에 개교한 인도 연합신학교(UTC)가 있는데, 당시 이 학교 도서관에서 신학석사와 박사논문을 읽어 보며 적지 않은 도전을 받았다. 논문의 분량도 놀라웠지만 인용 문헌의 내용과 숫자를 보면서 학문적 훈련의 깊이를 느낄 수 있었다. 학술적 훈련이 철저한 이런 신학교에서 생성된 인도신학이 아시아

신학에서 중요한 자리를 차지하는 것은 어찌 보면 자연스러운 일이 었다. 그 학교를 거쳐 간 학생들이 박사학위 공부를 마치고 국제적인 선교지도자로서 활동하는 것을 보며, 신학교육에서의 학술적 글쓰기 훈련이 참 중요하다는 것을 깨달았다.

필리핀에서 선교동역자로 일하던 시절, 섬기는 노회 사무실이 필리핀 연합신학교(UTS) 캠퍼스 안에 있었기 때문에 신학교 교수들과 교류하면서 공부할 기회가 있었다. 영어로 진행되는 과정이었기에 대학원 수준의 영어로 짧은 글이라도 쓰는 것은 늘 부담이 됐다. 그런데 영어로 글을 쓰는 것보다 더 어려웠던 점은 학문적인 글을 쓰는 훈련이 부족한 자신을 인정하는 것이었다. 신대원과 대학원에서 두 번이나 나름 공을 들여 학위논문을 제출했기에 학문적인 글쓰기 훈련이 어느 정도 돼있다고 생각했는데 현실은 그렇지 못했다. 읽기와 편집하기는 어느 정도 가능했지만, 논리적이고 학술적인 글쓰기의 숙련도는 현지 학생들과 큰 차이를 보였다.

뉴질랜드장로교회의 경우 교회들이 사회보다 앞서 투명한 정보 공유에 앞장서고 있는데, 홈페이지에 총회 회의록과 임원회 회의록까지 모두 공개할 정도다. 뉴질랜드 교회들이 예배에서 사용하는 영상 자료들(PPT)에도 악보의 경우 곡의 출처와 사용허락(Music is reproduced for these services with permission)을 받았다는 표시가 반드시 언급된다.

2014년부터 장신대와 학술교류를 재개한 뉴질랜드 레이드로신학교가 학생들에게 배포한 과제물 제출 가이드라인을 보면 신학교에서부터 표절에 대한 분명한 원칙이 있음을 알 수 있다. 첫번째가 과제물 제출 날짜를 준수하라는 것이고, 다음으로 표절에 관련된 내용이 나온다. 그리고 재학생들에게 표절 방지 각서에 서명하도록 요구한다. 과제물 양식과 문헌 인용방식은 그 다음 항목에서 다루고 있다. 신학교뿐 아니라 뉴질랜드에 있는 모든 대학이 학생들의 과제물과 교수들의 연구논문의 독창성을 매우 중요하게 다루고 있다. 사실 이것은 뉴질랜드 안에서 이뤄지는 일이라기보다 영어로 학술연구를 하는 대부분의 나라들이 채택하고 있는 학술연구의 원칙이기도 하다.

장신대 - 레이드로신학교 학술 교류

뉴질랜드 대학교육평가원(NZQA)에서 제시한 표절 방지 가이드 라인의 내용을 보면 '표절 예방', '감시', '조사', '향후조치'에 대해 언급하고 있는데, 특히 표절은 부정직한 행위이기에 학생들에게 상기 시킬 것과 표절 내용을 감시 혹은 추적할 수 있는 시스템을 준비할 것을 언급하고 있다. 또한 뉴질랜드 통신대학(Open University)에서는 학생들에게 구체적이고 친절하게 표절이 일어날 수 있는 상황과 바람직한 행동 요령에 대해 다음과 같이 조언하고 있다.

첫째, 과제물 제출 기일이 임박해, 인터넷에서 검색한 자료를 그대로 사용하고 싶은 마음이 들 경우엔 제출 기간 연장을 요청하라. 둘째, 인용한 문헌의 출처를 기억할 수 없을 경우를 대비해 글을 읽을 때부터 출처를 상세히 기록하고 체계적으로 정리하라. 셋째, 인용 출처를 밝혀야 할 지 아닐지 구분하기 어려울 경우엔 책, 신문, 매스미디어, 학술회의에서 얻은 정보는 반드시 출처를 밝혀야 함을 기억하라. 또한 도표, 그래프, 사진, 영상자료도 출처를 밝혀야 한다.

한국의 목회자들이 경험하고 있는 일들 중 밖으로 잘 드러나지 않지만 목회자와 교회의 기본기에 관련된 중요한 부분이 표절 등의 사안이다. 교회의 위기는 교회 지도자들의 진정성과 관계가 있다. 모든 관계는 서로의 진정성을 기본으로 시작된다. 사회가 표절에 대해 항상 엄격한 기준을 제시하며, 모든 컨텐츠 생산자와 소비자들이 보다 비중있게 이 부분을 주의하고 있음을 교회도 주지해야 한다. 상세하게 인용출처를 기록해 정직한 글을 만들고, 설교를 준비하고, 학술논문 쓰는 것을 우리는 이제 보다 강도 높게 훈련해야 한다. 배출된 선교사나 목회자의 수에 무게를 두던 시대는 지나갔다. 신학교들은 이제는 모든 면에서 국제적 기준, 사회적 기준에 부족하지 않도록 살피고 보완해야 할 사명이 크다고 하겠다.

5. 동반자 선교를 꿈꿨던 인물

제임스 로저(Roger James)

제임스 로저는 필리핀 교회일치를 위해 40년간 헌신한 미국장로교 선교사이다. 미국장로교가 파송한 제임스 로저 선교사는 준비된 선교사였다. 브라질에서 10년의 현장 선교 경험을 가지고 있었고 필리핀으로 파송되기 전에 뉴욕 미국장로교 선교부 사무실에서 타 교단 선교부 총무들과 협의를 거쳐서 파송되어 왔기에 마닐라에서 주재하면서 타교파에서 파송된 선교사들과 함께 협력선교의 꿈꾸고 실천한 사람이었다.

필리핀에서 40년간 사역을 하면서 로저 선교사는 3가지 일을 했다. 첫째 감리교 선교부와 장로교 선교부가 따로 설립한 신학교를 통합시켜서 에큐메니칼연합신학교인 Union Theological Seminary로 만드는데 기여했다. 둘째 필리핀에서 활동하던 교파 선교부를 모아서 연합교회로서의 필리핀교회가 되도록 자극하고 준비하면서 필리핀교회협의회(NCCP)가 탄생하는데 초석을 놓았다. 셋째 장로교회 선교부와 회중교회 선교부를 합쳐서 1928년 필리핀복음교회(Philippine Evangelical Church)가 출범하도록 실질적인 노력을 기울였고 1948년 필리핀그리스도연합교회(United Church of Christ in the Philippines)가 설립될 수 있는 신학적 선교적 동기를 제공하였다.

1948년에 5월 필리핀의 지역노회가 파송한 필리핀 총대들에 의해서 필리핀그리스도연합교회의 총회가 구성되고 필리피노 사무총장과 임원들을 선출한 것은 미국장로교 선교사들이 선교 초장기부터 꿈꾸고 진행한 협력선교의 열매였다.

한경직 목사

1966년 베를린대회, 1968년 아시아 태평양선교대회는 빌리그래함 목사가 세계적인 지도자로서 최고조로 역량을 발휘하던 시기에

이루어진 대회이다. 두 대회 모두 한경
직 목사가 중요하게 기여하였다.

1959년 합동과 통합이 분열되고 통합 내에서 WCC 회원권을 유보하는 일이 벌어진다. 1959년 전까지 한국장로교회를 대표해서 세계교회협의회가 주관한 각종 세계대회에 참석했던 한경직 목사는 WCC관련 행사는 당시 새문안 교회 담임인 강신명목사가 개인적 자격으로 참여하도록 하고 1960년대는 빌리그래함을 중심으로 한 복음주의 진영과 긴밀한 교류를 한다.

필리핀 유니온 신학교 도서관에서 발견한 『Christ Seeks Asia』이라는 책을 통하여 베를린 대회 후속 아시아전도대회가 1968년 싱가폴에서 열렸고 한경직 목사는 대회장을 맡았던 것을 알게 되었다. 이 대회에서 아세아 복음화를 촉진시키기 위하여 신학대학원을 설립하기로 하였고 그것이 오늘의 아세아연합신학대학교를 출발로 보고 있다.

한경직기념사업회(www.hankyungchik.org)에서도 많은 자료를 제공하고 있다. 세계의 유명한 신학자와 선교지도자에 대한 학위논문도 쓰고 또 그들의 책을 신학교에서 교과서로 쓰고 있지만 정작 PCK에 영향을 준 한경직목사에 대한 연구가 의외로 적은 것을 보고 놀라기도 하였다. 복음주의와 에큐메니칼을 넘나들고 해방 후 최초의 선교사인 최찬영선교사를 후원파송하기도 하였다. 한국의 대표하는 선교운동가였던 한경직 목사에 대해서 지금이라도 연구하고 이분이 PCK 선교에 준 영향을 밝혀내는 것이 작금의 선교가 지닌 어려움을 극복하는 일이라고 생각한다.

마삼락 박사

마포삼열목사의 3남으로서 미국의 휘튼대학, 프린스턴신학교, 예일대학에서 공부했다. 특히 세계적인 교회사가 라토렛 교수의 지도로 중국선교에 대한 박사학위 논문을 예일대학에서 썼다. 1947년 중국에서 선교사역을 시작했지만 공산화 과정에서 추방되어 미국으로 돌아갔다가, 40세가 되던 1955년 한국의 안동에서 선교사역을 하였고 45세가 되던 1960년부터 장신대에서 가르치다가 1982년 선교사를 은퇴하고 미국으로 돌아가서 프린스턴 신학교에서 교수를 했다.

마삼락박사는 1954년 WCC 에반스톤 대회 이후 에큐메니칼에 대한 첨예한 대립을 겪고 있던 한국장로교회에 와서 총회 에큐메니칼 연구위원회 위원으로 활동하면서 소위 에큐메니칼 진영이었던 한경직목사, 강신명목사와 보조를 맞추어 에큐메니칼 운동에 대한 글도 쓰고 강연도 했다. 1959년 총회가 분열된 이후 장신대의 교수로 와서 대학원장, 협동학장까지 거치기도 했다. 1962년에는 한국의 그리스도인이란 제목의 책을 출간하여 한국교회의 선교적 전통과 속내를 세계교회에 알렸다.

마삼락박사는 미국연합장로교(UPCUSA)가 동역교단인 대한예수교장로회 총회로 파송한 에큐메니칼 선교동역자였고, 대한예수교 장로교회 총회와 협동선교사업부 소속 선교사로서 장신대를 섬겼던 에큐메니칼 교수 선교사이다. 특히 오늘의 장신대 세계선교연구원이 1974년 선교문제연구원으로 개원하였을 당시 마삼락 박사가 초대 원장이 되었고 1976년부터 제3세계 교회지도자 교육 프로그램을 개설하여 제3세계 특히 아시아교회의 에큐메니칼 지도자 양성을 기초를 놓았던 것을 기억해야 할 필요가 있다고 본다.

약력

1916년 평양에서 태어남(초등학교~고등학교 평양에서 수학)

1938년 휘튼 대학교(B.A.)

1942년 프린스턴신학교(Ph.B.)

1945년 예일대학교 종교학 박사학위(Ph.D.)

1947년 중국 북경 Yenching University 교수 역임

1948년 중국 난징 Nanking Theological Seminary 교수 역임

1951년 중국에서 추방됨.

1953년-1955년 프린스턴신학교 방문 강사(visiting lecturer) 역임

1955년 미국장로교(당시 미국연합장로교) 선교사로 내한

1959년~1981년 장로회신학대학교 교수

1966년~1970년 장로회신학대학교 대학원장 역임

1970년~1981년 장로회신학대학교 협동학장 역임

6. 필리핀에서의 에큐메니칼 협력선교[2]

들어가는 말

필리핀은 지리적으로 한국에서 가까운 곳이다. 2012년 이후 필리핀을 방문하는 한국관광객이 매년 100만명이 넘고 있다. 이중에는 방학기간 동안 필리핀을 방문하는 단기선교 혹은 비전트립팀이 상당수 포함되어 있다. 가깝고 저렴한 필리핀을 방문하는 관광객 숫자도 늘었지만 선교적 목적으로 필리핀을 방문하는 사람들도 늘어나고 있다. 한편으로는 필리핀으로 선교사를 보낸 후원교회들의 선교적 관심과 선교지 방문의 욕구가 폭증하였기 때문에 필리핀은 침착하고 진지한 선교를 하기에 어려운 곳이기도 하다. 필리핀 주재 한국대사관에 발간한 2015년 재외동포 현황자료에 따르면 89,037명의 교민이 필리핀에 살고 있다. 이런 사실은 필리핀이 특히 마닐라가 한인 디아스포라 선교를 위한 중요한 거점 도시임을 시사한다.[3] 또한 2006년 이후 한국 남성과 결혼한 필리핀 여성이 14,930명이 되면서 필리핀 엄마를 둔 다문화자녀의 외가 나라이기도 하다.

최근의 동향으로 볼 때 필리핀은 선교적 입장에서 3가지 의미가 있다고 본다. 첫째 타문화 선교지로서의 필리핀이다. 영어를 공용어로 하는 나라이고 선교적 인프라가 잘 갖추어진 곳이어서 한국 선교사가 선호하는 선교지이다. 둘째, 유학생까지 포함하여 10만명 내외의 한국인이 거주하는 나라로서 디아스포라 한인목회가 활발하게 이루어지고 있는 선교지이다. 셋째, 한국의 다문화사역과 관련하여 지

---

2) 황홍렬, 「에큐메니칼 협력선교: 정책, 사례, 선교신학」에 기고한 글
3) 손윤탁, "디아스포라 교회의 성장과 선교", 한국선교신학회, 『선교신학』제27집 2권, 246-247에서 디아스포라 선교의 활성화를 다루고 있다.

속적인 공동연구와[4] 상호교류가 필요한 선교지이다.

내가 경험한 필리핀에서의 협력선교는 시기적으로는 2003년부터 2010년까지였고, 지역적으로는 마닐라남쪽의 카비테주와 바탕가스주에 위치한 도농복합지역이었으며, 필리핀그리스도연합교회(United Church of Christ in the Philippines, 이하 UCCP) 따갈록서남노회(이하 KTKK)의 선교동역자이면서 대한예수교장로회(통합)의 필리핀선교회(PCKM)의 일원으로 사역하였다.

에큐메니칼 협력선교의 중요성과 실천가능성에 대해 끊임없이 고민하고 묻고 배우던 UCCP를 떠나 온지도 이미 5년이 되었다. 이제는 차분하게 내가 참여했던 하나님의 선교를 돌아볼 수 있는 시간이 되었다고 생각한다. 인도교회협의회(NCCI)의 초청으로 2002년 1년간 인도에 머무르면서 에큐메니칼 협력선교의 중요성을 경험하고서 2003년 1월 한주간 동안 필리핀 마닐라를 방문할 기회가 있었다. 필리핀교회협의회(NCCP), 성공회신학교(SATS), 연합신학교(UTS)를 돌아보면서 필리핀교회를 대표하는 지도자들과 신학자들 그리고 목회자들과 만남의 기회가 있었다. 대화 중에서 필리핀교회와 협력할 수 있는 선교동역자(Co-worker in Mission)로 오면 좋겠다는 선교적 요청이 있었다. 인도에서 경험한 하나님의 선교에 대한 준비가 없었다면 외면할 수도 있는 이야기였지만 하나님의 선교를 향한 부르심으로 생각할 수 밖에 없었다.

이 글은 개인적인 차원에서 내가 경험한 필리핀교회와의 협력선

---

4) 장남혁, "다문화가족의 이문화역량 강화를 위한 훈련프로그램", 한국선교신학회, 『선교신학』 제27집 2권, 285-312에서는 이문화역량(Intercultural competence)과 필리핀 지역사회개발의 상호관련성을 다루고 있다.

교를 선교적인 입장에서 성찰하는 목적을 갖고 있다. 선교는 선교사가 도착하기 이전부터 하나님이 먼저 시작하신다. 필리핀 선교는 한국 선교사가 도착하기 전에 미국 선교사들의 헌신과 필리핀 교회 지도자들에 의해 이미 진행되고 있었다. 먼저 친구와 동역자의 입장에서 필리핀에서 진행된 하나님의 선교를 시대별로 정리하고자 한다. 둘째로 예장(통합) 서울북노회와 UCCP 따갈록서남노회의 10년간에 걸쳐 이루어진 협력선교의 사례를 소개하려고 한다. 셋째로 내가 참여한 노회차원의 협력의 경험과 사례에 대한 평가와 아쉬움을 정리해 보고자 한다.

1. 1899년부터 1948년까지 :
미국개신교회의 선교부에서 필리핀 그리스도연합교회로

1899년 4월 21일 미국인 선교사 제임스 로저(James B. Rodgers)가 마닐라에 도착하면서부터 시작된 개신교회의 필리핀 선교는 1948년까지 필리핀 그리스도연합교회(UCCP)와 주류 교단간의 협의체인 필리핀교회협의회(NCCP)를 세우는 방향으로 선교적 연합이 이루어졌다.

1901년 4월에 필리핀에서 선교하고 있는 미국장로교 선교부는 다른 교파로부터 파송되어 온 선교부 대표들을 초청하여 선교적 연합과 일치를 위한 대화(The Evangelical Union of 1901)를 시작하였고,[5] 그 결과로 필리핀복음주의공의회가 출범하였다. 필리핀 전역을 선교지 분할 협정(Comity Agreement)에 의해 배분하고 교파

---

5) Deslate V. Isagani, "Unity in Diversity" Supplement to Chapters in Philippine Church History (2002) : 45.

를 넘어 하나의 교회를 이루기를 기대하였다.[6] 장로교회, 감리교회, 침례교, 형제단, 제자교회, 회중교회, CM & A에서 온 선교부 대표들이 이 일에 함께 참여하였다.

1929년에 장로교 선교부와 회중교회 선교부간의 일치를 통해 필리핀 복음교회(United Evangelical Church of the Philippines)가 출발하였지만[7] 대부분의 다른 교파 선교부들은 교파 의식을 넘어서 하나의 교회를 이룰 준비가 되지 않았다. 1948년 5월에 이르러 필리핀에 단일 교단을 세우기 위해 선교지 분할을 합의한 선교사들의 꿈과 필리핀 교회 지도자들의 바램은 필리핀그리스도연합교회의 창립으로 구체화 되었다.

미국장로교가 파송한 제임스 로저 선교사는 교회일치를 위해 준비된 선교사였다.[8] 브라질에서 10년의 현장 선교 경험을 했고 필리핀으로 파송되기 전에 뉴욕에 있는 미국장로교 선교부 사무실에서 타 교단 선교부 총무들과 협의를 거쳐서 파송되어 왔기에 마닐라에 주재하면서 타교파에서 파송된 선교사들과 함께 협력선교를 꿈꾸고 실천한 사람이었다. 필리핀에서 40년간(1899년부터 1939년까지) 사역을 하면서 로저 선교사는 3가지 일을 했다.[9] 첫째 감리교 선교부와 장로교 선교부가 따로 설립한 신학교를 통합시켜서 에큐메니

---

6) 위의 책, 46-47쪽.
7) 위의 책, 47-49쪽.
8) Anne C. Kwantes, Presbyterian Missionaries in the Philippines (1989), 21쪽
9) 40년의 사역을 기초로 다음과 같은 회고록을 집필하였다. James B Rodgers, Forty Years in the Philippines : A History of the Philippine Mission of the Presbyterian Church in the United States of America, 1899 - 1939. (New York : Board of Foreign Missions of the Presbyterian Church in the United States of America, 1940).

칼 연합신학교(Union Theological Seminary)를 설립하는데 기여했다. 둘째 필리핀에서 활동하던 타교파 선교부를 모아서 에큐메니칼한 필리핀교회가 되도록 자극하고 준비하면서 필리핀교회협의회(NCCP)가 탄생하는데 초석을 놓았다. 셋째 장로교회 선교부와 회중교회 선교부를 합쳐서 1928년 필리핀복음교회(United Evangelical Church of Philppines)가 출범하도록 실질적인 노력을 기울였고 1948년 필리핀그리스도연합교회(United Church of Christ in the Philippines)가 설립될 수 있는 신학적 선교적 동기를 제공하였다.[10]

1948년에 5월 필리핀의 지역노회가 파송한 필리핀 총대들에 의해서 필리핀그리스도연합교회의 총회가 구성되고 필리피노 사무총장과 임원들을 선출한 것은 미국장로교 선교사들이 선교 초장기부터 꿈꾸고 진행한 협력선교의 열매였다.

2. 1977년부터 2002년까지 :
한국 선교사들의 장로교재건운동과 UCCP의 모라토리움 선언

1) 예장(합동)의 장로교재건운동

1970년 이후 한국교회는 다양한 부흥 운동과 복음전도 운동을 경험하였다. 이 부흥 운동은 자연스럽게 한국장로교회의 선교운동으로 이어져 민족복음화를 위한 선교 열정이 세계 복음화를 위한 선교적 역량으로 바뀌기 시작한다.

1977년 3월 필리핀에 도착한 김활영선교사는 필리핀에서 한국교회의 필리핀 선교를 공식화하는 장로회 선교회(Evangelical

---

10) 위의 책, 169쪽.

Presbyterian Mission, Inc)를 1978년 8월 22일에 필리핀 정부에 등록하고 공식적인 선교를 하였다.[11]

김활영이 헌신한 사역은 장로교 재건 운동이었다. 에큐메니칼 신학과 선교를 반대하는 총신대를 졸업한 김활영과 박기호는 1929년 장로교 선교부와 회중교회 선교부와의 연합, 1948년 필리핀그리스도연합교회의 출범을 개혁주의 신학적 고결성을 희생시키는 신학적 자유주의로 보았다.[12] 그래서 필리핀그리스도연합교회에 가담한 사라진 장로교회를 재건하기 위한 장로교재건운동이 예장(합동)출신 선교사들에게 의해서 시작되었다. 1987년 6월 27일에 필리핀 장로교 독노회가 설립되면서 한국의 통합, 합동, 고신, 합동보수, 보수 성향의 미국장로교회 선교부(PCA, Mission to World)가 함께 참여하였다 그리고1996년 10월 30일 로스바뇨스 장로교회에서 필리핀 장로교회 총회가 조직되었다.[13]

2) UCCP의 모라토리움(Moratorium) 선언

1974년 UCCP 총회에서는 선교를 위한 과감한 결정을 하였다. 1948년 이후 필리핀을 대표하는 독립적인 교단이 되었으나 서구 교단과 선교사들이 만들어 놓은 선교적 패턴을 극복하지 못하고 계속해서 서구 교회가 지원하는 재정에 의존하고 있는 현실을 발견하게 된다. 새로운 선교사와 선교 프로젝트가 서구교회에 결정되고 UCCP가 의존적으로 수용하는 패턴을 극복하고자 선교유보

---

11) 박기호, 『한국교회 선교운동사』 (1999), 263쪽.
12) 위의 책, 261쪽.
13) 위의 책, 268쪽.

(Moratorium)를 선언하게 되었다.[14] 1986년에 이르러서 UCCP는 교단의 지도자들이 제 역할을 감당하게 되고 재정도 서구 교회에 의존하는 것이 아니라 소속교회로부터 오는 분담금(Wider Mission Support)을 통해 노회와 총회 선교비를 스스로 조달하는 새로운 선교방식을 천명하고 선교동반자(Partners in Mission)라고 부르는 선교정책문서를 채택하였다. 이 정책에 따라 더 이상 서구교회가 바라보는 선교적 과제를 수행하기 위해 파송된 선교사가 아니라 필리핀 교회의 선교적 발전을 위해 UCCP가 초청한 선교동역자(Co-worker in Mission)을 초청하기로 하였다.[15]

2002년 5월에 열린 UCCP 제 7차 총회 폐회예배시에 UCCP와 대한예수교장로회(통합)과 한국기독교장로회(기장)이 선교동반자 관계를 수립하고 선교협약서(Partnership Covenant)에 함께 서명하였다.[16] 이 협정에 의해 2010년 당시 13 가정의 예장(통합) 선교사들이 선교동역자로 활동하고 있었다. 선교동반자 관계가 수립된 이후의 필리핀에서의 선교는 한국교회가 후원하고 파송한 선교사들에 의해서 선교적 과제를 일방적으로 정하고 그것을 필리핀에서 활동하고 있는 한인선교사들이 수행하는 것이 아니라 필리핀교회의 선교적 필요에 따라서 한국교회의 선교적 은사를 발휘하면서 선교동반자로서 필리핀에서 하나님 나라를 세우고 건강하게 하는 방향으로 나갈 필요가 있다.

---

14) John P. Brown은 Moratorium for Mission 으로 해석한다. "Korean Mission Yesterday, Today and Tomorrow : Relationship in Mission", 장로회신학대학, 『선교와 신학』 8집, 390쪽.
15) UCCP 9차 총회 자료집(2010), 55-61쪽.
16) 대한예수교장로회 총회, 세계선교와 에큐메니칼 연대 선교협력자료집(2008). 261-272쪽.

3. 2003년부터 2010년까지 :
예장(통합) 서울북노회와 UCCP 따갈록서남노회의 협력

내가 동역했던 따갈록서남노회(이하 KTKK)는 필리핀 까비테와 바탕가스에 걸쳐 있는 45개 지교회들로 구성된 노회였다. 2003년 당시에 노회 설립 5주년이 된 연약한 노회였다. 그래서 노회의 지도력을 세우고 속한 지교회들을 살리는 접근을 시도하였다. 지교회의 선교적 가능성과 필요를 파악하기까지 1년 6개월이 걸렸다. 그리고 노회임원들과 호흡을 맞추는데도 상당한 인내와 노력이 필요했다. 나를 그들의 일부로 받아들일 때까지 기다리고 배웠다.

기다리면서 "무슨(what) 선교를 할 것인가"라기 보다 "어떻게(How) 선교 할 것인가"를 많이 고민하게 되었다. 특히 UCCP의 전통은 지교회 중심적이기 보다는 총회가 정책을 제시하고 노회가 사업을 집행하는 그야말로 "정책총회, 사업노회"의 틀을 가지고 있었기에 그 틀을 이해하는 것이 중요했다. UCCP가 가진 협력선교의 정책을 존중하는 지혜로운 선교동역자로서 처신할 필요가 있었다. KTKK 임원들과 대화하면서 그들의 기대는 개인적으로 탁월한 선교동역자가 되는 것이 아니라 KTKK의 선교현장에서 친구로서 함께 하는 선교동역자가 되는 것이었다.

협력선교를 통한 필리핀선교의 꿈은 현장에 있는 선교사 한 사람이 혼자만 이해하고 감당하기에는 많은 한계가 있었다. 그래서 내가 속한 예장(통합) 서울북노회 2004년 10월 정기노회에 참석하면서 노회 임원회에 노회 차원의 협력선교를 제안을 하였고 1년간 연구한 후에 필리핀선교협력위원회가 구성되었다.[17]

---

17) 서울북노회는 이전에 미국장로교 시애틀노회, 해외한인장로회 서중노회와

서울북노회 필리핀선교협력위원회 구성[18]

① 위원장 : 목사 부노회장이 당연직 위원장이 되고

② 사업내용 : 매년 5월 선교협력위원회가 따갈록서남노회를 방문하고, 매년 10월에는 따갈록서남노회 임원 2인을 서울북노회의 정기노회에 초청한다.

③ 사업추진 : 2006년 5월 두 노회가 선교협정을 체결하고 매 2년마다 갱신한다.[19]

④ 예산 : 연 500만원(주로 방문자 항공료와 숙박비 지원)

KTKK도 선교협력위원회(Partnership and Ecumenical Relations)를 구성하여 서울북노회 필리핀선교협력위원회의 동반자가 되도록 준비하였다. 2006년이후 현재까지 10년간 두 노회가 매년 2차례씩 만나고 협의한 것을 생각해보면 10년간 두 노회 임원들의 만남과 사귐이 협력선교의 든든한 기초가 되었다.

또한 실질적으로 이 사업을 지원하기 위한 서울북노회 필리핀선교후원회(이후에 KTKK의 친구들로 개칭)도 구성되어서 다양한 협력 사업을 구체적으로 도왔다.[20]

노회차원의 협력선교를 경험하였다.
18) 서울북노회 제 58회 노회 회의안, 123쪽.
19) 기독공보, 2006년 5월 17일자 2559호 기사.
20) 따갈록서남노회 정기노회(2011년 5월 10-11일) 자료집에 보면 노회지출결산 1,592.267페소중에서 301,018페소가 11개월 동안(2010년 6월부터 2011년 4월까지) 서울북노회가 지원한 금액이다. 따갈록서남노회 일년 예산의 평균 20%정도가 서울북노회와 협력해서 따갈록서남노회의 선교활성화 사역에 쓰였다.

초기에는 KTKK의 기존 사업을 도왔다. 선교활성화 세미나를 양 노회가 공동 개최하여 KTKK 미자립교회와 미조직 교회들의 사기를 북돋고 실질적인 지원과 협력 방안을 모색하였고, 서울북노회 남선 교회 연합회가 2차례에 걸쳐서 따갈록서남노회 지역교회들을 대상 으로 의료선교가 진행할 수 있도록 재정적인 후원과 함께 임원들이 직접 참석하여 격려해 주었다. 또한 마이망가 교회가 시작한 유치원 원생들의 장학금을 지원하기도 하였다.

따갈록서남노회와의 동반자 선교협정(2006년 5월)

① 교회발전 : 사역의 초기부터 교회개척에 참여하는 것이 현실 적으로 어렵기도 하였고 한국처럼 개교회에 집중하는 방식이 아니라 KTKK의 선교동역자로서 노회 전도부를 통해 설립된 교회들이 미 자립 혹은 미조직 상태를 넘어서 조직, 자립 교회로 성장하도록 격려 하는 프로그램을 개발할 필요가 있었다. UCCP에서 쓰고 있는 용어 도 Evangelism and Church Development(ECD)이고 교회의 설

립도 모교회가 지교회의 설립을 준비하고 지원하거나 노회전도부가 노회 차원의 전략적 교회설립을 지원하는 방식이다. 선교동역자로서 교회발전과 관련하여 참여할 수 있는 일은 교회활성화였고, 노회 전도부를 통해 개척교회 목회자들과 함께 정기적으로 모여서 목회정보도 공유하고 세미나도 개최하는 등 교회활성화를 위한 선교적 자극을 하였다.[21]

② 지교회 건축 지원

교회건물의 증·개축 혹은 신축은 교회개척이 아니다. 특히 UCCP 입장에서 한인선교사를 통한 교회 건축은 협력선교의 정신을 잊고서 한국교회의 재정에 의존하게 할 경향이 있는 사업이었다. 교회건물을 세우는 일보다 중요한 것은 교인들의 자존감을 세우는 일이었고 또 교회의 선교적 잠재력을 일깨우고 세우는 일이었다.

신축이든 재건축이든 적어도 준비에서 헌당식까지 1년에서 1년 6개월이 걸렸다. 첫 단계는 노회장과의 협의를 통해 지역을 선정하고 선정된 지역의 교회를 방문하여 교회환경을 조사하고 분석하는 일이었다. 보통 3개월에서 4개월이 걸렸는데 목회자의 목회비전을 알아보고 교회운영위원회로 하여금 자발적으로 3개년 발전방안을 마련하도록 유도하고 격려하는 과정이었다. 그리고 건축위원회를 조직하는 일이 두 번째 일이었다. 노회장, 전도부장 그리고 선교동역자인 내가 당연직으로 들어가고 해당교회에서 4-5명을 추천하여 건축위원회를 구성하고 공사일정과 예산 그리고 공사업자를 선정하는데 보통 2달 정도가 필요했다.

---

21) 2011년에는 STEP(Strategies on Transformational Evangelism Program)으로 구체적으로 발전해갔다.

따갈록서남노회 지교회 교회건물 건축을 협력하고 지원한 이들은 다음과 같다.

2006년 - 삐낙상한교회(서울북노회 남선교회),
         빵일교회(상신교회 전도부), 리잘교회(한마음교회)
2007년 - 룩소힌교회(미암교회), 다오교회(전국장로회 연합회),
         [22] 톨렌티노교회(팔호교회), 불리한교회(기장 송암교회)
2008년 - 발라얀교회(장석교회), 아바요교회(영일교회)
2009년 - 뜨레세교회(북부광성교회)[23]
2010년 - 떠르나떼교회(장석교회), 깔라까교회(광주 한일교회)

③ 청년지도자학교

따갈록서남노회가 잘 하고 있는 사역중에는 평신도 지도력 개발 프로그램으로 한국의 노회성서신학원과 비슷한 내용이다. 1년에 20개 정도의 신학기초과목을 이수하게 되면 정기 노회 폐회예배 시간에 수료증을 주고 노회의 추천으로 지교회의 평신도 사역자로 사역하거나 미자립교회의 전도자로 파송된다. 평신도 지도력 개발과 청년 지도력 육성은 KTKK의 선교적 현실에서는 중요하고 시급한 문제였다. 청년지도력을 육성하기 위해서 노회교육부에서 교육과정을 먼저 개발하고, 청년지도자학교(Youth in Mission)의 이름으로 1년에 1박 2일씩 5번 집중과정을 시행하였다. 지교회의 추천을 받은 12명을 대상으로 기독청년의 정체성 발견, 교회 안에서의 역할, 필리핀

---

22) 기독공보, 2006년 08월 31일(2574호) 기사
23) 기독공보, 2010년 02월 22일(2743호) 기사

사회에서의 선교적 사명, 지구촌 시대의 선교적 사명을 중요 영역으로 하여 훈련시켰다. 특히 이 과정을 수료한 청년들 가운데 대한예수교장로회 해양의료선교회의 초청으로 전남 신안군 팔금센터에서 평신도 선교사로 활동하기도 하였다.[24]

④ 목회지도력개발

협력선교가 선교협정을 맺은 교단(모달리티)들 사이의 협력을 넘어서 선교지에서 선교의 시너지 효과를 기대하고, 선교지의 선교적 경험과 역량을 공유할 수 있다면 신학적으로 에큐메니칼 성향의 주류교단을 넘어서, 로잔언약의 정신에 기초하여 건전한 복음주의 선교에 참여하는 단체와의 협력에도 개방적이어야 한다고 본다. 이런 의미에서 로잔운동이 목표로 삼고 있는 변혁(Transformation)을 아시아 상황에서 이루기 위해 실제적인 접근을 시도하고 있는 아시아사회개발원(Asian School of Development and Cross-Cultural Studies, 이하 ASDECS)[25]와의 만남은 필리핀 지도자들의 영성, 헌신성, 전문성 등 선교적 인프라를 다시 생각하게 하였다. 석사과정(Master of Transformational Leadership)을 따갈록서남노회 사무실로 유치하여 격월로 1주일씩 집중교육을 실시하였고 10명(목회자 9명과 평신도 1명)이 2013년에 졸업을 하였다. 교육내용은 ASDECS가 진행하고, 참가자들은 KTKK에서 선발하고, 재정후원은 서울북노회 KTKK의 친구들(후원회)를 통해서 학비의 60%를 지원하고 40%는 KTKK 노회보조비, 참가자, 소속교회가 감당하는

---

24) 기독공보 2013년 12월 13일(2927호) 기사
25) www.asdecs.weebly.com 아시아사회개발원을 이끌고 있는 데이빗 림(Dr. David Lim)은 필리핀 로잔위원회 의장이다.

방식이었다.

나가는 말

협력선교라는 말이 한국교회에는 아직도 낯설지만 필리핀교회의 개신교 역사 특히 UCCP의 역사는 협력선교의 꽃이고 열매이다. 1901년부터 진행된 협력선교의 정신과 역사를 이해하고 존중하는 선교가 필리핀에 적합한 선교라고 믿는다. 한국교회가 활용할 수 있는 선교자원(인적, 물적, 경험적)자원은 유한하지만 협력선교의 틀 속에서 하나님이 공급해 주시는 선교자원은 무한하다. 2010년 로잔 운동 케이프타운 대회에서 발표된 케이프타운 서약에서는 세계선교에서의 동반자적 협력을 다음과 같이 언급하고 있다.

> "동반자적 협력은 돈 문제를 넘어서는 것이며, 무분별한 자금투입은 교회를 부패시키고 분열시킨다. 선교에 있어서 남과 북, 동과 서의 참된 상호관계, 서로 주고 받는 상호의존, 존중과 존엄성을 추구하자. 그것이야말로 진정한 우정과 참된 동반자 됨의 특징이다."[26]

하나님의 선교에 부르신 열방의 민족들과 교회들이 가진 선교적 잠재력을 발견하고 일깨우고 공유하는 것이야 말로 지혜로운 협력선교의 자세라고 본다.

내가 감당했던 에큐메니칼 협력선교를 정리해 본다면 다음과 같다.

---

26) 로잔운동 저, 최형근 역, 『케이프타운 서약』, (서울: 한국기독학생회출판부, 2014), 123쪽.

① 대한예수교장로회 총회의 선교신학에 기초하여 협력선교를 수행하였다.[27]

② 동역교단인 UCCP의 선교적 필요와 잠재력을 일깨우는 선교를 하려고 시도했다.

③ 서울북노회와 따갈록서남노회간의 신뢰할 만하고 지속가능한 선교가 되도록 설득하고 도왔다.[28]

④ 교회건물 건축사업을 통해 지역 교회의 선교활성화 사역을 도왔다.

⑤ 청년지도자학교를 도입하여 노회차원의 청년지도력을 발굴하려고 하였다.

⑥ PCK 총회 파송으로 UCCP와 협력하는 선교동역자들이 늘어났다.

⑦ PCK 필리핀선교가 선교 30주년을 맞으면서 전문화, 지역화, 집중화 선교정책을 세우도록 ⑧선교적으로 자극하고 동참할 수 있는 사례를 만들었다.[29]

---

27) 대한예수교장로회 총회 세계선교부, 「변화된 세계와 선교전략」(2010), 21쪽에 수록된 총회선교신학(1996년)의 마지막 항목이 "선교와 협력"이다. "선교는 협력적인 사역이다. 선교의 주체이신 하나님도 성부, 성자, 성령 삼위일체로 함께 일하신다. 다양성 속에서 사랑의 일치를 이루고 계시는 삼위일체 하나님의 선교는 역사 속에서 사람들의 협력을 요구하실 뿐 아니라, 다양성 속에서 일치를 원하신다. 우리는 주님께서 재림하실 때까지 인종과 문화와 교파를 초월하여 선교하는 일에 하나가 되어 협력해야 하는 것이다. 이 협력과 다양성 속에서의 일치 추구는 항상 참여와 책임과 의무부담을 포함하고 있다."

28) 이명석, 「에큐메니칼 선교 이렇게 하면 잘 할 수 있다」, 한국장로교출판사 (2013년). 178쪽에서 서로가 서로에게 필요한 존재라는 것을 깨닫는 것이 선교협력의 중요한 열매라고 하였다.

29) 대한예수교장로회 총회 세계선교부 필리핀선교회, 「필리핀선교 30주년 기념 선교현장이야기」(2011). 20쪽.

아쉬웠던 점

① 총회 차원의 선교협정서와 노회 차원의 선교협력 사이에 실천의 간격이 있다. 2002년에 체결된 선교협정서는 총회차원이지만 노회차원에서 활용할 수 있는 실질적인 협약서의 개발이 필요하다.

② 에큐메니칼 협력선교는 상호존중과 상호 신뢰가 있어야 한다. 협력선교는 구조와 만남이라기 보다 하나님의 선교에 참여하는 사람들의 상호 배움의 과정이다.[30] 에큐메니칼 협력선교의 경험 속에서 만난 사람들을 하나님 나라의 관점에서 계속 연결하고 참여시킬 필요가 있다.

③ 필리핀교회의 지도자들과의 협력보다 한국 선교사들간의 협력이 더 어려웠다. 필리핀은 공존의 가치가 있는 나라이고 필리핀그리스도연합교회는 교파의 차이를 넘어서 연합된 교회이기에 에큐메니칼 연대의식이 강한 교회이다. 경쟁적이라기 보다는 협업적이다. 교회의 변화와 발전도 조급하게 시도하지 않는다. 하지만 필리핀에서 사역하는 한인선교사들은 협력적이기보다 경쟁적이었다. 같은 교단에서 파송되었다 하더라도 선교사 개인의 모금 능력에 의존하는 선교는 협력하기 어려웠다. 또한 필리핀 교회와 함께 복음화를 위한 구체적인 선교정책과 전략 없는 한인 선교사들의 개인주의적 선교는 공도 많지만 실도 많은 선교이다.

---

30) 한국일, 『세계를 품는 선교』, (서울: 장로회신학대학교 출판부, 2004), 136-143쪽.

또 한번의 헌당식을 준비하면서 – 필리핀 선교동역 경험 –

필리핀에 선교사로 도착하면서 주로 준비했던 사역은 지도자 발굴 및 훈련을 하는 것이었는데 지나다보니 제일 많이 한 사역은 재건축 혹은 보수를 포함한 헌당식 사역이었다. 신축이든 재건축이든 적어도 1년에서 1년 6개월이 건축과 관련하여 필요했다. 첫 단계는 노회장과 협의를 통하여 지역을 선정하고 선정된 지역의 교회를 방문하여 교회환경을 조사하고 분석하는 일이었다. 보통 3개월에서 4개월이 걸렸는데 목회자의 목회비전을 알아보고 교회운영위원회로 하여금 자발적으로 3개월 발전방안을 마련하도록 유도하고 다른 교회의 사례를 가져다주기도 하였다.

준비된 3개년 발전방안을 노회장과 함께 검토해보고 가능성이 있으면 다시 해당교회를 방문하여 건축위원회를 조직하는 일이 두 번째 단계의 일이었다. 노회장과 전도부장 그리고 선교동역자인 내가 당연직으로 들어가고 해당교회에서 4-5명을 추천하여 건축위원회를 구성하고 공사일정과 예산 그리고 공사업자를 선정하는 데에 보통 2달 정도가 걸렸다.

물론 선교지에서의 교회건축은 한국교회의 지원으로 진행되는 경우가 대부분이라서 첫 단계와 둘째 단계 사이에 한국의 협력교회와의 정보교환을 하는 것이 중요했다. 기공식과 헌당식 그리고 예산을 보내는 방법, 그리고 의미부여까지 고려할 부분이 많았다.

일단 기공식 날짜는 잡으면 이제 공은 공사업자에게 넘어간다. 선교동역자로는 교회건축과 관련한 일은 일주일에 한 두 번 공사현장을 찾는 일이었다. 방문을 해도 공사업자나 인부들을 붙잡고 감 나라와 배 나와라 한 적은 없다. 그래서도 안 된다고 생각했다. 심각한 의견교환을 나눌 일이 있을 때는 따로 공사업자와 만나 차분하게 이야기를 하면서 풀었다.

공사를 위해 고용된 사람이지만 교회건축과 관련해서는 동역자이기 때문에 지시하기보다는 듣고 서로 묘안을 짜고 어려움을 헤쳐나가기 위해 지혜를 모았다.

건물이 올라가고 지붕골조가 보이기 시작하면 교인들의 가슴이 기대감으로 요동친다. 현지교회가 감당해야할 분담금에 대해 모금이 활기를 띠기도 하지만 불필요한 간섭도 있고, 날마다 공사현장에 출근하는 이들도 생긴다. 그들의 기도와 기대 속에 이미 완공된 기분이 든다.

헌당식 순서는 노회장과 해당교회 담임목사가 맡았고, 한국의 협력교회가 방문하는 일정을 선 선교동역자인 내가 맡았다. 헌당식은 교회공사를 마무리하고 하나님께 신고하는 일 말고도 챙길 것이 많았다. 교회건축을 이해 기도하고 수고하고 동참한 이들을 빠뜨리지 않고 초대하고 순서에 넣고 언급하는 것이 중요했다. 또 헌당식 자체가 축하와 감격의 시간이 되도록 현지교회가 주도하여 프로그램을 준비하도록 격려했다. 마지막으로 한국에서 오셨던 분들에게는 교회건축의 만족감을 넘어서 선교적 의미를 꾹꾹 눌러주면서 설명했다. 한국교회의 기쁨보다 현지교회의 비전이 커보이도록 말이다.

이미 10번도 넘게 해보아서 익숙한 일인데 다음주에 있을 헌당식을 준비하면서 노회장과 전도부장, 해당교회 담임목사와 함께 카운트다운에 들어갔다. 공사업자의 마무리 손길도 예사롭지 않다. 그러면서 또 다짐한다. 교회건축을 준비하고 진행하면서 만났던 이들과 건강한 관계를 세워서 그 관계의 기초위에 교회의 건물과 비전이 함께 세워져가도록. 왜냐하면 교회는 여러 지체가 서로 연결되어 자라나는 신비로운 공동체이기 때문이다.

7. 과거 답습형 선교는 세계교회 동반자로 협력할 수 없다

지난 2년간 전 세계를 휩쓴 코로나19는 코로나19 이전을 BC(Before Corona)로, 코로나19이후 시기를 AC(After Corona)로 부르자는 제안이 나올 만큼 코로나 19이후 펼쳐질 새로운 삶의 양식에 대한 관심이 모아지고 있다.

코로나19에도 멈추지 않았던 글로벌선교의 움직임

세계선교 영역도 코로나19로 인해 큰 장애를 겪으면서 선교와 관계된 각종 회의, 교육훈련, 재정 사용에 대해 근본적으로 질문하고 대응하기 시작했다. 세계에큐메니칼 기구들과 선교단체들은 지혜롭게 움직였다.

첫째, 세계선교학회(International Association for Mission Studies, 차기 회장 박보경교수)는 필리핀의 라살(De La Salle)대학교와 함께 2021년 6월에 '필리핀 기독교 500주년 기념 국제학술대회'를 개최하면서 전 세계의 선교신학자들이 80개의 논문을 발표하면서 대회전체를 비대면(Zoom)으로 진행하였다. 한국에서 12명의 신진학자들이 참여하였는데 코로나19이전에는 상상하기 어려운 일이었지만 비대면의 기회를 잘 활용한 계기가 되었다.

둘째, 세계선교협의회(CWM)의 신임 총무로 2021년 7월 1일부터 임기를 시작한 금주섭 박사의 취임감사예배가 온라인으로 전세계에 실시간으로 중계되었다. 세계선교협의회의 대표적인 선교훈련프로그램(TIM)이 40주년을 기념하기 위해 처음으로 전세계에 흩어진 수료자들이 11월 28일에 줌으로 모일

예정인데 2019년 훈련수료자인 김주은 청년이 패널로 참여한다.

CWM 동아시아 선교포럼 참석자들과 함께

셋째, 최상도교수가 실행위원으로 섬기고 있는 독일, 아시아, 아프리카 교회들의 선교협의체인 기독교선교연대(EMS)는 50주년 기념대회를 2021년 9월 13일부터 19일까지 아프리카 가나 아크로퐁에서 온라인으로 진행하면서 회원교단들이 참여할 수 있도록 배려하였다. 본 교단 청년을 대표해서 김주혜 학생이 참여하기도 했다.

넷째, 아시아기독교협의회(CCA)는 코로나19로 인해 인도출신 총무가 태국입국에 어려움이 생겨서 문정은목사를 비롯해서 치앙마이 사무국직원들이 비상체제로 운영되었다. 하지만 아시아에큐메니칼훈련(The Asian Ecumenical Institute)을 지난 10월 18일부터 11월 19일간 진행하면서 아시아 각국의 차세대 지도자 25명이 줌으로 활발하게 참여하였다.

다섯째, 한국세계선교협의회(KWMA)와 한국교단선교실무자대표회의(한교선) 대표단 총 18명이 11월 1일부터 15일까지 미국의 선교기관을 방문하고 미래 선교 전략에 대해 의견을 나누었다. 미국연합감리교회(UMC) 세계선교부(GBGM)와의 만남에서 1) 교단의 선교조직으로서 어떻게 하나님의 선교에 참여할 것인가? 2) 지금까지의 선교적 경험을 바탕으로 어떤 미래로 향할 것인가?, 3) 미국에 본부를 둔 단체로서 "Mission from the margins"(주변으로부터의 선교)과 "'From everywhere to everywhere'(모든 곳에서 모든 곳으로)의 원리를 어떻게 신실하게 실천할 것인가?"에 대한 심도 깊은 대화를 나누었다.

종합해 보면, 2021년에 일어난 글로벌 선교기구들은 멈추지 않았다. 오히려 새로운 상상력을 동원하고 비대면 환경의 기회를 극대화해서 더 많은 사람들이 기여하고 참여하는 기회를 만들어 갔다고 볼 수 있다.

코로나 19이후를 준비해야 할 세계선교

2020년부터 한국으로 임시 귀국했던 선교사들을 위해 마음을 다해 협력하였다. 임시 거처를 마련하고, 위축된 심신을 위로하고, 한국에 지내는 동안 필요한 물자를 지원하는 일에 총회 산하 많은 단체들과 교회들이 함께 힘을 모았다. 2022년이 되면 선교사들이 선교지로 복귀하기 시작할 것이고, 멈추었던 선교사역이 재개될 것이다.

하지만 지난 2년간 코로나19를 겪으면서 선교를 새롭게 하고, 선교지를 이롭게 할 선교의 내용을 무엇이어야 하는 근본적인 질문과 성찰이 필요하다.

2018년에 개정된 본교단의 선교신학이 강조한 '동반자 선교'의 요청대로 "현지교회와의 평등한 동반자적 관계를 형성하며, 경쟁심과 자만심을 버리고 선교에 참여하는 교회들 간의 우정과 친교, 상호존중을 바탕으로 선교자원을 나누고 있는 지"를 점검해야 한다. 106회기에 개정될 교리문답에는 '하나님의 선교'가 추가되었는데 그 내용은 다음과 같다.

"선교의 주체는 교회가 아니며 하나님이십니다. 온 세상에 구원과 샬롬을 성취하시는 분은 하나님으로서 선교자는 역사와 창조세계 안에서 하나님 나라를 구현하시는 삼위일체 하나님의 선교를 증거할 뿐입니다. 내가 앞서 일하는 것이 아니라 그리스도께서 일하시게 함으로서 우리는 하나님의 선교에 동참하게 됩니다."

신학적 기초가 분명하지 않고, 상상력이 부족하고, 시대의 징조를 읽고 반영하지 않는 과거 답습형 선교로는 세계교회의 동반자로 협력할 수 없다. 한국교회가 동원했던 인적, 물적자원과 선교방식이 코로나19이후에도 얼마나 유효할지 긴급 점검이 필요하다.

WCRC 실행위원회 자원봉사자들과 함께

Part III.
일원이 되어 함께 품기: 동반자와 함께 품다

1. 한국교회, 아시아교회의 친구인가?
2. WCC 부산총회의 열매
3. 여전히 낯선 로잔문서
4. 케이프타운서약(CTC)이 남긴 교회의 실천과제
5. 아시아교회와 함께 호흡하다
6. 인도교회를 이해하기 위한 보물창고
7. 아시아에서 활동하는 한국교회의 선교단체들

우리는 한국교회의 위상에 대해서는 너무나 많이 언급하였다. 그러나 그에 비해 상대적으로 한국교회가 세계교회의 일원으로서 가져야할 책임에 대하여는 외면해왔다. 한국교회가 취해있었던 우월감은 세계교회의 일원이 되어 동반자로서 함께 걸어가는 일에 걸림돌이 되기 충분했다. 선교역사 속에서 한국교회가 선교지 교회의 진정한 친구였는지 되짚어보며 반성하지 않을 수 없다. 앞으로 한국교회가 세계교회와 우정을 나누는 진정한 선교동반자로 거듭나기 위해서는 무엇을 해야 할까? 선교사로서 짧지 않은 시간 세계교회와 교제하면서 고민했던 질문에 대해 답해보며 동반자와 함께 품는 선교를 꿈꿔보고자 한다.

1. 한국교회, 아시아교회의 친구인가?

들어가는 말

세계교회협의회 부산총회가 개최된 2013년에 이어 2016년에도 아시아 교회의 많은 지도자들, 특히 신학자들이 한국을 찾았다. 2016년 7월 감신대에서 모였던 아시아성서학회(SABS), 총신대에서 모였던 아시아신학연맹(Asia Theological Association), 그리고 같은 해 8월에 장신대에서 열렸던 세계선교학회(IAMS)에 참석한 아시아 출신의 신학자들을 생각해 보면, 2016년은 아시아의 귀한 손님들과 한국교회와의 만남이 연속된 기회의 해였다고 할 수 있다. 하지만 아쉬움도 있다. '아시아인의 시각에서 성서를 새롭게 해석해 보자'는 아시아성서학회의 입장이나 '예수를 바라보면 전진하는 아시아 교회'라는 아시아신학연맹의 주제가 한국교회와 실질적으로는 공유되지 않고 오직 행사 현장과 참가자들의 토론에만 머물렀다. 다시 말하면 행사 협조를 위해 국내 신학대학교들의 시설만 빌려주었을 뿐, 아시아 교회의 지도자들과의 선교신학적 만남은 이루어지지 않았던 것이다.

2012년에 한국의 한 신학대학에서 '아시아의 영혼'이라는 표어를 내걸고 아시아 교회와 가까워지려는 노력을 하였다. 하지만 큰 변화는 없었다. 아시아교회의 영혼(중심)이 되기 원했던 이 신학대학의 인식 속에는 아시아의 교회들과 신학교들을 주변부로 밀어내는 우월주의가 숨어져 있었기 때문이다. 1년에 한두 번 열리는 학술대회에 강사를 초청하면서 아시아 출신의 신학자들을 서구신학자들 사이에 끼워 넣기 식으로 초대했던 것 외에는, 아시아의 다른 국가나 교회 출신의 교수가 영입된 것도 아니고, 아시아 신학교들과의 신학교육 네트워크가 만들어 진 것도 아니었다.

한국교회가 아시아 교회의 친구가 되기 위해서는 아시아 교회의 구조와 신학을 파악해야 한다. 아시아교회의 지도자들과 진지한 대화가 이루어지기 위해서는, 한국교회가 아시아 교회들의 발전에 영향을 준 에큐메니칼 선교신학을 이해하고, 아시아 신학 형성을 이끌고 있는 인도 세람포르대학교와 동남아신학교육연맹의 역사와 구조에 대한 기본적인 정보를 파악해야 한다. 또한 태국과 필리핀에서 이루어지고 있는 동반자 선교를 다른 지역에도 적용하면 아시아의 모든 교회들과 겸손하면서도 지속가능한 선교를 수행해 갈 수 있을 것이다.

1) 아시아, 에큐메니칼 씨앗이 뿌려진 옥토밭

'교회일치와 선교협력'이라는 에큐메니칼 씨앗은 1910년 스코틀랜드 에딘버러 세계선교사대회에서부터 준비되기 시작하였다. 이 씨앗이 아시아인들의 마음 밭에 뿌려져서 30배, 60배, 100배의 열매를 거둔 것은 실제로 100년도 걸리지 않았다. 세계기독교지도에 따르면 1910년 300명이었던 아시아 출신 선교사는 2010년 기준 47,100명으로 크게 증가했다. 아시아에서 가장 많은 선교사를 보내는 나라는 한국으로 총 20,000명의 선교사를 파송하고 있다. 그 뒤를 인도(10,000명)와 중중국(5,600명) 그리고 필리핀(6,000명)이 잇고 있다.

1910년 에딘버러에서 열린 세계선교사대회에서 세계복음화를 위해서는 선교지에서 선교사들의 협력과 일치 촉진이 중요하다는 것에 대해 결의하였고, 이 정신을 이어가기 위해 '계속위원회'를 결성하고 아시아 여러 나라에서 활동하는 선교사들에게 협력과 일치 방안을 독려한 결과, 아시아 각국에 선교사들의 협력체(Missionary Council)가 만들어졌고, 이후에 이 모임은 아시아 각 나라의 에큐메니칼 선교협력체인 교회협의회(National Council of Churches)가 되었다.

1921년 미국 뉴욕에서 창설된 국제선교협의회(International Missionary Council, 이하 IMC)는 창립 초부터 서구교회와 서구선교사들의 부권주의에 의문을 제기하고, 신생교회들을 중심으로 하는 지역교회가 주도적 역할을 해야 한다는 토론을 시작하였다. 이 모임에 참석한 미국 북장로교 선교부 총무 아서 브라운은 특히 현지지도자가 주도적 역할을 하는 토착교회를 설립하는 것이 선교의 목표라

고 주장하였다.[1)]

　1938년 인도 탐바람(Tambaram)에서 모인 IMC는 '역사적, 우주적 기독교 공동체의 한 부분으로서 신생교회의 설립'문제를 주제로 삼았고, 1947년 캐나다 휘트니에서 모인 IMC는 '순종속의 동역자'를 주제로 삼았다. 모든 그리스도인들이 순종 속에서 동역자를 가져야 한다는 인식은 여러 기관들이 각각 주체가 되어 수행했던 '선교체들(missions)의 선교시대'는 가고, 한 주님 아래서의 '선교(mission)의 새로운 시대'가 시작되었음을 알리는 것이었다. 선교사역에서 동등한 동반자관계는 모든 선교 사역에서 가능한 빨리 그 선교지 교회가 자치와 자립과 성장이 가능한 교회가 되도록 돕는데 그 목표를 둔다. 또한 이 같은 교회가 되었을 때 스스로 선교적 의무를 다할 수 있도록 그 일차적 책임과 권위를 부여하여야 한다. IMC는 아시아교회들이 자치, 자립, 자전의 능력을 갖춘 교회가 되도록 선교적으로 자극하고 지원하였다.[2)]

　1945년 아시아 각국이 서구 식민지로부터 독립하면서 아시아교회의 자의식도 강화되었고 서구교회의 선교지 교회에서 토착교회로서의 정체성도 강화되기 시작했다. 이 시기에는 아시아지역에 뿌려진 에큐메니칼 씨앗이 발아하여 꽃을 피우기 시작하였다. 1947년 남인도교회(Church of South India)가 성공회, 장로교, 감리교 등 중심교단들의 연합교회로서 출발하였고, 1948년에는 필리핀그리스도연합교회(United Church of Christ in the Philippines)가 5개 미국 교파의 선교부를 넘어서 하나의 교회로 출발하였다. 1977년에

---

1) 김은수, 『현대선교의 흐름과 주제』(2001), 34-35.
2) 위의 책, 94.

는 호주연합교회(Uniting Church in Australia)가 아시아 지역에서 이루어진 교회일치운동의 자극을 받아서 탄생하기도 하였다.[3]

2) 아시아 상황에 기초한 신학교육과 목회자 양성

아시아에서 신학교육은 다양한 모델로 이루어지고 있다. 정부 인가를 받은 종합대학교 안의 신학부로 운영되는 모델도 있고, 신학인증기관의 회원학교로 운영하는 모델도 있고, 학부과정은 각자 운영하고 대학원 과정은 컨소시움의 형태로 연합대학원을 설립하여 석·박사 과정을 운영하는 모델도 있다.

세람포르대학교 신학교육연맹(the Board of Theological Education of the Senate of Serampore College(University), 이하 세람포르대학교)[4]

아시아에서 이루어진 신학교육의 시초는 인도 벵갈 지역에서 시작된 세람포르선교로 볼 수 있다. 세람포르 삼총사(Serampore Trio)로 알려진 윌리암 케리(William Carrey), 조슈아 마쉬만(Joshua Marshman) 그리고 윌리암 워드(William Ward)에 의해, 1818년 세람포르학교는 1827년에 학위를 수여할 수 있는 대학교의 지위를 얻었고, 1974년에는 인도교회협의회(NCCI)의 협력으로 인도 전역의 신학교를 관장하는 신학교육연맹으로 확대 개편되었다.

인도는 물론 전 세계적으로 알려진 유수한 50개의 신학교들과 11개의 연구소들로 이루어진 세람포드대학교는 전 세계에서 가장 규모가 큰 신학전문대학교라고 할 수 있다. 주로 교역자를 양성하는

---

3) 안재웅, 『에큐메니칼 운동이해』(2006), 40-41.
4) 참고하라. www.senateofseramporecollege.edu.in

교역학학위(B.D)를 개설하고 있지만 6개의 신학교와 세람포르대학교 자체의 대학원(SATHRI)에서 신학박사(D.Th)과정을 개설하고 있다.

대부분의 세람포르대학교의 회원 신학교들은 커리큘럼에 여성신학, 종교학, 커뮤니케이션, 생태신학, 달리트신학 등 에큐메니칼 신학과 선교에 밀접하게 관계된 과목들을 개설하고 있다. 대표적인 신학교로는 뱅갈로르의 연합신학교(United Theological College, 1910년 개교)가 있고 전 세계적으로 활동하고 있는 인도출신 신학자들은 대부분 세람포드 대학교 회원 신학교에서 공부한 학자들이다.

아시아기독교협의회 총무를 역임한 안재웅 목사, 남인도교회 선교동역자로 활동하는 이일호 목사는 아시아 에큐메니칼 운동과 인도의 지역교회 발전에 기여한 공로로 세람포르대학교에서 명예신학박사 학위를 받기도 하였다.

동남아신학교육연맹(the Association of Theological Education in South East Asia. ATESEA, 이하 아테시아)[5]

아테시아는 1957년 싱가폴에서 16개의 회원학교로 출발하였다. 현재는 아시아 태평양지역 16개국 102개 회원 신학교가 가입되어 있는 신학인증기관이다. 북미의 인가된 신학교들이 가입된 'The Association of Theological Schools in the United States and Canada (ATS)'의 아시아 모델로 볼 수 있다. 싱가폴과 필리핀 안에서 사무실이 이동해 오다가, 2009년 이래로는 필리핀 일로일로(Iloilo)에 있는 필리핀중앙대학교에 정착했다. 역대 사무총장으로는 아시아 신학자로 세계적으로 알려진 코수케 코야마(Kosuke Koyama, 1968-1974), 에밀리토 낙필(Emerito Nacpil, 1974-

---

[5] 참고하라. www.atesea.net/atesea/

1981), 유출락(Yeow Choo Lak, 1981-2002)이 섬겼다.

아테시아의 특징은 '비평적 아시안 원리(the Critical Asian Principle, 이하 CAP)'라고 부르는 아시아신학 방법론에 있다. 1972년 아테시아 이사회에서 채택된 이후 CAP는 동남아시아 지역의 신학교육이 아시아 시각에서 증진되고, 아시아지역의 신학교육, 신학, 지역선교가 아시아적인 정체성이 드러나는데 크게 기여하였다.

2007년 아테시아 설립 50주년을 앞두고 CAP를 재점검하는 협의과정이 있었고 '아시아에서 신학함을 위한 지침(the Guidelines for Doing Theologies in Asia, 이하 아시아신학지침)'으로 보완·발전되었다. 아시아신학지침은 실질적으로 아테시아가 회원학교들을 인가하는 기준으로, 회원학교들이 교육과정을 개정하는 원리로, 석·박사 과정에서 연구지침으로, 아시아신학저널의 기고지침으로 사용되는 등 아시아신학교육의 보편적 기준으로 활용되고 있다.

아테시아의 최근 변화 가운데 주목할 수 있는 것은 'Asia Theological Union(ATU)'이라고 부르는 신학박사 컨소시움이다. 학부, 신대원, 대학원 신학석사까지는 아테시아 회원 신학교의 자체 역량에 맞게 개설하지만, 박사과정은 'Centers for Theological Excellence'라고 부르는 동남아시아 최고 수준의 12개 신학교들이 공동으로 운영하고 있다.[6] 인도 세람포드대학교의 신학박사 과정과

---

6) The Centers for Theological Excellence of ATU
Adventist International Institute of Advanced Studies (Silang, Cavite, Philippines)
Divinity School of Chung Chi College, The Chinese University of Hong Kong (Hong Kong)
Divinity School of Silliman University (Dumaguete City, Philippines)
Duta Wacana Christian University (Yogyakarta, Indonesia)
Lutheran Theological Seminary (Hong Kong)

동남아신학교육연맹의 신학박사과정은 서구 신학교의 도움을 받지 않고 아시아 상황에서 아시아 신학지침을 활용한 아시아신학의 산실이라고 할 수 있다.

10여 년 전에 한일장신대학교가 아테시아의 회원학교로 가입하고 신학석사과정을 개설한 적은 있지만, 전국신학대학협의회(KATTS)와 동남아신학교육연맹(ATESEA)의 공식적인 교류가 없는 상태에서 아시아신학지침과 같은 아시아신학 방법론은 한국에 거의 소개 되고 있지 않았다.

필리핀 실리만대학교에서 받은 감사장

Myanmar Institute of Theology (Insein, Myanmar)
Sabah Theological Seminary (Kota Kinabalu, Sabah, Malaysia)
Satya Wacana Christian University (Salatiga, Indonesia)
Sekolah Tinggi Teologi Jakarta (Jakarta, Indonesia)
Seminari Theoloji Malaysia (Seremban, Malaysia)
Tainan Theological College and Seminary (Tainan, Taiwan)
Trinity Theological College (Singapore)

3) 아시아교회의 선교동반자 되기

에큐메니칼 선교협력의 열매로 탄생한 연합교회인 남인도교회, 북인도교회, 태국기독교회 그리고 필리핀그리스도연합교회(이하 UCCP)는 아시아 교회를 대표하는 교단들이다. 이 교단들은 아시아기독교협의회(CCA)를 넘어서 세계교회협의회(WCC)에 지도력을 배출하고 세계 기독교 발전에 기여하고 있다.

특히 태국기독교회와 한국교회는 1956년 이래로 60년간 동반자 선교를 실천하고 있다. 선교사의 역할을 선교동역자로 재정립한 국제선교협의회(IMC)의 주선으로 아시아교회인 한국교회가 다른 아시아교회인 태국기독교회를 상대로 동반자 선교를 시도하였다. 한국전쟁 이후 최초의 타문화권 선교사로 파송된 최찬영은 태국기독교회의 선교동역자로 활동하였다. 최찬영은 선교동역자(Fraternal Worker)의 의미를, 서구교회와 선교단체들이 피 선교지 교회를 신생교회라는 이유로 자신들 마음대로 하지 못하고, 모든 교회가 독립된 교회로 독자적인 선교정책을 수립하고, 필요에 따라 돕는 목적으로 파송되어 현지교회의 지도를 받으며 사역하는 선교사라고 했다.

1974년 필리핀그리스도연합교회(UCCP)는 선교를 위한 과감한 결정을 하였다. UCCP는 1948년 이후 필리핀을 대표하는 독립적인 교단이 되었으나, 서구교회의 선교부와 선교사들이 만들어 놓은 선교적 폐단을 극복하지 못하고 계속해서 서구교회가 지원하는 재정에 의존하는 현실을 발견하게 되었다. 서구교회가 결정한 선교를 의존적으로 수용하는 패턴을 극복하고자 UCCP는 선교유보(Moratorium)을 선언하였다. 1986년에 이르러서는 '선교동역자(Partner in Mission)'라는 선교정책문서를 채택하였다. 2002년 예장(통합)과 기장이 UCCP교단과 선교협력관계를 수립한 이후에, 선교동역자로 초청을 받아서 지역노회와 총회의 선교 프로젝트를 돕는 한국 선교사들도 10여명에 이른다. 2006년부터 예장 서울북노회(노회장 박영구목사)는 UCCP의 따갈록서남노회(KTKK, 현재는 UCC)와 선교동반자관계를 수립하여 지교회의 발전과 청년지도력 훈련을 위해 동등한 선교적 나눔을 실천하고 있다.[7]

나가는 말

아시아교회의 친구가 된다는 것은 우정을 기초로 공동의 선교를 펼치는 것을 의미한다. 아시아 교회의 정의·평화·생명의 순례에 선교동반자로 참여하여 함께 웃고 울고 또 눈물을 닦아 주는 것이다.[8] 하지만 여전히 아시아를 한국교회의 선교지로 취급하고 지난 60년간 한국교회와 한국 선교사들이 반복해 온 개교회주의, 단기성과주의, 물량주의, 우월주의에 대한 선교신학적 반성과 고백이 없다면 이제는 아시아 교회들이 한국교회를 친구로 여기지 않을 수도 있다.

한국교회가 아시아 교회의 일부임을 깨닫고 겸손하게 연대하는 일, 서구 신학의 영향력을 극복하고 아시아 상황 속에서 형성된 아시아 신학과 적극적으로 대화하는 일, 현지교단의 지도력 아래에서 선교적 필요를 돕는 선교동역자를 후원하고 파송하는 일, 아시아로부

---

7) 황홍렬, 『에큐메니칼 협력선교 : 정책, 사례, 선교신학』
   (부산장신대학교세계선교연구소, 2018), 82-87.
8) 최광선교수(호남신대)는 2014년 3월 28일 오이코스 신학운동 학술세미나에서 WCC 부산총회를 평가하면서 "세계교회는 아시아가 보여준 영성과 신학을 통합하는 모습을 배웠어야 했다. 아시아는 오랫동안 종교적 전통과 삶에서 드러난 영성적 가치를 지향했다. 아시아 신학자들에게 믿음을 실천하는 것은 교리적인 가르침보다 훨씬 중요하다"고 아쉬움을 피력했다.

터 온 이주자들을 환대하고 정착을 돕는 일 그리고 아시아 교회들과의 교회일치 및 봉사에 함께 참여하는 일이 바로 아시아 교회의 친구로서 한국교회가 감당할 수 있는 사역이다. 한국교회가 익숙한 방식을 고집하지 말고 에큐메니칼 협력선교의 꽃향기를 맡으며 아시아교회들과 동역하기를 기대한다.

2. WCC 부산총회의 열매

2013년 부산에서 열렸던 제10차 WCC 부산 총회는 1961년 인도 뉴델리에서 열렸던 제3차 총회에 이어 아시아에서 열리고 아시아 기독교인들이 주도적으로 참여한 총회였다. 총회가 한국에서 개최되었다는 측면에서도 의미가 있지만, 무엇보다도 WCC 제10차 부산총회는 에큐메니칼 관점에서 선교적 DNA가 어떻게 형성되어야 하는지를 되새길 수 있는 좋은 자리였다.

부산총회는 한마디로 세계기독교의 잔치마당이었다. 345개 회원 교단들의 공식대표들과 다양한 교파전통과 국적을 배경으로 한 목회자, 평신도, 여성, 청년, 장애인들이 예수 그리스도 안에서 함께 만나고 신앙을 고백하고 함께 배우고 도전받았다. 2013년 11월의 한 주간은 한국교회가 21세기에 경험한 오순절 사건이었다. 총회기간 부산 벡스코 안에 설치된 마당 전시회와 워크샵에 참여한 다양한 선교그룹들이 준비한 선교적 표현과 대화를 통해, 세계기독교의 현재를 확인하고 미래를 전망할 수 있었다. 또한 세계교회가 공유하고 참여할 내용을 담은 교회일치, 복음증거, 신학교육, 정의평화의 7대 자료 문서들이 총회에서 발표되고 채택되었다는 것은, 이 자리가 에큐메니칼 운동의 다양함과 풍성함을 함께 느끼고, 보고, 공유한 선교적 잔치자리였음을 보여준다.

개인적으로는, 2002년 이후 에큐메니칼 선교동역자로 섬겼던 인도교회, 필리핀교회의 대표들과 2001년 아시아기독교협의회(CCA)가 주관하였던 아시아 에큐메니칼 코스(Asia Ecumenical Course, 이하 AEC)의 훈련동기생들을 재회할 수 있었다는 것이 큰 감격이었다. 이미 에큐메니칼 선교단체와 신학교육기관의 책임자 혹은 실무자로 일하고 있는 AEC 훈련동기생과 에큐메니칼 여정에 참여하는 기쁨을 나누고 함께 축복하고 선교적 소명을 확인하기도 하였다.

아쉬움이 있다면 총회준비과정에서 들려온 잡음들과 부산총회 당시 WCC를 반대하는 보수적 교회들의 극단적인 표현방식 및 내용들이었다. 이는 서로 동역하지 못하고 경쟁하고 갈등하는 한국교회의 민낯을 보여주었다. 특히 2013년에 열린 WCC 부산총회를 반대하는 논리가 1948년 당시 WCC의 출범을 반대하는 근본주의 기독교기구 ICCC((International Council of Christian Churches)의 맥킨타이어(Carl Curtis McIntire)의 논리와 흡사하다는 점은, 반대운동의 진정성보다는 근본주의적인 신학적 배경을 의심하게 한다.

에큐메니칼 운동이 아직도 한국교회에 낯설게 여기지고 지역교회로부터 보편적 참여과 애정 어린 이해가 부족한 것은, 에큐메니칼 문서를 작성하는 데 쓰인 언어(영어, 독어, 불어, 스페인어)가 외국어라는 사실 외에도, 한국의 지역교회들이 신앙적 열정을 가지고 참여할 구체적이고 실천적인 참여공간을 마련하는데 소극적이었다는 현실적인 한계 때문이다. 부산총회 개최 후 9년이 지난 시점에서, 이 한계를 극복하기 위한 노력은 총회 준비의 이상의 열정과 지속성을 필요로 한다고 생각한다.

내가 속했던 노회의 청년연합회 활동부터 시작해서 지난 25년간 내가 배우고 경험한 에큐메니칼 운동은 적어도 1) 공동의 신앙고백 2) 공동의 복음증거 3) 공동의 봉사참여 4) 에큐메니칼 리더십 양성이라는 특징을 담고 있다.

'신앙과 직제(Faith and Order)'라고 부르는 공동의 신앙고백 운동은 교파전통을 넘어서 하나의, 거룩하고, 보편적이고, 사도적인 전통 속에서 복음을 이해하고 교회를 갱신하는 신학적 깊이와 넓이가 있는 운동이다. 리마예식서 혹은 BEM이라고 부르는 에큐메니칼 예식서의 준비과정에서 장신대 이형기 명예교수의 신학적 응답은 한국교회의 입장을 충실하게 전달하였다.

'전도와 선교(Evangelism and Mission)'라고 부르는 공동의 복음증거 운동은, 변화하는 세상 속에서 변치 않는 복음을 어떻게 증거할 것인가에 대해 끊임없이 묻고 답을 찾으려는 선교적 열정이 담긴 운동이다. 특히 WCC에서 일한바 있는 본 교단 출신의 금주섭 박사

2013 WCC 부산 총회 기자회견

의 리더십을 통해서 구체적인 열매가 맺혔던 영역이다.

'삶과 봉사(Life and Work)'라고 부르는 봉사참여 운동은 분쟁과 갈등, 자연재해의 아픔 속에 있는 지구촌의 이웃들과 불평등 구조에서 고통당하는 약한 자들을 돌보고 함께 연대하는 섬김(에큐메니칼 디아코니아)운동이다. 역시 WCC에서 일했던 예장통합 교단 출신 김동성 박사의 은사를 통해서 세계교회가 함께 노력하고 있는 영역이기도 하다.

'에큐메니칼 리더십 양성'은 WCC가 신학교육의 갱신을 통해 세계교회에 봉사할 수 있는 목회자 배출과 더불어 평신도, 여성, 청년들이 가진 선교적 경험과 은사를 세계교회와 함께 나누는 미래지향적인 교육운동이다. 부산 WCC 총회 기간 진행되었던 세계 에큐메니칼 신학원(GETI)과 한국 에큐메니칼 신학원(KETI)은 한국의 신학생들에게 세계적 수준의 신학교육을 맛보여주고 세계교회를 섬기기 위한 도전을 주었다. 부산장신대를 비롯한 예장통합 교단의 신학대학교와 신학교수들의 참여와 섬김은 예장통합 교단이 글로벌 교회를 위해 봉사할 선교적 교회임을 증명해 보였다.

부산총회를 통해서 본교단의 정체성과 선교적 DNA를 회복할 수 있었다.

1959년부터 1969년까지 본 교단은 WCC에 대한 입장을 재정립하는 숙고의 시간을 보냈고, 1975년에 이르러서야 제5차 나이로비 대회를 통해 WCC에 복귀하였다. 이 기간은 '하나님의 선교(Missio Dei)'라는 WCC의 선교적 입장이 절정에 달했고 정교회가 WCC에 참여하면서 세계기독교 교파들이 참여하는 보편적 기독교운동이 되는 시기였다. 예장통합 교단의 WCC 참여가 유보되었던 15년의 세월은 세계교회의 중심적 논의로부터 예장통합 교단이 소외되고 세계교회와 더불어 일할 인재양성의 기회를 놓쳤던 '잃어버린 15년'이기도 했다. 2013년 부산총회를 유치하고 준비한 예장통합 교단의 입장과 참여는, 잃어버린 15년의 아쉬움을 극복하고 세계교회의 일원으로 예장통합 교단이 받은 축복과 은혜를 나누며 세계교회의 발전을 위해 헌신적으로 봉사하고 섬기는 기회였다.

사실 에큐메니칼 국제기구에 실무자 한 두 사람 보냈다고 해서 에큐메니칼 운동에 기여했다고 말하기는 어렵다. 국제기구에서 일하는 사람들은 본 교단이 추천하고 지원하는 올림픽에 참여하는 국가대표급의 지도자들이다. 지금은 생활체육과도 같이 동이나 면단위의 지역교회가 참여할 수 있는 보편적인 에큐메니칼 운동이 제시되고 발전되어야 할 시점이다. 이제 총회 사업부서 차원에서, 노회차원에서, 지역교회 차원에서 부산총회를 통해 받은 에큐메니칼 안목과 기회를 어떻게 선용해야 할지 논의하고 실질적인 가이드라인을 마련해야 한다.

WCC는 본 교단이 참여하는 유일한 에큐메니칼 기구는 아니지만, 각 교파의 전통과 지역적 경계를 넘어서 세계교회의 유산과 미래를 향한 기회를 제공해 온 예장통합 교단의 발전에 많은 영향과 영감을 준 소중한 에큐메니칼 기구이다. 6.25 전쟁으로부터, 민주화 과정, 한반도 평화정착 등 WCC를 통해 받은 세계교회들의 기도와 지원에 대한 사랑의 빚을 잊지 말고 본 교단의 미래발전과 세계교회를 살리는 선교적 나눔과 봉사의 기회를 적극 활용해 가야 하겠다.

3. 여전히 낯선 로잔문서

2010년 10월 남아공 케이프타운에서 회집된 로잔 3차 대회는 로잔세계복음화위원회의 조직과 임원들이 활동하고 있기 때문만이 아니다. 케이프타운서약이라고 부르는 이 문서는 오랜 준비와 검토기간을 걸쳐서 나온 세계선교운동의 결정판이라고 할 수 있다.[9] 1974년 로잔 1차 대회의 결과물을 로잔언약이라고 부르고, 로잔 2차 대회의 결과물을 마닐라선언문이라고 부르는 데 비해, 로잔 3차 대회를 케이프타운 서약(Cape Town Commitment, 이하 CTC)이라고 부르는 것에는 선교운동적 의도가 있다. 세계복음화를 위해 함께 일하기로 한 이들의 신앙고백과 신학적 토대가 로잔언약에 나타났다면, 마닐라선언문에서는 온 교회가 온전한 복음을 가지고 온 세계에 나가 모든 것을 가지고 서로 하나가되어 희생적으로 그리스도를 전하자는 선교적 각오와 함께 세계복음화를 위한 구체적 실천방향이 제시되었다.

2004년 로잔포럼

21세기에 접어들면서 로잔운동은 급변하는 세계 상황 속에서 로잔운동의 방향을 고민하면서, 2004년 태국 파타야에서 '2004 로잔포럼'의 이름으로 만나서 세계복음화와 상관관계가 있는 긴박한 이슈 31개를 토론하고, 6년 뒤에 열릴 로잔 3차 대회에서 세계 선교지도자들과 단체들의 의견을 수렴하기로 하였다.

---

9) 케이프타운 서약, https://www.lausanne.org/ko/content-ko/ctc-ko/ctcommitment-ko

케이프타운 서약(CTC)의 1부는 하나님에 대한 우리의 사랑에 관하여 진술하고 있다. 2부는 우리들이 섬겨야 할 세상에 대한 구체적 실천사항을 제시하고 있다. 1부는 로잔 3차 대회가 열린 케이프타운에서 발표되었고 2부는 2011년 1월에 발표되었다. 세계교회와 공감할 수 있는 실천방안을 제시하기 위한 고민의 시간을 엿볼 수 있다. 2011년 6월에는 국제로잔지도자회의를 통해 이 운동을 주도할 조직과 핵심지도력도 선임하였다.

여전히 낯선 로잔문서

불변하는 하나님의 말씀과 급변하는 세상의 현실이 진지하게 다루어진 세계복음화의 행동강령이 바로 케이프타운 서약이라고 볼 수 있다. 문제는 이 문서를 한국교회가 어떻게 소화할 것인가 하는 점이다. 로잔 3차 대회에 참석하였던 신학자들의 참관 소감이 기고되었고 선교저널인 복음과 상황에 그 전문이 번역되어 소개되었지만 아직도 한국교회의 선교적 목회 현장에는 낯선 문서이고 행동강령이다.

2013년 세계교회협의회 총회와 2014년 세계복음주의연맹 총회를 한국에 유치한 한국교회 입장에서는 세계교회 앞에 내놓고 공유하고 싶은 것에 대한 고민이 있다고 본다. 하지만 2004년부터 2010년에 이르기까지 치밀하게 준비된 로잔 3차 대회와 그 결과물인 케이프타운 서약을 통해 한국교회는 분명 배울 점이 있다. 통전적 선교 혹은 총체적 선교라고 부르는 선교를 정의하고 이해하는 수준을 넘어서 이제는 분명 세계교회의 일원으로 구체적인 실천 방향과 방안에 대한 동참이 있어야 할 것이다. 로잔 3차 대회를 통해 로잔의 지도력은 연령적으로도 젊어졌지만 그보다 더 중요한 것은 실제적으로 로잔운동을 주도할 실천가들을 발굴하고 전면에 배치하고 있다는 점이다. 74년의 로잔언약이 89년 마닐라대회가 지나고 90년 초에 한국교회에 본격적으로 소개된 전례에 비추어 볼 때, 세계선교의 주역임을 자처하는 한국교회가 케이프타운 서약에 담긴 로잔세계복음화운동의 초청에 응답할 것인지에 대해 우려와 기대가 함께 된다. 이런 의미에서 케이프타운서약의 중요내용을 곰삭히면서 한국교회가 적용할 수 있는 점들을 찾아가고자 한다.

존 스토트와 로잔 운동 -그는 떠났지만 로잔 운동은 살아있다.

2018년 2월에 소천한 빌리 그래함(William Franklin Graham Jr.) 목사와 더불어 20세기 세계복음주의 운동을 이끌었던 존 스토트(John Robert Walmsley Stott) 목사가 2011년 7월 27일 하나님의 품으로 돌아갔다. 열정적인 저술과 강연을 통해 전 세계 기독교인들에 많은 사랑을 받은 지도자이지만 로잔운동에 미친 그의 영향은 로잔운동을 끊임없이 진화하게 만드는 원천과 같다고 할 것이다. 1974년 로잔언약을 입안했던 존 스토트는 2010년 10월에 남아공 케이프타운에서 열린 제 3차 로잔대회에 참석하지 못하고 축사로 로잔운동에 대한 열정과 기대를 표시하였다. 하지만 로잔운동이 지속되는 한 그가 비전과 헌신은 계속 남아있을 것이다.

로잔운동을 이끄는 핵심집단 – 랭함재단의 장학생

존 스토트는 1969년부터 랭함재단(Langham Partnership)을 세워 제3세계 신학생들의 박사과정 장학금을 지원했고, 공부를 마친 장학생 대부분은 자국의 신학교로 돌아가 제3세계 신학교육에 기여하였다. 케이프타운 대회를 앞두고 랭함재단에서 밝힌 자료를 보면 현재 전 세계 300명이 이 장학재단의 혜택을 받았으며 신학교에서 교수사역을 하는 이들을 비롯하여 교회현장과 국제구호나 개발 등 공공영역에서도 일하는 일꾼들을 배출하였다고 한다.

제3차 로잔대회의 자문위원회에 케냐의 더글라스 캐로우, 홍콩의 빌레몬 초이, 싱가폴의 존 츄히앙치아, 그리고 스페인의 사무엘 에스코바가 참여하였고, 코스타리카의 루스 빠딜라 데볼스트도 케이프타운 대회기간 아침 성서강해를 이끌었다. 대회기간 동안 발제자 중 35명이 랭함재단의 학자라고 밝히고 있다. 특별히 케이프타운 서약 작성을 주도한 신학연구 모임을 이끌고 있는 크리스토퍼 라이트 박사는 2001년부터 랭함재단 이사장직을 존 스토트로부터 물려받은 실질적인 후계자라고 할 수 있다.

존 스토트는 2007년을 기해 모든 공직에서 물러났지만 그가 발굴하고 지원한 복음주의 지도자들을 통해 그의 비전과 영향력은 오히려 강화되고 있다. 21세기 로잔운동을 위한 세대교체가 랭함재단과 같은 차세대 지도자들 발굴하고 그들의 활동공간을 마련하면서 자연스럽게 이루어졌기 때문이다.

현대사회 문제와 그리스도인의 책임

존 스토트는 분열되고 고통당하는 현대인들의 필요에 응답하기 위한 구체적인 복음증거 방식을 진지하게 고민하고 열정적으로 응답하려고 한 행동하는 복음주의 지성이었다. 그는 두 가지 귀 기울임을 강조하였는데, 하나는 말씀을 통해 성령의 소리에 귀 기울이는 것이었고, 다른 하나는 깨어진 세상이 요청하는 것에 대한 귀 기울임이었다. 케이프타운서약에서 이 두 귀 기울임이 신학적 확언과 구체적 행동을 촉구라는 두 기둥으로 정리되고 있다. 케이프타운서약이 전 세계 그리스도인들에게 촉구한 내용 가운데에서는, 다원화되고 세계화된 세상 속에서 그리스도의 진리를 증거하는 일과, 분열되고 파괴된 세상 속에서 그리스도의 평화를 세우는 일을 중요하게 다루었다.

케이프타운서약 전문에서는 변화하는 세상과 선교적 상황에 대하여 다음과 같이 언급하고 있다

> "우리는 세계화와 디지털 혁명과 전 세계적으로 변하는 정치 경제적인 힘의 균형에 충격을 느낀다. 전 세계적인 빈곤, 전쟁, 질병, 생태학적 위기, 기후변화와 같이 우리가 직면하는 변화들은 우리에게 슬픔과 불안을 초래한다."

이런 전 세계의 문제에 대하여 존 스토트는 1984년 초판이 출판된 현대사회문제와 그리스도의 책임(Issues Facing Christians Today)에서 진지하게 다루었고 4판(2006년)에 이르기까지 지속적으로 내용을 수정보완하면서 전 세계 기독교인들에게 사회적 관심을 회복하고 그리스도인들의 정치적 책임을 역설하였다.

로잔운동이 세계복음화를 위한 신학적 기초(로잔언약), 선교적 전략(마닐라선언)을 넘어서, 21세기 상황에 맞는 복음의 재해석과 구체적인 헌신을 촉구하는 행동강령(Capetown Commitment)을 마련하는 데 까지 발전하고 있는 것은 현대사회 문제를 선교적 과제로 바라보고 그리스도인들의 책임감 있는 반응을 요청하였던 존 스토트의 필생의 헌신(Commitment)과 깊은 상관관계가 있다고 평가한다.

4. 케이프타운서약(CTC)이 남긴 교회의 실천과제

1) 21세기형 로잔운동을 위한 전환

1974년 로잔언약이 발표되고 1975년 로잔 세계복음화 위원회가 조직되면서, 여러 지역에서 다양한 주제로 로잔정신을 이어가는 신학협의회가 개최되었다. 1989년에 이르러서는 마닐라에서 제2차 로잔대회가 개최되어 세계복음화를 위한 전략을 마련하였으나, 세계교회협의회를 중심으로 한 에큐메니칼권이 지속적인 선교대회(1996, 브라질 살바로르와 2005년 그리스 아테네)를 개최한 것에 비해 1990년 이후 로잔운동은 침체국면을 맞게 된다. 이런 상황 속에서 2004년 태국 파타야에서 개최된 로잔 포럼(주제: 새로운 비전, 새로운 마음, 그리고 갱신된 소명)은 로잔운동에 새로운 활력을 불어넣고 21세기형 로잔운동을 위한 전환기를 마련하였다고 볼 수 있다.

2004년 로잔 포럼에서 드러난 특징은, 기존의 로잔운동이 복음 증거를 위한 사명과 전략을 강조하였다면 2004년부터는 세계복음화에 대한 새로운 도전과 세계적인 변화를 직시하였다는 점이다. 이 포럼은 삼위일체 하나님의 선교 관점에서 긴급한 선교 이슈 31개를 다룬 종합적인 성격의 포럼으로 기존의 로잔모임과 분명한 차별성을 갖는다. '로잔 2004 포럼 요약 선언문 초안'에 따르면 포럼 참석자들은 그리스도의 몸 된 교회로서 박해받거나 소외된 형제·자매들을 위로하고 세계 평화를 위해 기도할 뿐만 아니라 타종교인들과의 화해에 적극적으로 참여하여 갈등이 종교전쟁으로 발전되지 않도록 힘써야 한다고 확인했다. 또 문자 커뮤니케이션 수단보다 이야기 또는 비유, 미디어 활용이 복음의 수용자 입장에서 유리하다는 데 의견 일치를 보았으며 만인제사장론을 통해 세계 복음화 과제를 달성하자고 선언했다. 2005년부터는 휘튼대학 전략적 복음연구소와 함께 정기적 소식지인 'Lausanne world pulse'를 발행하면서 온라인상에서의 로잔운동을 전개하기도 하였다.

2) 케이프타운서약(CTC)이 다룬 6개 과제

케이프타운에서 모인 제3차 로잔대회는 2004년 로잔포럼이 제시한 31개의 이슈를 6개 과제로 정리하였는데 이 내용은 케이프타운 서약 2부에서 구체적인 행동을 촉구하는 항목으로 제시되었다.

첫째, 탈근대화, 다원화된 세계에서 그리스도의 유일성과 진리를 어떻게 증거할 것인가(Bearing witness to the truth of Christ in a pluralistic, globalized world)에 대한 과제이다. 문화적, 종교적 다양성으로 인해 진리를 선포하는 것이 위협받는 분위기속에서 그리스도인들은 글로벌 미디어와 예술, 기술공학 그리고 공적영역에서 진리를 증거하기 위한 장기적이고 효과적인 방법을 강구하고 실천해가야 할 것이다.

둘째, 분열되고 상처받는 세상 속에서 그리스도의 평화를 세워가기(Building the peace of Christ in our divided and broken world)에 대한 과제이다. 여기서는 전 세계적인 고통이 되고 있는 인종간의 갈등, 인신매매와 노동착취, 빈곤, 장애인과의 갈등을 다루면서 예수그리스도와 화해의 사역을 이어가는 교회의 역할을 촉구하고 있다.

셋째, 다른 종교를 가진 사람들 속에서 그리스도의 사랑을 증거하면서 살기(Living the love of Christ among people of other faiths)이고, 넷째는 세계복음화를 위한 그리스도의 뜻을 분별하기(Discerning the will of Christ for world evangelization), 다섯째는 그리스도의 교회를 향한 부르심 - 겸손, 정직, 단순(Calling the Church of Christ back to humility, integrity and simplicity)이다. 크리스토퍼 라이트 박사는 현대 교회가 겪고 있는 문제는 교회지도자들이 빠지기 쉬운 3개 우상인 권력, 성공, 탐욕에서 오는 것임을 지적하고 겸손, 정직, 단순함이라는 성경이 다루고 있는 덕목으로 돌아갈 것을 촉구하였다. 여섯째는 선교적 일치를 위해 그리스도의 몸으로 동역하기(Partnering in the body of Christ for unity in mission)이다.

결론적으로 케이프타운 서약을 통해 로잔운동은 전 세계 기독교인들에게 양적 증가 뿐 아니라 질적인 성숙함을 갖춘 근본적이고 순종적인 제자도를 촉구하였고, 분열되고 파괴된 인류를 화해시킬 수 있는 십자가 중심의 화해정신을 강조하였다.

로잔문서 비교해서 읽기

로잔언약(1974), 마닐라선언(1989), 케이프타운서약(2010)으로 알려진 로잔문서들의 특징을 비교해서 읽어보면 로잔운동이 지향하는 선교의 개념과 범위가 어떻게 변화하고 발전해오고 있는지 알 수 있다.

로잔언약

1974년에 발표된 로잔언약은 복음주의자들은 무엇을 믿고 있고 그것을 위해 어떤 결단을 하였는지를 공개적으로 밝히려는 의도를 가지고 15개항으로 작성된 문서이다. 이 문서는 하나님의 목적을 위해 부르심을 받고 참여하는 종과 증인으로서의 사명을 강조하고 있다. 마태복음의 대위임령이 성서적 기초로 쓰였으며 "언약"이라는 표현에서 짐작할 수 있듯이 개혁주의 신학의 구조 속에서 하나님의 창조, 그리스도의 유일성과 보편성과 성경의 권위와 능력을 강조하는 구조를 가지고 있다.

로잔언약에 나타난 세상은 복음화와 사회적 책임의 대상으로서의 세상이다. 긴박한 복음전도의 상황을 언급하면서도 빈곤의 문제를 언급하였고 불의한 세상에 대한 그리스도인의 사회적 책임을 다루었다.

마닐라선언

로잔언약이 복음주의 진영 안에서 스스로 무엇을 믿는 지를 다루었다면 마닐라선언은 복음주의 진영을 넘어서 세계 기독교권을 향해 로잔운동이 지향하려는 선교를 선언하려는 목적으로 21개항으로 작성된 문서이다. 로잔언약과의 연속성을 강조하면서도, 선교를 위해 부르심을 받았다는 사명감을 넘어서, 선교를 위한 구체적 전략과 실천을 모색하고 있다. 1980년대 자주 언급되었던 누가복음 4장의 가난한 이들을 복된 소식으로서의 복음을 선언하고 있다. 하나님께서 온 세상에 온전한 복음을 전하라고 온 교회를 부르고 계신다는 마닐라 대회의 주제가 문서 전체에서 강조된다.

마닐라 선언 8항과 9항에서는 정의와 평화의 하나님 나라를 선포하고, 모든 불의와 억압을 고발하면서 예언자적 증거에서 물러나지 않을 것을 고백하였다. 2000년대 도시화와 현대화의 도전 앞에서 도시복음화와 복음증거를 위한 기독교매체들의 역할을 긍정적으로 언급하였다.

케이프타운서약

케이프타운서약은 앞의 두 문서에 비교하여 여러 가지 특징을 가지고 있는데, 먼저 이 서약은 신학적 성명의 형태를 취하지 않고 신약의 서신서와 같은 서술체로 기술되었다. 또한 핵심어인 '사랑'과 '화해'를 두 기둥으로 사용하였다. 케이프타운대회에서 다룬 여러 주제들을 2부에서 다루며 6대 과제 속에서 33개의 실천항목으로 정리하여 전체적인 분량은 앞의 두 문서에 비해 많지만 전체적인 골격은 오히려 간결한 인상을 준다.

언약과 선언에 비해 서약 혹은 헌신이라는 단어를 택한 것은, 이제 복음주의자들이 무엇을 믿는지와 어떻게 그 사명을 감당할 지의 문제가 아니라, 선교을 위해 자신들을 파송한 삼위일체 하나님과 하나님께서 부여하신 그 사명을 위해 얼마나 진지하게 장기간 수고하고 애쓰면서 헌신할 것인가를 촉구하는 이유라고도 볼 수 있다.

케이프타운서약이 활용한 성서적 근거는 요한복음과 바울서신이다. 요한복음 전체에 흐르는 하나님의 사랑을 강조하면서 골로새서(1장 15절에서 20절)에 나타난 그리스도 안에서 만물과의 화해로 그 지평을 넓히고 있다. 로잔언약의 대위임령과 마닐라선언의 나사렛선언을 넘어서서, 사도 바울이 품었던 우주적 범위와 진리로 확대되고 있는 것이다.

케이프타운서약의 발전된 입장

1) 성경해석에 대하여

21세기의 복음주의는 다문화, 상대주의 상황 속에서 성경의 진리와 권위를 표현하는 방법을 찾기 위해 헌신할 것을 촉구한다.

우리는 성령이 하나님의 백성들의 마음을 조명하므로 모든 문화에 속한 사람들이 참신한 방법으로 하나님의 진리를 말한다는 것을 기쁘게 받아들인다(1부 6항)

2) 그리스도와 타종교에 대하여

로잔언약과 마닐라선언이 교리적 입장에서 타종교를 다루었다면, 케이프타운은 타종교를 믿는 이웃들을 위한 적절한 태도에 대하여 실천적으로 언급하고 있다.

사랑의 주님의 이름으로 타종교의 배경을 가진 이들과 우정을 추구하는 것에 실패한 것에 회개한다. 예수의 영으로 우리는 그들에게 사랑, 선행, 환대를 보일 것이다.(2부 3항)

로잔운동의 한국화, 세계화

1974년 로잔대회가 끝나고 세계 복음주의진영의 신학자들과 교회 앞에 로잔언약이 활발히 소개되고 있었지만 본격적으로 로잔언약이 한국교회에 알려진 것은 1980년대 영국에 유학 중이던 이승장 목사가 이만열 교수에게 로잔언약을 소개한 이후라고 알려져 있다. 로잔세계 로잔한국위원회가 조직된 것도 1989년 마닐라대회 이후였고 조종남이 편집한 〈로잔세계복음화운동의 역사와 정신, IVP, 1990〉이라는 책에 부록으로 로잔언약과 마닐라선언문이 정식으로 소개되었다.

한국복음주의권의 이념적 근거

로잔한국위원회가 한국의 중진급 목회자들과 복음주의 신학자들로 구성이 되어 국제로잔위원회와 점진적 교류를 해 나갔다면, 로잔언약을 통해서 한국형 로잔운동의 실제적인 전개는 1991년에 복음과 상황 잡지를 창간하고 복음주의 학생 청년을 이끈 복음과 상황 편집위원회를 통해 이루어졌다. 특별히 로잔언약 5장의 "그리스도인의 사회적 책임"은 1980년대 진보기독교 운동이 기여한 인권, 민주화운동, 평화통일운동을 보고도 참여할 수 없었던 복음주의 진영에게 사회문제에 대하여 적극적인 관심을 갖고 참여할 수 있는 길을 열어 준 이념적 근거를 제공하였다. 1970년대에 발표된 로잔언약이 1990년대에 이르러서야 한국에서 '하나님의 나라' 신학과 함께 복음주의자들에게 상승효과를 나타냈다는 사실은 시기적으로 보면 아쉬운 일이다. 이 잡지는 2011년 현재 통권 249호를 맞으면 사회참여형 로잔운동을 펼쳐나가고 있다.

미전도족속과 디아스포라선교

로잔대회와 마닐라대회에서 로잔운동이 주목한 '미전도 종족' 개념은 국가단위의 선교에서 종족단위의 선교로 세계선교의 패러다임을 바꾸어 놓았다. 미전도 종족은 주로 10/40 창 지역에 배치해 있어서 선교사가 비자를 쉽게 받을 수도 없는 지역의 사람들이다. 선교전략적 입장에서 목사선교사보다는 "자비량 선교사"(tentmaker), 평신도 선교사의 참여와 헌신을불러 일으켰다. 케이프타운 대회에서는 현대선교의 큰 변화중의 하나인 '디아스포라 선교'를 적극 소개하였다. 디아스포라 숫자의 증가는 쓰나미·홍수·태풍과 같은 자연

재해나, 생태계 파괴와 같은 인간이 만든 재해나 고통을 당하고 있는 환경이나, 경제적 혹은 교육적 필요와 기회 때문이라 할 수 있다. 2004년 로잔포럼에서 다루어진 이후에 디아스포라 선교의 중요성은 새로운 세계선교의 흐름을 형성해 가고 있다.

세계로잔운동의 한국화

케이프타운의 사전 점검대회의 성격을 가진 로잔국제지도자대회가 2008년 장로회신학대학교와 서울교회에서 개최된 것은 로잔한국위원회의 국제적 위상과 적극적 의지가 반영된 것이다. 이종윤 목사는 1995년부터 한국로잔위원회를 이끌면서 로잔운동의 한국화에 기여하였다. 대표적인 예가 2008년 한국기독교총연합회가 발표한 공동신앙선언이다. 이 선언은 전문에서 밝힌 대로 로잔언약과 마닐라선언문을 기초로 한 한국복음주의자들이 공개적으로 밝힌 신앙노선이다. 2010년 이수영목사로 지도력이 넘어간 한국로잔위원회의 주관심사는 로잔정신의 대중화이다. 다른 나라에 비해 전체 연령층이 높기는 하지만 최근 한국선교의 차세대 주자들이 중앙위원으로 참여하였다는 점에서 새로운 방식의 로잔운동을 기대할 만하다.

한국로잔운동의 세계화

로잔운동은 로잔국제위원회에 의해서 통제되고 주도되는 조직이 아니라 개인과 선교단체, 신학교들이 전도를 위해 연합적으로 참여하는 운동이다. 이에 비해 한국의 로잔위원회는 세계복음화를 위한 연합을 이끌기에는 한계가 있어 보인다. 중대형교회의 목회자들과 복음주의 성향의 신학자 그리고 세계선교운동에 참여하는 소수 지도자들 간의 회합으로 인식되어서는 케이프타운대회에 참여하면서 가졌던 각오와 의지를 실천해 가기는 어렵다고 본다.

1974년 로잔대회를 통해 한국교회는 복음주의자들의 세계적인 모임에 참여하는 데 의의가 두었고, 1989년 마닐라대회를 통해서는 세계선교운동의 연결고리를 확인하였다. 세련된 신학화 과정을 거친 케이프타운대회와 케이프타운서약이 한국교회에 던지는 과제를 적극적으로 수용하고 대중화하기 위해서는, 로잔운동을 이어나갈 차세대 지도자들을 적극적으로 발굴하여 한국교회의 경험과 선교신학을 세계교회앞에 소개하고 세계복음화를 위한 협력자로 세워나가야 할 것이다.

5. 아시아교회와 함께 호흡하다

10년만이었다. 2000년 인도네시아 토모혼(Tomohon)에서 열렸던 11차 아시아기독교협의회(이하 CCA) 이후 10년 만에 CCA를 다시 만났다. 2000년에는 회의용어를 충분히 따라잡을 수 없는 언어의 한계와 더불어 아시아교회의 현실과 과제에 대한 부족한 전이해로 인해 다양한 아시아교회의 지도자를 만나는 것에만 만족해야 했다. 그 다음해인 2001년 CCA의 아시아에큐메니칼지도력훈련(AEC)을 받고, 2002년 한해를 인도기독교교회협의회의 초청으로 인도에서 보내고, 2003년부터 필리핀그리스도연합교회의 에큐메니칼 선교동역자로 초청을 받아 지난 8년을 아시아교회와 더불어 살아보니 이제는 아시아와 아시아교회가 가슴으로 느껴진다.

당시 총회의 주제는 '예언, 화해, 치유'였다. 2010년의 아시아교회의 상황을 잘 반영했다고 본다. 예언자로서 살아가야만 하는 소수

종교인 아시아교회의 현실, 갈등과 분쟁 상황 속에서 중재자의 역할을 요청받은 교회의 책무, 하나님의 백성들의 아픔을 위로하고 그들의 눈물을 닦아주는 치유의 사명을 부여받은 교회의 자리를 보고 들을 수 있었다. 사전에 개최된 여성대회, 청년대회, 민중대회를 통해 예언자들의 음성을 수렴하여 총회에 전달하고 차기 사업에 반영하는 과정은, 교회의 눈과 귀가 약자 편에 더 가까이 가고 구체적으로 섬겨야한다는 점을 재확인시켜주었다.

한국 참가자의 폭이 넓혀진 것도 볼 수 있었다. 특히 본교단의 여성대표들이 여성대회에 참석한 것과 한일장신대에 재학 중인 신학생이 아시아 에큐메니칼 지도력 훈련에 참가한 점, 그리고 청년총대로서 각 교단의 청년지도력들이 참여한 것과 사전대회의 강사로 본교단의 신학자가 3명이나 초청받은 것은 대단히 고무적인 일이다.

하지만 이제는 한국교회의 입장과 경험을 아시아교회에게 전달하는 차원을 넘어서 아시아교회의 소리를 듣고 공감하고 연대하는 차원까지 넓혀야 하고, 그럴 수 있는 아시아 선교 전문가들의 배출과 활용에도 관심을 가질 때가 되었다.

이 총회에서 한국교회에서 공동의장을 배출할 것으로 기대했던 일이 정관 개정으로 무산된 것은 아쉬운 일이나, 5년 뒤에 열리는 14차 총회에서 한국교회가 공동의장으로 섬길 기회가 있음을 확인한 것은 그나마 다행이었다.

CCA의 전체예산중 회원 교단이 감당하는 비율이 20%에 머무르고 아직도 서구교회의 지원에 80%를 의존해야 하는 현실에서 한국교회가 감당해야 할 재정지원의 몫이 있겠지만, 이외에도 아시아교회의 아픔을 위로하고 아시아교회의 잠재력을 격려하면서 아시아교회를 품는 한국교회의 과제가 있음을 절박한 심정으로 깨닫게 되었다. 5년에 한 번씩 열리는 CCA 총회에 참석해야만 떠오르는 정도의 과제가 아니라, 날마다 아시아교회와 함께 호흡하면서 연대하는 아시아의 얼굴과 숨결을 가진 한국교회의 정체성 문제를 고민하게 되었다.

한국교회여 아시아교회를 선교적 동반자로서 제대로 품고 가자.

CCA 총무를 역임한 안재웅 박사와 함께

6. 인도교회를 이해하기 위한 보물창고[10]

2015년 이래 한국과 인도의 관계는 '특별전략적 동반자'로 발전하였고, 2019년에는 인도와의 관계를 한반도 주변 4강과 유사한 수준으로 격상시키겠다는 한국 정부의 발표도 있었다. 정치경제적 차원에서 두 나라는 점점 가까워지고 있다. 국가 간의 관계 증진에 비해 한국교회와 인도교회의 공식적인 교류는 더뎌서, 대한예수교장로회(통합), 한국기독교장로회, 남인도교회, 북인도교회, 인도장로교회 차원에서만 진행되고 있다. 아시아 기독교를 대표하는 양 교회 간의 교류는 다른 서구 교회들과의 교류에 비해 부족하다. 거대한 인도 대륙에 존재하는 인도 주류 교회에 대한 이해가 부족한 한국교회 입장에서 인도교회들과의 '동반자적 선교협력'은 사실 요원한 과제라고 생각한다.

이러한 과제에 직면한 한국교회에게 임한중 박사가 번역한 『인도교회사』는 인도교회의 전통과 신학, 선교에 대한 이해를 돕는 보물창고 같은 책이다. 역자 서문에서 언급한 바와 같이 인도에서 활동하는 현직 선교사로서 인도교회사의 줄기를 파악하기 위한 학문적 관심에서 이 책을 접했다는 사실은 인도교회를 소개받는 한국 독자 입장에서 퍽 다행스러운 일이다. 역자에 의하며 책을 집필한 시릴 브루스 퍼스(Cyril Bruce Firth) 박사는 30년 이상 인도에서 선교사로 활동하였으며, 이 책은 현재 인도 대부분의 신학교에서 교과서로 사용된다고 한다.

이 책은 지난 2,000년간 인도 대륙에서 펼쳐진 하나님의 선교의

---

10) 한경균, "인도교회를 이해하기 위한 보물창고", 『기독교사상』 2월호, 서울: 대한기독교서회, 2020.

발자취에 대한 풍부한 정보를 제공하고 있다. 시리안 그리스도인으로 알려진 인도 케랄라 지역의 동방교회 흔적과 전통부터 서방교회 교황 레오 10세로부터 교회 관할권을 받은 포르투갈 그리스도인들과 시리안 총대주교의 영향권에 있던 시리안 그리스도인들의 선교적 갈등 이야기, 인도 대륙의 지리적 주변부에서 인도 선교운동의 중심부에 등장한 나갈랜드와 미조람 지역의 북동 기독교 이야기, 세계 교회 앞에 가시적 교회의 연합 모델을 제시한 남인도교회(CSI, 1947년)와 북인도교회(CNI, 1970년) 연합의 기본 조건들, 그리고 '자립하고, 자치하며, 자전하는' 인도교회를 만들기 위해 노력한 지도자들의 헌신과 열정이 이 책에 상세하게 기록되어 있다.

제1장에서 퍼스 박사는 인도의 남부 케랄라(Kerala) 지역에 정착한 시리안 그리스도인들 사이에 널리 알려진 사도 도마에 대한 전승을 균형감 있게 소개하기 위해 여러 전통을 인용한다. 사도 도마가 인도에서 설교하고 순교의 고난을 겪었다는 일반적인 믿음이 말라바르의 시리안 기독교 공동체 내에서 강하고 지속적으로 주장되어 왔음에도, 분명한 문서의 뒷받침이 부족하다는 점을 지적함과 동시에 이 전승이 3세기 이후로 교부

들의 언급을 통해 지지를 받아왔던 전통을 소개한다. 이와 함께 도마가 북인도 지역만을 방문했다는 입장과 남인도 지역만을 방문했다는 입장, 그리고 북인도와 남인도를 함께 방문했다는 주장을 함께 소개하고 있다. 종합적으로 정리해볼 때, 저자는 오늘의 인도교회가 사도 도마의 전통과 역사적 연결고리가 있다는 점을 인정하고 있다.

제2장에서는 동방교회로부터 영향을 받은 인도교회의 역사적 과정을 소개하고 있다. 시리아로부터 영향력 있는 교회 지도자들이 적어도 두 차례(기원후 345년과 823년)에 걸쳐 인도에 와서 정착했다고 하는 주목할 만한 이주(Immigration)의 전통이 있고, 그들이 말라바르(Malabar)의 시리안 교회를 크게 부흥시키고 힘 있게 만들었다는 역사를 인용한다. 또한 7세기 또는 8세기경의 것으로 추정되는 십자가들이 남인도에서 발견된 것은 그 당시에 시리아인들로 구성된 교회가 말라바르에 있었고 페르시아와 연결되어 있었음을 보여준다. 7세기 인도교회가 스스로 대주교를 가질 만큼 충분하게 발전했는데, 인도교회는 시리아 본부에서 상당히 멀리 떨어져 있었고, 따라서 폭 넓은 자치권을 가지고 있었다.

제5장에서는 로마교회의 교황에게 충성하던 포르투갈인들과 메소포타미아에 있는 총대주교 아래에 있던 시리안 그리스도인들의 조우와 갈등을 다룬다. 포르투갈인들이 처음 인도에 와서 시리안 그리스도인들을 만났을 때, 그들의 관계는 우호적이었고 상대방을 동료 그리스도인으로 받아들일 준비가 되어 있었다. 하지만 오래지 않아 서로에 대한 지식이 쌓여가면서 점점 더 그들 사이의 차이점들이 두드러지게 되었다. 시간이 흐르면서 시리안 교회들을 서방교회의 방식들에 순응하게 하고, 포르투갈 주교들의 통제 아래로 이끌어

오려는 정책이 점점 명확히 드러났다. 포르투갈인들은 교황을 자신들의 최고의 목자로 여기고 그를 위해서 기도했지만, 시리안 그리스도인들은 시리안 총대주교를 위해서 기도했다. 이 외에도 견진성사(confirmatio)와 종부성사(extreme unction)의 문제, 성만찬 방식의 차이, 성직자의 결혼 문제, 연옥에 대한 교리 차이, 마리아·성인·성상 숭배의 문제로 갈등을 겪었다. 고아의 대주교를 비롯해서 인도에 있던 포르투갈 성직자들은 메소포타미아로부터 시리안 교회의 주교가 인도에 온다는 사실을 큰 장애물로 생각했다.

제8장에는 루터교도로서 인도 개신교 선교의 서막부에 중요한 기여를 한 덴마크의 왕 프레드릭 4세(Frederick Ⅳ)가 등장한다. 윌리암 케리 이전에 개신교 선교사들을 인도로 파송할 생각을 품은 그는 독일 경건주의 운동의 본산인 할레대학교에서 공부한 지겐발크(Ziegenbalg)와 플루차우(Pluetshau)를 파송했고, 두 사람은 1706년 7월 9일 인도에 도착했다. 1714년에 프레드릭 4세는 덴마크 코펜하겐에 선교부를 설립하면서 독특한 선교협력을 시도하였다. 첫째, 덴마크에 있는 선교회가 행정을 담당하고, 둘째, 대부분 선교후보생은 독일에 있는 할레대학교에서 왔으며, 셋째, 영국의 기독교지식진흥회(SPCK)가 선교비와 물품을 추가로 지원했다. 이처럼 인도에서는 초기 개신교 선교부터 국가와 교파를 초월한 에큐메니칼 선교협력이 시작되었고 1726년 마드라스에서, 1767년 트리치노폴리에서 영국의 기독교지식진흥회가 독일의 루터교도와 함께하는 협력으로 이어졌다.

제9장에는 19세기 초반 동인도회사의 시대에 인도에서 시도된 개신교 선교를 다루면서 세람포드대학, 동인도회사의 정책 변화, 그

리고 잉글랜드국교회(성공회)의 선교 구조를 소개하고 있다. '아시아의 기독교 청년 및 비기독교 청년들에게 동양문학 및 유럽과학을 가르치기 위한' 대학이 세람포르 3인방(윌리엄 캐리, 조슈아 마쉬만, 윌리엄 워드)에 의해서 시작되었다. 1819년에 37명의 학생들로 학급을 열었고, 1827년에는 덴마크 왕이 세람포드대학에 학위를 수여할 수 있는 면허를 주었다.

1793년 이래로 동인도회사는 새로운 선교사들의 입국을 거부할 수 있는 권한을 주장했고 동인도회사의 영토 안에서 일하도록 허락받은 선교사만 그들의 묵인 하에서 활동할 수 있었지만, 1813년에 개정된 동인도회사의 헌장에서 거부권이 제거되자, 개신교 선교를 위한 길이 열렸다. 인도에서 이미 선교를 시작한 선교회들이 새롭게 조직되었고 자신들의 활동 영역을 확장할 수 있었다. 또한 아직까지 인도 현장에 들어오지 못했던 선교회들도 들어올 수 있게 되었다. 1813년에 개정된 헌장의 또 다른 중요한 특징은 캘커타의 주교좌와 더불어 세 개의 관구, 즉 캘커타, 마드라스, 봄베이에 각각 부주교를 배치함으로써 잉글랜드국교회(성공회)의 선교 구조와 전통이 공식적으로 인도에 도입되었다.

제14장에서는 인도에서 실현된 교회연합의 배경과 과정을 비교적 상세하게 설명하고 있다. 인도에서 활동하던 선교사들이 자신들의 교파적 입장을 확고하게 유지하기는 했지만 공동의 문제들에 대해서는 서로 토론하는 습관을 갖게 되었으며, 아마도 19세기에 인도에 있던 교파들 사이에는 그 시기에 서구에서 존재하는 것보다도 더 많은 형제애와 협력이 시도되고 있었음을 저자는 강조하고 있다. 이런 분위기 속에서 1902년에 선교지 분할 정책(comity)에 합의하면

서 각 선교회가 차지하고 있는 특정한 영역을 인정하고, 다른 선교회가 그 영역에 들어와 사역하는 것을 금지하는 데 동의했다. 또한 1914년에 전국기독교협의회(The National Christian Council of India)가 구성되면서 외국 선교회와 동등한 입장에서 인도교회가 참여할 수 있게 된 점과 1908년에 만들어진 남인도교회연합교회(SIUC), 1947년에 형성된 남인도교회(The Church of South India), 1970년에 출범한 북인도교회(The Church of North India)의 연합을 위한 기본적인 조건(신구약성경, 사도신경과 니케아신경, 세례와 성찬, 그리고 역사적인 주교제도)의 토대 위에서 교파적 차이를 존중하고 대화해 온 교회연합의 협상 과정에 대한 상세한 정보를 제공하고 있다.

인도의 여러 언어에 능통했던 퍼스 박사가 이 책을 집필하면서 인도교회에 대한 초교파적인 자료를 인용하고 에큐메니칼한 입장에서 인도교회의 역사를 기록했다는 사실은 이 책이 현재까지 인도 신학교에서 교과서로 사용되고 있는 이유를 설명해주고 있다.

역자인 임한중 박사도 인도 교회사를 처음 접하는 한국의 독자들의 이해를 돕기 위해 약어표를 정확하게 번역하고, 어려운 개념이나 용어, 사건 등에 대해서 '역주'를 추가했고, 중요한 인물/장소의 사진/그림을 삽입하는 등 세심한 노력을 기울였다. 사도 도마 기독교인들의 역사와 분화 과정이 담긴 도표(470쪽)와 인도의 각 주별 기독교인구 현황 도표(472쪽), 그리고 인도교회사의 주요 지명 지도(474-475쪽)가 첨부되어 있어서 인도교회 연구자들에게 큰 도움을 준다.

마지막으로, 역자는 인도 남부에 정착하여 시리안 교회의 전통을 따르는 그리스도인들을 '시리아 그리스도인'이라고 번역했는데, 이는 시리아 지역에 있던 그리스도인을 지칭하는 것이 아니라 '인도에 정착한 동방교회 전통의 교인들'을 지칭하기 때문에 '시리안 그리스도인'이라고 번역했으면 하는 아쉬움이 있다.

7. 아시아에서 활동하는 한국교회의 선교단체들[11]

한국세계선교협의회(KWMA)에서 주관하고 한국선교연구원(kriM)에서 조사한 2020 한국선교현황이 2021년 2월에 발표되었다. 1979년에 93명이던 한인 선교사는 2020년 기준으로 2만 2,259명이 168개국에서 활동하는 것으로 나타났다.

168개국에서 활동하는 선교사들의 현황을 살펴보면, 가장 많은 선교사가 사역하는 곳은 A권역(1,943명)이며, 그 뒤를 이어 미국(1,657명), 필리핀(1,333명), 일본(1,299명), 태국(951명), 동남아 I국(859명), 동남아 C국(808명), 서남아 I국(630명), 동남아 V국(552명), 동남아 M국(482명) 순으로 추산되었다.(이상은 해외 사역 대상국가 상위 10개국이며, 한국은 1,412명이다). 이를 대륙별로 묶어서 사역 대상국 분포를 살펴보면 아래 도표와 같다.

구분	아시아	북미	유럽	아프리카	중남미	중동	남태평양
선교사(명)	13,659	2,076	1,917	1,887	1,072	974	674
비율(%)	61.4	9.3	8.6	8.5	4.8	4.4	3.0

위 표에서 볼 수 있듯, 61.4%에 해당하는 1만 3,659명의 선교사들이 아시아에서 활동하고 있고, 2020년에 파송되거나 허입된 496명의 신임 선교사 중에서 아시아로 파송된 선교사는 261명(전체의

---

11) 〈기독교 사상〉(2021년 7월)

53%)으로 한국의 타문화권 선교는 여전히 아시아에 집중되고 있다.

한국 선교 운동에 대한 평가는 그 선교운동이 아시아에서 사역하고 있는 한인 선교사들의 활동을 비서구를 포함한 세계기독교운동으로 이해하고 한국교회가 받은 영적 은사와 인적 자원을 아시아 교회와 함께 공유하는 것인지, 아시아 복음화의 이름으로 아시아 대륙에 한국식 크리스텐덤(Christendom)을 건설하려는 것인지에 따라 달라진다.

본 소고는 한국교회에 익숙한 자급(自給), 자전(自傳), 자치(自治) 선교를 넘어 자신학(自神學, self-theology) 선교, 자퇴(自退, devolution) 선교의 관점에서 아시아에서 활동하는 한국교회 선교단체 중에서 교단 선교부와 국제선교단체의 한국지부를 제외한 한국의 자생 선교단체들의 사역을 소개하고, 아시아 교회의 선교 지도자들의 관점에서 한국의 아시아 선교를 평가해보려고 한다.

변하고 있는 세계 기독교의 지형도

1910년 스코틀랜드 에든버러에서 열린 세계선교사대회(World Missionary Conference)의 의장 존 모트(John R. Mott)가 주창한 "이 세대 안에 세계를 복음화!"(The Evangelization of the World in This Generation)가 6대륙에 실현되는 데 100년 정도가 걸렸다. 중동의 기독교가 아직도 1%를 넘지 못한 점이 아쉽기는 하지만 아시아, 아프리카, 라틴아메리카에서 기독교인의 숫자는 놀랍게 증가했다. 미국의 퓨리서치센터(Pew Research Center)가 2011년에 실시한 연구에 따르면, 1910년 66.3%에 이르렀던 유럽의 기독교는 2010년에 25.9%로 줄어들었고, 4.5%에 불과하던 아시아의 기독교는 2010년에 전 세계 기독교인의 13.1%를 차지할 만큼 성장했다.

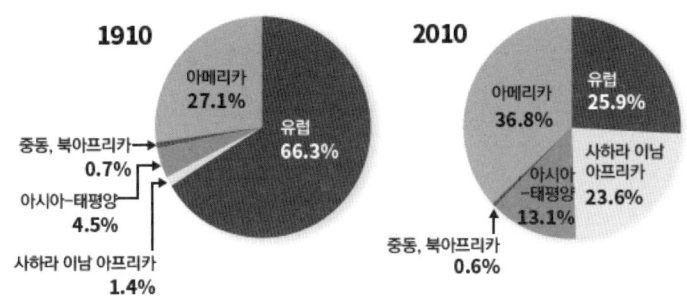

[그림1] 지역별 기독교인 분포

아시아에서 기독교인의 증가세도 주목해 볼 필요가 있다. 1900년에 약 2,000만 명이었던 아시아 기독교인은 2020년 약 3억 7,000만 명으로 성장했고, 2025년에는 4억 명을 넘어설 것으로 예상하고 있다.

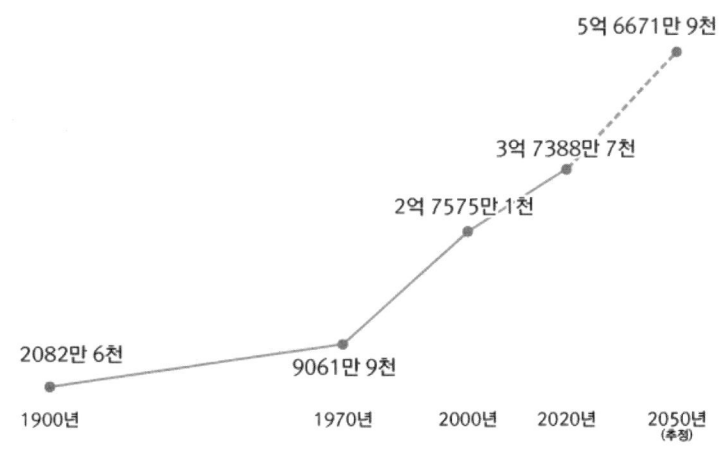

[그림2] 아시아 기독교인 인구 변화

가톨릭 교인을 포함해서 300만 명이 넘는 기독교인을 보유한 아시아의 국가도 10개국이나 된다. 이슬람 국가라고 알려진 말레이시아, 파키스탄, 그리고 인도네시아에도 적지 않은 기독교인이 있다. 인도는 신학교육의 역사가 200년이 넘고 가톨릭, 정교회, 에큐메니칼, 복음주의, 오순절 교회가 성장하고 있는 국가이기도 하다. 동남아시아신학대학연맹(ATESEA, www.atesea.net) 회원학교로서 신학박사 과정(ATU, Asia Theological Union)을 운영하고 있는 동남아시아의 신학대학도 12개나 있으며, 세계복음주의연맹(World Evagelical Alliance)의 직전 사무총장도 필리핀 출신의 에프라임 텐데로 감독(Bishop Efraim Tendero)이었다. 이렇듯 아시아 교회의 신학, 선교, 지도력은 세계 기독교에서 중요한 위치를 점하고 있다.

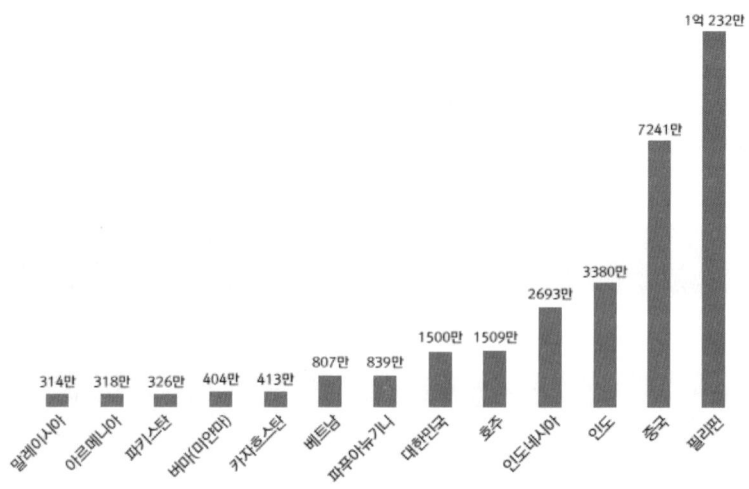

[그림3] 기독교인 인구 300만 이상 아시아 국가

1970년대부터 아시아 각국에서 활동한 한국 선교사들

1970년대에 이미 30명의 선교사가 6개의 선교단체를 통해 아시아 10개국에서 사역하였다. 박창환(1971년 파송), 서정운과 김윤석(1972년 파송)이 가족과 함께 인도네시아로 파송되었다. 정성균(1974년 파송)은 방글라데시로 파송되었다가 파키스탄으로 옮겨 사역 중에 1984년 7월 17일에 순교하였다. 김활영(1977년 파송)과 김유식(1979년 파송)이 필리핀으로 파송되었다. 손중철(1981년 파송)은 대만에서 교포 선교를 하다가 싱가포르로 파송되었다. 김영자(1980년 파송)는 인도로 파송되었다. 국제선교협력기구(KIM)를 통하여 신홍식(1971년 파송) 이후 여러 선교사 가정이 태국으로 파송되어 사역하였다.

한국교회를 대표하여 아시아 선교의 토대를 놓은 한경직

1980년대부터는 아시아를 향한 타문화 선교사 동원과 파송이 본격적으로 전개되었다. 하지만 이보다 30년 전인 1950년대부터 한국교회는 이미 아시아 교회들과 선교적으로 중요한 만남을 이어가고 있었다. 한국교회를 대표하여 아시아 교회의 지도자들과 공식적인 만남을 가진 한국교회의 지도자는 장로회신학대학의 학장을 역임한 계일승 박사이다. 그는 1954년 홍콩에서 열린 제1회 아시아에큐메니칼 선교협의회, 1956년 방콕에서 열린 동남아시아 신학자대표회의, 1957년 인도네시아에서 열린 동아시아기독교협의회[EACC, 현 아시아기독교협의회(CCA)의 전신] 창립총회에 참석했다.

한경직 목사의 세계선교 사역을 연구한 안교성에 따르면, 한경직은 1950년대 중반 대한예수교장로회 부총회장과 총회장 등을 역임하며 한국교회를 대표해서 세계교회와 교류할 기회를 많이 얻었다. 경직 목사가 1950년대에 참석한 선교 관련 국제회의들은 다음과 같다: 1952년 인도 러크나우(Lucknow)의 세계교회협의회 주최 동아시아 에큐메니컬연구대회, 1956년 미국북장로교 레이크 모홍크(Mohonk Lake) 선교협의회, 1957/58년 가나 국제선교협의회(IMC) 대회.

1950년대에는 세계 교회 차원에서 선교의 방향, 내용, 선교사 초청과 파송에 대한 토론이 이루어지고 일정한 합의가 도출되었다. (1) 에큐메니칼 선교는 서구 교회 중심의 전통적인 선교가 아니라, 모든 교회가 각자가 처한 곳에서 선교적 주도권을 갖는 선교로, 모든 곳의, 그리고 모든 곳에서 모든 곳으로의 선교이다. (2) 선교는 더 이상 특정 파송 교회가 주도하는 것이 아니라, 모든 교회가 초청 교회가 되며, 그 교회의 초청에 따라 그 교회의 선교적 필요를 채워주는 일이다. 따라서 선교사는 보냄을 받은(sent) 자가 아니라 초대를 받은(invited) 자이며, 이에 따라 기존의 선교사(Missionary) 대신 동역자(혹은 선교동역자, Fraternal worker)라는 용어가 제시되었다.

최찬영 선교사는 한경직 목사가 시무한 영락교회의 후원으로 1955년 4월 25일에 파송예배(1956년 6월에 태국에 도착)를 드리고 태국기독교회(CCT)로 파송되었는데, 이 일은 최찬영 선교사의 선호나 결정이 아니었다. 이 결정은 1954년 아시아에큐메니칼선교협의회(ACEM, Asian Council on Ecumenical Mission)에서 이뤄졌다. 아시아 교회가 아시아 교회를 돕자는 새로운 선교적 실천을 시도한 것으로서, 태국기독교회가 선교동역자를 초청하고 대한예수교장로회(PCK)와 필리핀그리스도연합교회(UCCP)가 선교동역자(Misson Coworker)를 파송한 일이었다.

비서구/아시아 선교사 파송운동을 실천한 조동진

1950년대 복음주의 성향의 미국 에즈베리신학교 대학원에서 기독교 확장사와 선교학을 공부하고 1960년에 한국에 돌아온 조동진 목사는 한국의 복음주의 선교사 훈련과 파송운동의 개척자 역할을 감당했다. 빌리 그래함이 주도한 1966년 베를린 세계복음화대회와 그 후속 대회인 1968년 아시아태평양지역전도대회에 한경직과 함께 참석한 조동진은 아시아 선교 지도자들의 상호 협력을 추진하기 위하여 1973년 서울에서 범아시아선교지도자회의를 열었다.

또한 한국교회의 본격적인 해외선교를 위해 1968년에 최초의 비서구권 선교훈련기관인 국제선교신학원(International School of Mission)을 개설했다. 첫 졸업생인 윤두혁 목사와 고옥현 선교사를 홍콩으로, 신홍식 목사와 이순영 선교사를 태국으로 파송했다. 같은 해 조동진이 설립한 국제선교협력기구(KIM, Korea International Mission)는 한국 최초의 자생 선교단체라고 볼 수 있다.

1974년 스위스 로잔에서 열린 제1차 세계복음화국제대회에 참석한 조동진은 서구 제국주의 세계에서 식민지를 향하는 선교구조를 버리고, 동서남북 세계 모든 민족으로부터 모든 세계를 향해 흩어지는 선교구조로 바꿔야 한다고 강조했다. 그리고 1975년 아시아선교협의회(AMA)를 창설하였다.

한국자생선교단체협의회의 출범

아시아 각지에서 활동하는 한국의 선교단체는 크게 세 부류로 나눌 수 있다. 첫 번째가 교단 선교부이다. 한국세계선교협의회(KWMA)에는 15개 교단의 선교부가 회원으로 활동하고 있으며 10

개 교단 선교부에서 전 세계로 파송된 선교사의 숫자만 해도 4,832가정에 이르고 있다. 두 번째는 국제선교단체의 한국지부라고 할 수 있고, 세 번째는 한국 내에서 자발적으로 발생하여 조직된 해외선교단체이다.

국내에서 자발적으로 발생한 선교단체들을 중심으로 2005년 9월 한국자생선교단체협의회(GMA, Global Missions Alliance)가 출범하였다. 13개 회원단체는 선교사들의 공동훈련과 선교사들의 선교지 사역 협력, 선교단체 홍보 및 각종 문서발간에 협력했다. 이 단체는 특히 선교사 중복투자를 방지하기 위하여 선교사 파송 현황 등의 정보를 교환하고 안식년과 노후를 위한 협력 및 시니어 선교사들을 동원한 공동케어 시스템도 시도했다.

1968년 조동진이 설립한 국제선교협력기구(KIM)는 한국 최초의 자생 선교단체라고 볼 수 있다. 1986년에 이동휘 목사가 바울선교회를 설립했고, 1987년 한국해외선교회 개척선교부(GMP)가 세워졌다. 중국어문선교회, 일본복음선교회, 한국외항선교회, 한국컴퓨터선교회, 한국누가회, 인터콥, 중동선교회, 서아프리카선교회, 안디옥선교회, 알타이선교회가 뒤를 이어 설립되었다.

1) GP 선교회(Global Partners, gpinternational.org)

GP 선교회는 1968년에 조동진이 설립한 국제선교협력기구(KIM)에 뿌리를 두고 있다. 2021년 4월 현재 40개국에 234가정, 392명을 파송하였다. 이들은 중동, 중남미, 아프리카에서도 사역하고 있다. GP 선교회의 국제화 정책에 따라 GP 미국본부가 독자적으로 운영되고 있고, 말레이시아 쿠알라룸푸르에 국제훈련원을 운영하고 있다. 선교사 파송을 위해 5주간의 국내훈련과 5개월간의 국제훈련을 실시하고 있다. 설립 취지를 보면 "GP의 사명은 마지막 시대의 선교를 이끄는 공동체로서 창의적 선교 전략을 가지고 서로 협력하여 현지의 지도력을 개발함으로 지구촌을 신속하게 복음화하여 하나님께 영광을 돌리는 것이다."라고 하였다.

GP 선교회는 1987년 한국지구촌선교회(KGM)가 독립하고 1992년 해외협력선교회(PWM)가 분가하는 선교적 진통을 겪었다가 1999년에 다시 통합되면서 GP 선교회로 창립하면서 한국 선교 현주소를 성찰하고 개선하려는 다짐을 창립선언문에 담았다. 그 내용은 다음과 같다.

> 1. 지도력을 양성하는 선교-지나간 세대의 지도력의 빈곤과 권위주의적 지도력, 계승되지 못한 지도력 등이 낳은 아픔을 더 이상 반복하지 않도록 성경적이며 주님의 뒤를 따르는 지도력을 개발하고, 세워주며, 후계자를 양성하는 일을 위해 파송 전후와 계속적인 지도자 훈련 등을 통해 최선을 다할 것을 선언한다.
> 2. 영혼구원에 초점을 맞추는 선교-GP 선교회는 사업 위주나 막대한 선교비가 투자되는 사역보다 실질적으로 영혼들을 건지고 양육시켜 재생산하는 일꾼들을 키우는 일에 초점을 맞추고 총력을 기울일 것을 선언한다.
> 3. 교회 중심의 선교-선교는 교회에게 주신 사명으로 교회 없는 선교는 무의미하며 선교 없는 교회는 불순종하는 교회이다. 우리는 철저하게 교회를 섬기는 공동체가 되어 교회를 근거로 하고, 모든 선교의 전략과 사역들을 통해 성경적인 토착교회를 세울 것을 선언한다.

4. 협력과 네트워크-우리는 지상의 모든 교회가 그리스도의 한 몸임을 믿는다. 마지막 시대에 지구촌 복음화의 대과업을 성취하기 위해 모든 이해관계나 경쟁관계를 떠나 GP 공동체는 국내의 모든 교회와 선교단체들 간의 폭넓은 협력과 네트워크를 형성하여 하나님 나라를 세워 나가기 위해 총력을 기울일 것을 선언한다.

5. 현지 지도력 개발-우리의 선교철학은 현지 지도력을 개발하고 현지인들에게 지도력을 넘겨 사역을 계승하도록 하는 것이다. 성경적인 토착교회를 세우기 위해 사역의 초기부터 선교사 중심의 일방적인 선교가 아닌 현지인과 더불어 지도력을 공유하면서 적절한 시기에 지도력을 이양할 것을 선언한다.

2) 바울선교회(The Paul Mission International, www.bauri.org)

바울선교회는 1986년에 설립되었다. 전라북도 전주에 안디옥교회를 개척하고 목회하던 이동휘 목사가, 영국에서 신학을 공부하던 중 선교사 소명을 받고 일본 선교를 준비하던 한도수 선교사를 파송하고 후원하려고 한 것이 이 선교회를 설립한 동기가 되었다. 같은 해 9월에 한도수는 일본이 아닌 필리핀에 첫 선교사로 파송되었다. 이 선교회는 2020년 12월 기준으로 92개국에 496명의 선교사를 파송하고 있다.(동남아시아 8개국 69명, 동북아시아 4개국 56명, 서남아시아 7개국 77명, 중앙아시아 8개국 22명) 선교사 파송을 위해서는 6개월간의 국내 훈련과 필리핀 마닐라에 있는 선교훈련원에서 8개월간의 타문화 적응훈련을 받아야 한다.

바울선교회는 한국에서 가까운 아시아 지역부터 선교사역을 시작하여 구원의 복음이 시급하게 요청되는 미전도 지역을 우선하여 선교사를 파송하였다. 1986년에 필리핀에 첫 번째 선교사를 파송하기 시작하여, 복음화율이 낮은 네팔에 1992년에 선교사를 보내기 시작했고, 유라시아에 선교 사역자가 절실히 필요함에 따라 1998년부터 러시아와 중앙아시아에 선교사를 보내기 시작했다.

3) 두란노해외선교회(TIM, Tyrannus International Mission, www.tim.or.kr)
두란노해외선교회는 온누리교회의 설립자인 하용조 목사의 선교 정신을 이어받아 세워진 대형 교회 모델의 한국 자생 선교단체이다. 예수 그리스도의 지상대명령을 성취하기 위해 모든 민족에게 복음을 전하고 모든 종족에 교회를 개척하는 것을 주목적으로 다음과 같은 전략을 세웠다.

    1. 재생산하는 선교적 교회개척(Reproducible Missional Church Planting)-전방개척지역에 교회를 개척하고 건강한 평신도 리더십을 통해 창의적, 토착적 예배공동체를 세우고 선교지의 5P 전략을 실행하여 현지인 지도자가 주도하는 교회로의 이양과 교회의 재생산을 도모한다.
    2. 전략 팀사역(Strategy Team Mission)-선교지의 모든 사역을 선교사 개인이 홀로 감당할 수 없기 때문에 국가별, 지역별 전략적 팀 사역을 지향한다. 동료와의 연합사역을 통해 선교사의 정신적, 육체적인 탈진과 사역 중단을 방지하고, 사역의 효율성을 높인다.
    3. 융합선교 및 협력 네트워킹 구축(Convergence Mission/Cooperation&Networking)-교파를 초월한 선교 헌신자를 파송하여 현장의 상황과 필요를 분석하고, 온누리교회는 다

양한 사역 기능의 팀원으로 이루어진 교회의 인적, 물적, 선교적 자원을 동원해 선교지에 공급하는 융합선교의 형태로서 현장에 협력하고 시너지를 창출을 모색한다.

4. 새로운 난민/이주민 선교전략 구상 및 시행(New Refugees&Migrants Mission Strategy)-온누리교회는 '쿠르드족'을 입양했고, TIM은 중동 B국의 난민 사역을 강화하고 전략팀(ST)을 레바논 난민지역으로 파송했다.

5. 선교 리더십 계발(Mission Leadership Development)-선교인적자원 개발 프로그램인 에즈라 플랜(EZRA Plan)을 통해 선교 리더를 양성한다. 선교사들의 지속적 성장과 개발을 돕고, 철저한 개인영성 관리와 건강한 팀워크를 형성하도록 돕는다.

현재 두란노해외선교사는 53개국 116개 지역에 425명의 선교사를 파송하고 있으며, 장기 선교사의 경우 용인에 있는 ACTS 29 비전빌리지에서 5개월간 훈련을 받는다.

한국 자생 선교단체들에 대한 평가와 전망

한국의 대표적인 선교사 훈련기관인 한국선교훈련원(GMTC)의 원장을 맡고 있는 변진석 박사는, 선교사는 선교현지에 자립, 자전, 자치뿐 아니라 '스스로 신학하는' 능력을 가진 토착교회가 세워지도록 도와야 한다면서 자신학화를 강조하였다. 한국자생선교단체협의회에 속한 13개의 선교단체뿐만 아니라 한국세계선교협의회(KWMA)에 속한 교단 선교부도 함께 수용하고 실천해야 할 선교적 원리이다.

2012년 4월 한국세계선교협의회를 공식적으로 방문한 인도선교협의회(IMA) 사무총장 수산타 쿰마(Susanta Kumar)도 현지 선교단체와의 공신력 있는 협력을 강조하는 당부를 했다. "인도 선교를 할 때 IMA 소속 단체 이외의 단체와는 동역하는 것에 조심해달라. 인도의 선교 역사는 한국보다 오래됐다. 인도에서 선교사들을 대상으로 한 사기 사건들이 많이 일어나고 있는데, 제발 IMA와 상의 후 인도 단체들과 연합해주길 바란다. 썩은 사과 같은 몇 단체가 있는 것은 사실이나 모두가 다 썩은 것은 아니다."

말레이시아감리교회 감독을 역임한 화융(Hwa Yung) 박사의 조언은 아시아 선교에 참여하는 한국의 모든 선교 관계자들이 유념해야 할 내용이다. 그는 「한국선교 KMQ」 2004년 가을호에 실린 "아시아인의 견지에서 본 선교의 전략적 이슈"라는 글에서 다음과 같은 제언과 당부를 하고 있다.

> 1. 가능한 한 모든 방법을 강구하여 토착교회에 권한을 부여하여야 한다. 간섭이 지속된다면 성령께서는 그분의 사역을 자유롭게 하지 못하게 될 것이고, 토착교회들은 성숙할 수 없게 된다. 서구에서 온 선교사들이든 아시아에서 온 선교사들이든 성령께서 일하실 수 있도록 자신들이 중요하다고 과대평가하는 것을 그만두어야 한다.
> 2. 전인적 복음: 우리는 개개인뿐만 아니라 전체 공동체, 다시 말해 영적·물질적·사회경제적·생태학적인 인간 삶의 모든 영역에서 예수의 주 되심을 선포함으로써 선교를 재강조해야 한다.
> 3. 우리가 단순히 서구의 복음을 계속해서 선포할 수 없다.

아시아의 모든 문명의 그리스도인들이 동족에게 문화적으로 적합한 방법을 사용할 수 있도록 해야 한다.

4. 서구와 비서구 교회들과 물질적 혹은 영적으로 가난한 사람들과 부유한 사람들 사이의 순전한 기독교적 협력이 이루어져야 한다.

화웅의 제언과 당부를 한국교회의 자생 선교단체들에 적용해보면, 아시아의 토착교회들이 성령의 인도하심을 받도록 한국교회 선교사들의 간섭을 그치고 선교지 재산을 이양하라는 말로 받아들일 수 있다.

세계기독교운동 차원에서 아시아 교회의 성장과 발전은 남반구 기독교 역사에서도 주목할 만하다. 여전히 복음화율이 낮아서 한국 선교사의 헌신적인 선교가 필요한 전방개척지역이 많지만, 자급·자치·자전의 단계를 넘어 자신학화의 단계에 진입한 아시아의 교회들도 많다. 1968년 아시아태평양전도대회 시절의 아시아 교회들이 아니다.

이제는 아시아 교회들의 자신학화를 돕고, 선교 자원을 이양하고, 한국 선교사들을 초청하는 지역으로 이동해야 할 때가 되었다. 민족복음화와 세계복음화의 소명을 통해 성장발전한 한국의 자생 선교단체들은 한국 선교사들의 선교적 열정과 성취를 드러내는 선교를 넘어 아시아인들의 온전한 발전과 변화를 위해 봉사하고 협력하는 선교로 변화할 필요가 있다. 선교의 주체는 한국교회와 한국 선교단체가 아니라 한국교회를 선교지로 초대하시는 삼위일체 하나님이시기 때문이다.

한국교회를 방문한 남인도교회 지도자들

Part IV.
키워드로 정리하는
동반자 선교의 비전

1. 선교신학
2. 신학교육 : 신학적 상상력
3. 디아스포라 공동체
4. 뉴질랜드 장로교회
5. 에큐메니칼 : WCC, 로잔, 가톨릭, 아시아
6. 한경직 VS 맥킨타이어
7. 에큐메니칼 대화마당 : 신학춘추 인터뷰

선교현장은 신학과 무관하지 않다. 신학적인 개념을 실제로 적용해볼 수 있는 현장학습터다. 이번 장에서는 선교신학의 다양한 개념들을 키워드로 정리하여 소개하고자 한다. 각 키워드를 들여다봄으로써 선교와 선교동역자로서의 삶에 관해 다방면으로 이해를 도울 수 있겠다.

1. 선교신학

선교의 주체와 객체

남반구 교회의 이중적(주체와 객체) 선교정체성을 지닌 영어로 쓰여진 대부분의 선교학 교과서들은 선교를 경험하였고 복음에 깊이 헌신한 유럽-대서양 상황(북반구)에 있는 작가들이 저술하였다. 남부 대륙(남반구)에 있는 작가들이 저술한 교과서가 일부 있지만, 이 교과서들 대부분은 선교사역의 한 가지 차원- 종교 간의 대화, 현장화, 성경의 해석 등-에 초점을 맞추고 있다. 선교에 대해 일반적이지만 박식한 관점 제공을 목적으로 하는 영어권 책들은 이중적 정체성, 즉 우리가 '선교의 객체'인 동시에 '선교의 주체'라는 이중적 정체성을 경험한 사람들의 관점에서 저술된 교과서가 거의 없다.

카를로스 F.카르도자-올란드의 책은 카리브해/스페인-라틴계의 관점에서 선교적 숙고를 제공한다. 이러한 점은 매우 특수한 방식으로 내가 선교를 받았던 경험에서 얻었던 선교 지식과 관점을 나눈다는 것을 의미한다. 때때로 '선교의 대상'이 된다는 것은 종교적이고 사회적인 위치를 상징하는데, 즉 나의 문화는 열등하고 다양한 종교 배경에 있어서 결함이 있다고 생각하는 것이다. 나는 '선교의 대상'이자 선교를 받았던 사람으로서 전파된 복음에 대해 감사해야 하고, 주어진 교육을 받아 개화되어야 하고, 하나님의 통치의 대의를 위해 담대해야 할 것으로 생각한다. 나는 유감스럽게도 복음을 전파하기 위해 사용된 방법과 실천에 대해 비평해서는 안 되는 것으로 생각하였다. 또 나 자신이 다양한 문화적 배경에 대해서는 주장하거나 탐구해서는 안 되는 것으로 생각하였으며, 상이한 상황에서의 하나님의 통치의 의미와 대의를 이해하려고 결연한 의지를 보여서도 안 된다고 생각하였다. 다른 말로 하면 나는 결코 '선교의 주체'가 되도록 요구받지 않았다. '선교의 객체'인 동시에 '선교의 주체'라는 사실에 관한 인식을 갖고 기독교공동체가 선교에 참여하도록 돕게 될 도구들을 탐구할 때, 나는 '불연속성과 연속성' 사이에 존재하는, 흥분을 일으키는 역설 가운데 있었다. 교회는 선교적 교회론에서 하나님의 선교활동에 있어서 객체인 동시에 주체이다.[1)]

한국교회야말로 과거에는 선교의 대상이었지만 현재는 선교에 주도적으로 참여하고 있다. 하지만 여전히 에큐메니칼권이든 복음주의권이든 북반구 상황에서 저술된 선교적 개념과 신학을 번역하고 소개하는 차원에 있다. 한국교회가 경험한 겸손하고도 담대한 선교적 경험은 어디에 있는가? WCC와 로잔보다 더 중요한 것은, 지난 130년간 한반도에서 경험해 왔고 오늘날 전 세계에서 한국 선교사들이 시도하는 선교적 내용을 정리하는 것이다. 외부적 관점에서만 우리의 선교적 경험을 바라보기보다 선교적 주체와 대상으로서 우리의 경험을 내어놓을 때가 되었다.

---

1) 카를로스 F. 카르도자, 『선교의 핵심 가이드』(서울: 한국장로교출판사, 2006).

기독교의 사회적 책임

로널드 사이더(Ronald James Sider), 르네 빠디야(C. René Padilla), 사무엘 에스코바(Samuel Escobar), 올란도 코스타스(Orlando E. Costas). 이들은 복음전도와 사회적 책임(사회참여)을 구분하지 않고 로잔운동을 로잔운동답도록 통전적 선교와 총체적 복음을 고집스럽게 붙든 선교학자들이다. 진심으로 이 분들의 신학, 삶 그리고 영성을 존중한다. 그런데 균형 잡힌 복음주의자들을 소개할 때 왜 이 사람들만 언급하는가? 한국교회 안에서 실천 중인 통전적 선교 현장을 소개하는 것은 편향적이고 정치적인 것인가? 작은자복지재단, 연탄은행, 한아봉사회, 아시아빈곤선교(CAMP), 안산이주노동자센터, 나섬공동체. 이와 같은 현장은 세계교회가 한국에서 배워야 할 통전적 선교의 모델이 아닌가? 한국적 선교신학은 한국인들이 실천 중인 하나님의 선교현장에서 출발해야 한다. 방법론은 서양에서 배운다고 치더라도(전적으로 동의하는 것은 아니지만) 선교사례는 한국의 현장에서 찾고 인용해야 하는 것 아닐까? 복음주의 선교신학이냐 에큐메니칼 선교신학이냐가 아니고 의존적 선교신학이냐 아니면 당당한 선교신학이냐가 문제다.

온신학과 신토불이 신학

내가 공부한 장로회신학대학교가 신학교육기관에서 신학운동기관으로 변화를 모색하고 있다. 장신대 신학 혹은 조직신학계보는 춘계 이종성 학장 – 김이태 교수 – 이형기 교수 – 김명용 총장으로 이어지면서 튼실한 신학적 체계를 갖추어 가고 있다. 최근 김명용 총장이 주도한 온신학운동은 김명용 총장이 교수 시절이던 20년 전부터 이미 발전되어 왔다. 나는 온신학을 '한국에서 형성된 신정통주의 개혁신학이고 세계교회와 연대하려는 신학'으로 이해하고 있다. 비판적으로 말하면 중심적 균형성을 유지하면서 세계 중심으로 나가고 싶은 신학이다. 온신학이라고 명명한 이 신학운동의 성공여부는 앞으로 15년 후인 2030년까지는 활발하게 운동이 진행되어야 알 수 있다. 신학자도 아닌 내가 생각하는 신학이란, 모든 신학은 상황화 신학이어야 하고 특히 주변부의 신학이어야 한다. 중심부와 소통을 포기한 신학이 아니라 땅에서 볼 때는 주변인들과 연대하는 신학이지만 하늘에서 볼 때는 하나님 백성을 중심으로 세우는 신학이다. 그런 면에서 한숭홍 교수의 '신토불이 신학'은 실험적 성격이 강하다. 전통적 교리나 구조에 담기는 좀 버거워 보인다. 그래도 신학적 시도로서는 당당하게 소개할 만하다. 책머리에 등장하는 소개글은 독자의 관심을 끌기에 충분하다. " 신토불이 신학은 신·토 관계의 '신토성'과 토의 실재들인 천·지·인·간의 천지인성이 왜 신학의 본래성인지 규명하는 신학이다. 신토불이 신학은 신앙의 극단주의는 물론 신학의 표피주의도, 그리고 선민의식과 성지사상 등과 같은 이념화된 교조주의도 부정한다. 독자들에게 주어진 과제는 신토불이 신학의 특징인 신토불이 구조로 인류의 문화를 읽는 것이다. 온신학은 온신학회가 구성되어 외견상 묵직해 보인다. 신토불이 신학은 책을 구입하는 것도 쉽지 않다. 그리고 당당하지만 외로워 보인다. 나는 나의 선생님이셨던 김명용 박사와 한숭홍 박사의 신학이 주창하는 두 신학을 비교하면서 읽어 보려고 한다. 중심성과 변두리성이 함께 보이는 듯하다.

탈식민주의 아시아선교

한국교회가 아시아를 바라보는 시각은 대체로 오리엔탈리즘에 영향을 받았다. 그래서 서구의 시각을 따라하고 또 서구교회와 선교단체들의 선교방식을 답습한다. "Korean can do" 정신과 열정으로 많은 사역을 감당해왔고 또 시도하고 있다. 서구교회 선교부의 자리를 대체하고 있으며 서양선교사들이 150년도 넘게 아시아에서 한 일을 30년 안에 따라 잡으려 한다. 아시아교회와 신학교들 가운데 한국교회가 도와줄 곳이 참 많다. 하지만 자신학화가 이미 일어나 탈식민주의 시각에서 선교에 참여하는 당당한 교회들도 많다.

약자를 위한 교회

화석화된 에큐메니칼 운동을 지켜보면서 에큐메니칼 운동을 알리는 입문서에 이런 표현이 있다. "Ecumenism is all about healing wounds." 교회분열로 인한 상처를 치유하자는 이야기다. 그런데 에큐메니칼 운동이 상처를 치유하기보다 자기욕심으로 사람들의 마음을 더 찢는다면 어떻게 해야 하는 걸까? 오늘 한국에서 들려온 소식으로 인해 나도 잠을 이룰 수 없다. 이제 더 이상 에큐메니칼 기관이 교회를 향하여, 세상을 향하여 예언자적 사명 운운하면서 잘난 척하면 안 된다. 누가 지도자가 되고 어떤 방식으로 결의할 것인지는 정말 중요하지 않다. 에큐메니칼 운동의 본래 사명을 위해 흔쾌하게 합의하고 지지하고 축복하지 않는다면 이미 에큐메니즘에 대한 배신이다. 개인의 욕심인지 교권의 욕심인지를 구분할 수 없고, 상호경청과 존중의 정신을 발휘하지 않으면 어디서 에큐메니칼 운동의 향기를 맡을 수 있을까? 떡고물에 눈 어두워 떡이 썩고 있는 것을 눈감아 준다면 이 떡으로 어떻게 오병이어의 기적을 기대하겠는가? 세속화는 교회를 겸손하게 했다. 세속화는 구조에 갇힌 복음을 광장으로 불러왔다. 차제에 한국교회도 세속화를 겪으면서 복음을 통한 섬김과 나눔, 사회적 약자를 위한 옹호와 지원 그리고 복음으로 인간과 구조가 새로워지는 회심이 일어났으면 좋겠다. 30여 년간 에큐메니스트로 살아온 나에게는 전향을 고민해야 할 만큼 힘겨운 밤이다. 마피아들은 모르는 에큐메니칼 키즈의 분노와 아픔이 있다.

교회의 예언자적 음성

경제불평등에 대하여 세계복음주의연맹(WEA)이 전하는 예언자적인 음성에서 복음주의자는 근본주의자가 아니다. 세계복음주의연맹은 국제적 이슈에 대해 예언자적인 발언과 프로그램을 진행해왔다. 세계복음주의연맹 총회가 한국에서 열렸다면 직접 확인할 수 있었을 텐데 한국교회 내부 문제로 총회 유치가 취소된 것은 애석한 일이다. 한국교회가 생각하는 복음주의와 세계교회가 동참하는 복음주의 사이에는 분명한 차이가 있다. 론 사이더(Ron Sider) 박사는 "그 동안 기독교인들이 사회적인 이슈에 대해 '준비·조준·발사'를 너무 많이 해왔다. 이제는 신중한 연구 및 사실 발견에 의한 체계적 변화에 대한 목표를 정해야 한다. 그리할 때 매우 효과적으로 문제를 해결할 수 있다"고 했다. 신학자이자 교수인 예일대학교 미로슬라브 볼프(Miroslav Volf) 박사는 "교회는 반드시 시장경제에 대해 예언자적인 목소리를 내야한다. 잘 사는 이들은 소유하고자 하는 욕심을 넘어 다른 대륙을 품을 필요가 있다. 이는 하나님과의 투명성에 대한 대화"라고 했다. 에큐메니즘 공부도 제대로 해야 하는데 복음주의 그룹에 속한 사람들 중에도 공부할 사람들이 참 많다.

다시 생각해 보는 선교 모라토리움

　2012년 3월에 게재된 한국의 한 선교신학자의 글을 읽다가 "해방신학적 입장에서 마르크스주의의 영향으로 '모라토리움'을 선언하고 선교사파송과 지원을 중단했던 WCC가 교회일치와 연합을 앞세워 1910년 에딘버러에서 시발된 순수교회 연합운동인 에큐메니칼 정신을 계승하고자 나선다는 것은 복음주의선교의 신학적 입장에서 쉽게 납득하기 어려운 것이 사실이다."라는 대목을 발견하였다. 그런데 이 아전인수 격의 편협한 신학적 입장을 정말이지 받아들일 수 없다. 1970년대 모라토리움 선언은 "Moratorium on Mission"이 아니고 "Moratorium for Mission" 이었다는 점은 에큐메니칼권뿐만 아니라 복음주의권도 이제는 다 받아들이고 있는 보편적 사실이 되었는데 어찌 모라토리움를 폄하하는 글 한 두개만 읽고 인용하면서 제3세계 교회의 아픔과 현실을 모르는 이런 용감한 이야기를 하는지 모르겠다. 선교 모라토리움을 외친 존 카투의 교회인 동아프리카 장로교회에서 활동 중인 이원재 선교사의 증언이나 아시아에서 모라토리움을 외친 필리핀 감리교회 낙필 감독과 필리핀그리스도연합교회가 어떻게 선교적 종속을 극복하고 동반자 선교로 발전하였는지에 관한 이야기는 제3세계 선교의 현장은 편향적 잣대로는 예상할 수 없음을 알려준다. 내가 그동안 만났던 아시아의 복음주의자들은 다 좌파 복음주의자였던가? 고통당하는 사회적 약자들 앞에서 진실되게 복음을 증언하고 복음의 정신대로 용기있게 실천하면서 교회를 살리는 아시아의 복음주의자들과 반 WCC 진영에 갇혀서 1948년

ICCC 맥킨타이어의 논리를 2012년 이후에도 반복하는 한국의 일부 편협한 복음주의 선교신학자들은 왜 그리 현격한 차이가 나는지 좀 답답하다.

상호배움이 필요한 때

Partner in Mission 으로부터 배우라.

내가 속한 교단은 해외 30여개 교단과 선교협력관계를 맺고 있다. 언제인가부터 규모가 커지고 세계적인 교단을 자부하면서부터 상호존중, 상호배움의 선교는 급격히 후퇴하고 있다. 하나의, 거룩한, 보편적, 사도적 신앙고백 위에 교단의 과거, 현재 그리고 미래를 담는 헌법을 가진 동역교단도 있다. 한국적 특수성을 절대화하고 가르치는 위치에 익숙해지다가는 우물 안 황소개구리 된다.

이 시대에 필요한 선교원칙

나의 선교원칙은 파트너십이다.

신학적로도 에큐메니칼 선교운동이 함께 하는 선교(Partner in Mission)이기 때문이기도 하지만 실질적으로도 선교는 혼자서 하는 독창회가 아니지 않은가? 에큐메니칼 진영에서 하는 파트너십은 주로 선교자원(돈을 포함하여)을 동등하고 공정하게 나누어 쓰자는 것이다. 소개하고 싶은 「Cross-Cultural Partnerships」[2] 책은 Partnership, money and cultural intelligence를 함께 다룬다.

---

2) Mary T. Lederleitner, *Cross-cultural partnerships : navigating the complexities of money and mission*. Downers Grove, IL : InterVarsity Press, 2010.

요즘 여기저기서 글로벌 협력, 파트너십, MOU가 유행어가 되었다. 솔직히 말하면 아직은 구호처럼 느껴진다. 체결식은 하는데 바로 잊는다. 특히 선교현장에서 파트너십이라면 상대의 문화를 이해하고 존중하는 파트너십이 중요하다. 목차에 따르면 저자가 이야기하고 싶은 것은 선교 프로젝트보다 함께하는 사람들과 그들의 문화를 이해하고 존중하는 것이 필요하다는 것이다. 깊게 동의한다.

상황을 반영하는 선교신학

제6차 세계선교전략회의(NCOWE)가 7월 14~16일 경기도 용인 'Acts29 비전빌리지'에서 열리고 있다. 고신대 신경규 교수가 한국 선교학자가 본 서구의 두 선교신학이라는 시각에서 복음주의 진영과 에큐메니칼 진영의 강조점을 분석했다. 신경규 교수는 선교신학에 있어 본문과 상황의 통전성 중 "한쪽 편만을 강조할 때 문제가 생겨난다"며 "성경 본문(Text) 중심의 복음주의 진영과 상황(context)을 강조하는 에큐메니칼 진영의 상호협력이 필요하다"고 주장하면서 두 진영의 상호협력을 위한 일치점 추구를 위해 전향적 자세로 두 가지를 제시했다. 첫째로 복음주의자들을 향해 "성경 본문 자체에 지나치게 천착하여 '변화하는 세상(Changing)'에 대한 이해가 부족했음을 시인해야 한다"고 기술한다. 복음주의 선교신학자들이 시대에 걸쳐 전개해 온 에큐메니칼 대회의 신학을 상황과 연결시켜 이해한다면, 상대방에 대한 이해의 폭이 넓어질 것이라고 그는 설명한다. 둘째로 에큐메니칼 선교신학자들을 향해 "상황에 대한 지나친 집착이 본문에 대한 중요성을 망각하게 했음을 인정해야 한다"며 "성경 본문에 대한 정직성과 성실한 적용이 이들에게 요청된다"고 주문했다. 신 교수는 "양자가 서로의 입장을 이해하고 한 걸음씩 양보하여 타자의 입장에 설 수 있다면, 두 신학의 합치성은 보다 용이하게 발견할 수 있을 것"이라고 낙관했다. 이에 대해 나는 세계교회협의회 부산총회를 반대했던 근본주의자의 구호와는 달리 공감할 수 있는 분석과 제안이라고 생각한다. 본문과 상황의 분석적 키워드, 창의적 접근이 필요하다.

교회가 바비큐 파티라면?

"무엇이 복음을 담을 수 있는 유효한 그릇인가? 예수를 만나서 변화된 삶을 맛볼 사람은 기존 교인들인가 잠재적 교인(교회밖에 있는 사람)들인가? 인구의 75%가 종교에 무관심한 사람들인데 이들에게 다가서는 구체적인 방법은 무엇인가? 교회가 건물이 아니라 하나님의 백성들이 복음을 통해 예수를 만나는 사건이라면 산과 들이면 어떻고 바비큐 파티면 어떤가? 제자화 과정이 없는 만남으로서의 교회는 공허한 것이고, 교회체제에 갇힌 형식적 만남은 지루하다." 오늘 노회 모임에 왔던 강사와 참가자들이 나누었던 대화들이다. 정기노회라고는 하지만 회무처리는 2시간도 하지 않는다. 보고서는 이메일로 받고 궁금한 것은 직접 물어보면 된다. 대부분 시간을 새로운 목회, 새로운 선교를 위해 듣고, 질의하고 공유한다. 목회현장의 절실함, 노회가 외면하지 않는다.

온신학에 대한 대화

장신대 김명용 총장이 주창한 온신학에 대해 새로운 해석이 나오고 있다. 온천으로 유명한 일본에서 온 선교사님이 따뜻한 온(溫)

이냐고 묻는다. 신학이 따뜻하다(?). 온신학은 따뜻한 환대의 신학이다. 온신학은 온유(부드럽고 유연)한 신학이다. 온신학은 예수님이 이땅에 온(오신) 신학이다. 그래서 예수님과 만남이 이루어지는 관계의 신학이다. 온신학은 온누리를 대상으로 한 생명신학이다. 온신학은 어머니의 심정으로 품는 포용의 신학이다. 온신학은 온마음과 온 뜻으로 하는 신학이다. 온신학은 신학적 개념과 방법론의 신학이 아니고 온 생명을 살리는 삶의 신학이다.

목사의 책읽기

신대원에서의 공부는 최소한의 준비다. 설령 신학석사와 신학박사 학위를 받은 사람이라고 해도 마찬가지다. 앞으로 평생 공부할 기초 준비를 마친 것뿐이다. 양적으로도 그렇고 질적으로도 그렇다. 그런 준비를 마친 사람은 목사의 직을 끝낼 때까지 신학공부를 손에서 놓지 말아야 한다. 그가 진정으로 하나님께 관심이 있다면 저절로 그렇게 할 것이다.

"목회현장에 들어가면 목회 메커니즘이 그에게 현실이 되어서 교회조직을 활성화하는 데만 마음이 갈 수밖에 없다. 소명의식이 소진되거나 경직되든지, 또는 과대 포장된다. 소명의식이 목사의 한평생에 걸쳐서 교정되고 심화되지 않으면 목사는 종교적 과대망상, 아니면 패배주의에 빠진다. 소명의식의 교정과 심화를 위해서는 책읽기가 최선이다."[3]

교회는 단순히 신자들이 모이는 공동체로서만이 아니라 기독교

---

3) 정용섭, 『목사공부』(서울: 새물결플러스, 2017), 43쪽.

교리의 깊은 세계 안으로 들어가고 그 세계를 함께 나눌 수 있는 사람들의 공동체다. 그 작업이 바로 신학이다. 오늘 한국교회에서 벌어지는 대다수 문제들은 신학의 부재에서 비롯된다고 해도 과언이 아니다. 나는 목사로서의 자기 정체성을 신학 선생의 자리에서 찾는다. 어떤 이들은 신학을 신학적인 정보로 오해한다. 신학자는 자신의 논리를 이론적으로 해명하는 게 아니라 자기가 경험한 영적인 현실을 논리적으로 해명하는 사람이다. 목사는 인간의 말로 다 담아낼 수 없는 절대적인 세계를 직관하고 영혼의 깊이에서 경험할 수 있어야 한다. 신자의 교회생활을 돕는 목회자, 신자의 신학적 사유를 깊이 있게 이끌어가는 신학선생, 신자의 영성이 풍요로워질 수 있도록 영적 지도자로 살아가는 것이 목사의 정체성이다.

뉴질랜드 낙스신학교를 방문한 장신대 학생들

글로벌 선교 꿈꾸기

글로벌선교는 동반자 선교다.

나는 뉴질랜드장로교회에서 아시안 사역 총무로 일하였다. 이와 같은 자리에서 일할 수 있던 이유는, 지난 10년간 인도에서, 필리핀에서 동반자 선교를 통해서 배운 선교적 경험 때문이라고 생각한다. 행정구조가 약한 교단은 구조를 돕고, 대신 순수한 신앙을 배울 수 있다. 민주적 의사결정구조를 가진 교단으로부터는 민주적 합의 정신을 배우고 생명력이 부족한 교회는 선교적 동력화를 도울 수 있다. 동반자 선교는 함께 배우고 도전받는 선교다. 중국선교만이 아니라 글로벌선교의 틀, 동반자 선교의 정신과 실천으로 다시 짜야 한다.

자신학화 시도하기

서구 기독교를 모방하지 않는 한국 기독교와 선교 상황화의 용기가 부족한 한국교회의 토양에서 과연 자신학화와 자선교신학화가 가능할 수 있을까? 물론 시도는 있다. 한국의 유수한 신학대학 안의 신학자들 사이에는 이런 논의가 꾸준히 진행되고 있다. 하지만 조직신학 혹은 문화신학에서 진행되는 논의가 선교신학 영역으로 넘어오면서 소극적으로 전개된다. 한국식 선교의 낙관론이 사실은 문제다. 선교현장 아니 선교바닥에서 다시 시작해야 한다. 선교지는 한국 선교사들이 들어가기 전에 진공상태가 아니었다. 현지교회도 있고 복음의 역사도 있다. 그 발전과정을 꼼꼼히 살펴야 한다. 현지교회의 시각에서 선교지를 다시 바라보는 용기가 필요하다. 건강한 선교를 위한 담론은 있는데 현장에서 적용할 수 있는 매뉴얼은 없는 것이 현재로서는 아쉽다.

부활절 설교가 담아야 하는 메시지

부활절 연합예배 설교는 공적 설교다. 지난 한 주간 세계교회협의회 총무의 부활절 설교, 뉴질랜드장로교회 총회장 부활절 메세지 그리고 한국의 부활절 연합예배 설교자의 설교를 듣고 읽었다. 많이 비교가 되었다. 부활절연합예배 설교자의 설교는 설교자 개인의 설교가 아니다. 한국교회를 대표해서 한국사회를 향한 희망의 메세지이다. 공적 기능이 있다. 우리 시대의 갈릴리를 발견하고 어둠의 세력에 짓눌린 이들을 세우는 연대와 희망의 메세지여야 한다. 부활절 연합예배의 설교는 신학적 설교여야 한다. 그런 의미에서 부활절연합예배 설교는 설교문 작성위원회가 구성되어 신학자와 목회자가 공동으로 작성하는 것이 바람직하다. 신학적 뼈대는 있되 모든 이들이 이해하고 공감할 수 있는 보편적 언어로 작성될 필요가 있다. 세상을 향해 조심스런 마음을 가져야 한다. 세상에서 고통받고 있는 이들에게 미안한 마음을 가져야 한다. 세상에서 차별받고 있는 이들을 위로하는 마음을 담아야 한다. 부활절"연합"예배가 아니라 "부활절" 메시지를 연합해서 증거해야 한다.

2. 신학교육

선교사의 또 다른 정체성: 리서치 전문가

선교사는 현장 사역자이지만, 아울러 리서치 전문가라는 정체성을 가져야 한다. 마민호(한동대) 교수는 "정보와 첩보를 모으려면 리서치, 즉 연구를 해야 한다. 한국선교는 계속 서구 쪽 전략을 얻어왔다"며 "잘 쓴 것도 있지만 우리에게 안 맞는 것도 있다. 한국전쟁을 하는데 미군이 준 정보만 쓰면 부족하지 않겠느냐"고 했다. 그는 "연구 없이 전략이 없고, 전략 없이 승리가 없다. 영적전쟁의 승리를 위해서 우리에게 가장 중요한 것은 리서치다. 조사해야 한다"며 "그런데 연구와 조사는 대학만 하는 게 아니라 선교사들이 네트워킹해서 해야 한다"고 했다. 마 교수는 "선교사는 현장 사역자이지만, 아울러 리서치 전문가라는 정체성을 가져야 한다. 연구와 사역의 통합이 목표"라며 "한국은 선교사의 수적인 면(하드파워)에서는 2등이지만, 지식·기술·정보(소프트파워)까지 합쳐서 보면 2등이 결코 아니다. 21세기는 하드파워보다는 소프트파워가 강조되는 시대로, 한국 선교가 명실상부한 2대 강국이 되려면 소프트파워에 집중해야 한다"고 했다.

선교적 해방이 필요한 때

장신대 학부 신학생들의 뉴질랜드 방문.

나의 학부 시절과 비교하면 참 준비가 잘 된 친구들이다. 언어능력, 진지함, 수용력, 음악적 은사까지. 비슷한 점도 있다. 진로에 대한 불확실성 같은 것이다. 신학과는 신대원 가서 목사가 된다고 보고 기독교교육과와 교회음악과는 어떻게 하면 좋을까? 하나님의 선교와 공적신학의 입장에서 커리큘럼을 개선하고 교회 울타리를 넘어 하나님의 세계에 참여하고 봉사하는 일꾼으로 길러내면 좋겠다. 크리스텐덤의 시대가 아닌데 교회만 생각하고 교회 안으로만 자원을 공급하려 한다. 하나님의 선교로 세상과 교회를 보는 시각부터 훈련을 시킬 필요가 있다. 그래서 선교적 기독교교육과와 선교적 교회음악과가 필요하다. 장신대 학부에서 받은 신학적 소양과 학문적 실력으로 섬길 사역지는 너무 많다. 광나루 언덕에서 학생들을 선교적으로 해방시켜야 한다. 사역지를 교회로 선택한 학생들은 신대원으로 진학하고, 해외 동역교단으로 선택한 친구들은 어학훈련을 강하게 시켜서 당당하게 세계교회의 일원이 되도록 적극적으로 지원할 필요가 있다. 많은 신학생들을 배출하기보다 긴요하게 쓰임받는 졸업생들이 되도록 학생들의 시야를 열어주자. 신대원 때의 기회도 좋지만 조금 늦는다.

광나루에서 지구촌으로

장신대(PUTS) 글로컬현장교육원 뉴질랜드 인턴십을 마치고서 지난 3주간 장신대 학부 신학생 4명과 뉴질랜드의 오클랜드와 웰링턴을 중심으로 뉴질랜드 사회와 교회가 처한 현실에서 꿈꿀 수 있는 선교와 목회현장을 돌아보았다. 이번에 선발된 학생들은 영어소통 능력도 있었지만 음식이면 음식, 음악이면 음악, 놀이면 놀이, 문화적 수용력이 좋아서 본인들이 준비한 내용 이상의 것을 얻었을 것이라고 확신한다. 특히 오늘 있었던 평가회에서 학생들 스스로 정리한 내용은 레이드로신학교나 뉴질랜드장로교회가 들을 것도 많았지만 장신대가 귀담아 들을 내용이 많았다. 학생들의 이야기를 들으면서 내 입장에서 몇 가지 정리를 해보았다. 장신대에서 학부의 위치와 위상은 무엇인가? 장신대 학부 졸업생의 다음 단계는 신대원 진학이어야 하는가? 장신대 학부생들이 재학 중 준비할 수 있는 글로벌 경험은 무엇인가? 장신대 신학과 학생들은 개혁신학에 충실한 신학교육을 받고 있는가? 장신대 기독교교육과 학생들은 종교교사자격증 취득이 목표인가? 장신대 교회음악과 학생들이 음악목회나 음악교육을 위해 준비할 내용은 무엇인가? 장신대 학부생들이야말로 아직 목회자로 진로를 확정하지 않았기 때문에 하나님의 선교현장에 폭넓게 활용될 수 있다고 본다. 언어공부도 목표가 구체적이어야 의욕이 생긴다. 학부에서 신학, 기독교교육, 교회음악을 배우고 있는 후배들이 자랑스럽기도 하고 안쓰럽기도 하다. 장신대 학부 학생들을 아차산 언덕에서 선교적으로 해방시켜서 광나루(글로컬현장교육원)을 통해 세계교회로 진출시키면 좋겠다.

인도 UTC를 추억하며

2002년 1월 당시 인도 NCC의 초청으로 인도에 도착해서 2개월은 NCC본부가 있는 Nagpur 에서 지냈고 9개월은 뱅갈로르에 있는 UTC캠퍼스에서 지내면서 에큐메니칼 공부를 했다. 인상적인 것은 진보적 성향의 학교임에도 매일 아침 채플을 했고 주일 저녁에는 교수 학생 가족들도 참여하는 공동체 예배가 있어서 경건의 훈련양도 적지 않았다. 2주에 한 번씩은 교수와 학생들이 친근한 멘토링 모임을 했다. 밤 11시까지 도서관에서 모든 학생들이 공부를 해야 했는데 저녁 9시 이브닝 티 시간에는 도서관도 닫았다. 신대원 학위는 B.D.이고 4년

인도 연합신학교 (UTC) 도서관

12학기 동안 220학점을 이수하는데 성적이 좋은 졸업생들은 영국에 Ph.D 과정에 바로 진학하기도 했다. 인도 신학의 산실이었고 그

때 사귀었던 교수들과 학생들을 아시아 에큐메니칼 모임에서 지금도 가끔 만나서 그때의 추억을 떠올린다. 인도의 22개 주요 교단이 운영이사로 참여하고 학생들을 보내는 진짜 에큐메니칼 신학교였다. 2002년은 아시아교회와 선교에 대해 나의 세계관이 넓혀지는 기간이었다.

구조개혁 광풍 속 신학대학

4년제 대학 구조개혁의 광풍에 놓인 신학대학교의 학부 과정. 최근 한국개신교 교세를 600만 명 이하로 보는 통계가 있다. 이 정도 교세로는 현재의 신학대학교들의 정원은 많은 편이다. 대학종합평가에서 합격을 받은 것으로는 안심할 수 없다. 신학대학교라고 하지만 신대원 중심의 교육과정으로는 정부의 날센 구조개혁안을 벗어날 수도 없다. 학부졸업생이 신대원에 진학하지 않아도 살아갈 수 있는 특성화 교육만이 대안이다. 신대원 예비과정으로서 학부 존재의 이유를 넘어서 한국사회가 기대하는 기독교 세계관과 인성을 가진 예비 지도자를 배출하는 방향으로 발전해야 한다. 학생들이 내는 등록금에 의존율이 높은 신학대학들은 약간의 정원 감축으로도 운영에 위기가 올 수 있다. 정부가 신학대학교의 특수성을 모른다고 불평하지 말고 이번에 신학대학교가 스스로 강도 높은 구조개혁을 통해 목회자 과잉배출의 부담에서 스스로 벗어나야 한다. 편의점보다 많은 한국교회의 숫자로 이미 교회의 존재감은 떨어지고 성직자에 대한 존경심도 사라지고 있다. 인도의 한 신학교는 2년에 한 번씩만 신입생을 받는다. 자신들이 가르칠 수 있는 역량을 객관적으로 평가하고 그 역량 안에서 최선을 다한다. 신대원 운영만을 위한 대학원대학교로 전환하지 않으려면 학부를 살려야 한다. A등급 빼고 모두 정원 감축, 일부 최상위 평가를 받은 대학을 빼고 모든 대학의 정원이 줄어든다. A등급은 자율, B등급은 일부, C등급은 평균 수준에서 정원을 줄인다. D등급과 E등급은 각각 평균 이상과 대폭의 감축을 해야 한다. 이런 방식으로 교육부는 2022년까지 대학 정원을 16만 명 줄일 계획이다.

한국신학대학의 교육

신학교육에 대한 고민.

이번주에는 두 번이나 신학교 졸업식에 참석했다. 그동안 나는 네 번의 학위 과정에 입학해서 세 번은 은혜로 간신히 졸업을 했는데, 네 번째는 언제가 될지 잘 모르겠다. 목사가 되는 것이 신학교육의 전부라고 생각했던 시절에는 졸업이 목표였기에 과정이 즐겁지 않았다. 그래서 졸업장을 받는 순간까지는 신학교육에 대해 깊이 생각해보지 못했다. 내가 교육받은 7년은 교역자 양성과정이었으니까. 이후에 인도에 가서 받은 충격이 생각난다. 신학이 학문이었다. 필리핀에 가서 받은 도전이 떠오른다. 신학교육은 노회와 총회가 책임지는 공교육이었다. 뉴질랜드에서 받은 도전은 어떠한가. 신학공부는 누구나 할 수 있지만 목회자 선발은 총회가 필요한 사람만을 엄격하게 선발한다. 지난 2002년부터 나는 신학교육의 중요성을 많이 고민해왔고 늦게 깨닫고 있다. 대학교육 구조조정이라는 광풍 앞에 서 있는 한국신학대학교들과 신학생들의 미래도 누군가는 고민하고 있겠지.

에큐메니칼 차세대 리더십을 기르자(?)

나는 학생 자원봉사자(스튜어트) 출신이다. 차세대 리더십은 하늘에서 내려오지 않는다. 땅(바닥)을 기어다닌 경험을 가진 이들이 리더가 되어야 한다. 하나님은 영어가 유창한 사람들만을 글로벌 리더십으로 부르지 않는다. 가슴의 언어가 유창한 이들을 광야에서 훈련시키신다. 깨어진 세상에서 들리는 백성들의 신음을 경청할 수도 있어야 한다. 기장 총회를 섬기는 학생 자원봉사자들이 이미 글로벌 지도자이다. 머리가 똑똑한 사람보다 가슴이 따뜻한 청년들을 세워주는 일이 바로 차세대 글로벌 리더를 기르는 일이다.

104회 총회를 섬긴 자원봉사자들

신학교육의 가치 in 세속화사회

오늘은 장신대와 지난 10월 학술교류협정을 맺은 뉴질랜드 레이드로신학교 졸업식에 참석하고 있다. 졸업생과 가족들의 모습 속에선 감격의 기쁨이 넘치고 있지만 단상의 학장과 교수진의 표정은 그리 밝지 않다. 내년부터 정부 지원금 삭감조치로 교수 3명에게 해고를 통보해야만 했고 경비절감을 이유로 학교시설의 일부도 사용할 수 없기 때문이다. 장신대 채플에서 감동적인 설교를 했던 로드 톰슨 학장은 격려사에서 장신대에 관한 인상을 언급하면서 "정부 지원금이 아니라 교회가 후원하는 재정으로 신학생을 길러야 하는 것이 아닌가?" 심각하게 묻는다. 세속화된 사회에서 일반 직업교육보다 덜 평가되고 있는 신학교육의 가치는 무엇일까? 한국은 넘치는 졸업생이 부담이고, 뉴질랜드는 신학교육에 대한 평가절하와 재정삭감이 문제다. 어려운 시대다.

계속 교육의 시대

선교사의 계속교육.

선교사가 전문가라면 계속교육은 선택이 아니고 필수다. 문제는 Why가 아니라 How다. 10년차 이내의 선교사들에게는 비학위과정 혹은 석사과정도 충분하다. 15년차 이상의 선교사들에게는 학위공부라는 표현보다는 계속교육을 통한 선교적 성찰과 학위논문을 통한 경험공유라고 하는 것이 더 적절해 보인다. 늘 두 걸음 앞서서 고민하고 한 걸음 앞서서 한국교회의 선교적 방향을 제시해 온 이태웅 박사가 한국 선교사의 계속교육에 대해 구체적인 대안을 제시했다. 대한민국 교육부는 현장 선교사들의 시간적 재정적 한계에 인색하다. 그래서 한국의 신학교도 자유롭지 않다. 북미의 신학교들은 의외로 친절한데 학비와 체류비가 솔직히 부담이 된다. 그래서 중간지대인 영어권 말레이시아에서 시작한 것 같다. 창의적 발상과 시도다. 교육과정이 실제적이고 교수진도 국제적 수준이다. 프로그램을 홍보하려는 것이 아니다. 시니어 선교사들로 가는 중견 선교사들에게 선교적 반성과 보완의 기회를 주는 모습이 너무 고마운 것이다. 그래서 공유하고자 한다.

한국신학의 수출을 꿈꾸다

한국에서 영어로 교역학 석사(M.Div)를 공부한다는 것은?

현재도 영어로 교역학을 공부하는 신학교가 한국에 있다. 아세아연합신학대학교와 횃불트리니티대학원대학교가 그렇다. 이 외에도 대학원 과정에서 영어로 신학수업을 하는 학교는 연세대, 장신대, 한일장신대, 호서대 등이 있다. 신학을 영어로 공부하는 일은 영어를 잘하는 사람이 신학을 공부하는 것과는 다르다. 영어로 신학을 공부하기 시작하면 서구신학을 수입(?)하고, 또 한국의 개혁신학을 수출(?)하는데 도움이 될 수 있다. 불편한 진실이 하나 있다. 한국에서 발간되는 신학논문집 중에서 영어로 쓰여진 신학논문집이 꽤 있지만 세계적인 신학교에 비치된 경우는 거의 없고 또 세계적인 신학자들이 논문을 쓸 때 한국 신학자들이 쓴 영어 논문을 거의 인용하지 않는다. 한국적인 신학재료로 만들어진 상황화된 신학이 아닌 경우가 많기 때문이다. 아시안신학, 상황화된 신학, 세계교회와 함께 배우고 공유하는 신학을 전제로 하지 않을 경우엔 영어로 어색하게 공부해서 적용하기 애매한 신학으로 마칠 수도 있다. 신학교육의 국제화는 전 과정을 영어로 하는 것이 아니라 기존의 신학교육과정에 외국인 교수들이 참여하는 선택과목을 늘리고, 영어로 신학논문 쓰는 방법을 도제 교육 형태로 처음부터 가르치는 방법이 있다. 또한 외국인 학생들과 공동수업을 하면서 영어로 강의하는 교수뿐 아니라 함께 참여하는 학생들과 활발한 토론을 통해서 함께 배우도록 하는 신학교육환경을 먼저 조성해야 한다. 이미 영어로 교역학 석사를 시작한 학교가 있지만 언어가 아니라 신학함의 환경이 국제적이지 않기 때문에 글로컬하게 적용할 신학의 출현이 늦는 것이다. 고려대학교가 영어로 강의하는 여러 과목을 시작했다가 부실한 강의평가를 받았다는 사실은 영어로 교역학 석사과정을 시작하기 전에 참고하면 좋겠다.

뉴질랜드 레이드로신학교

신학교육의 목적?

최근 장신대와 학술교류협정을 맺은 뉴질랜드 레이드로신학교가 주최한 신학교육협의회에 참석하고 있다. 레이드로신학교 출신들이 인도, 파키스탄, 미얀마, 말레이시아, 싱가폴, 키르기스스탄 등에서 신학교육의 책임자로 일하고 있다. 발제자인 Edward Sands가 오랜 신학교육의 경험에 기초해서 묻는다. 신학교육의 목적이 무엇이냐고? 신학관련 학위를 가진 졸업생을 배출하는 것이 아니라 신학교육을 통해 하나님을 진정으로 이해하는 것이라고. 나는 신학자도 아닌데 이곳에 앉아서 신학교육의 목적에 대해 다시 한번 생각해본다. 오늘 받은 도전 중에 제일 무거운 것 같다.

장신대의 신학교육

장로회신학대학교에서.

1987년 나는 이 학교의 학생이 되었다. 1년 휴학을 포함하여 8년을 다녀서 학부 신학과와 신대원을 졸업했다. 1년 후배부터 25년 후배까지 많은 사람들을 만나서 대화했다. 이제는 더 이상 목회자의 양적 배출로 한국교회에 봉사하던 시대가 아니다. 한 사람 한 사람 다듬어서 돌보며 키워야 한다. 한국에 있지만 세계와 연대하고, 교회로부터 와서 교회를 섬기지만 목회와 선교의 공적 기능과 참여를 위해 헌신할 일꾼 키워야 한다. 에큐메니칼 DNA를 의심하는 슬픈 시대에 오히려 에큐메니칼 관점에서 신학교육과 교역형성을 다시 바라봐야 한다. 신학교 안에서의 축제는 정겹고 좋은데 좀 정신없어 보인다. 이제부터 정신 바짝 차린 신학교육을 한다면 더 좋겠다.

장신대 동문 금주섭 박사, 문정은 목사와 함께

선교사의 언어개발

선교사의 기본기에 대해 고민하고 있는 선교사 후배와 선교사의 언어에 대해 장시간 대화를 했다. 그 선교사가 활동하는 지역이 영어를 사용하는 지역이라서 몇 가지 조언을 하고 또 생각해 보았다. 내가 10년 전에 했던 고민과 비슷한 고민을 한다고 생각이 들었다. 난 학부에서 신학을 전공하고 언어연수를 따로 한 적 없이 용감한 영어를 구사한다. 나름대로 영어로 생존하는 방법을 몸으로 익혔다. 그래서 노하우를 공유하고자 한다.

어떤 수준의 영어를 하고 싶은지 목표를 분명하게 정하라
교수영어, 회의영어, 설교영어 그리고 생활영어 중에 하나는 택하라
교수영어는 박사과정에서 공부해 보지 않고는 어렵다. 박사과정에 들어갈 만큼 영어를 열심히 해야 한다.
회의영어는 배울 곳이 마땅치 않다. 회의를 자주하는 교단과 단체의 선교 동역자가 되면 많이 배울 수 있다.
설교영어는 프리젠테이션 영어다. 요즘 유행하고 있는 TED 동영상을 자주 보고 원고를 읽지 말고 외워야 한다.
생활영어도 사실 만만치 않다. 특히 병원과 자녀들의 학교에서 오는 통지문을 이해하는 영어인데 꼼꼼히 챙겨야 한다.
나이 40세가 넘어서 새로운 언어에 도전하는 것 자체가 기적이고 잘할 수 있다면 오직 은혜로만 가능하다고 생각한다.
한국어로 잘 토론할 수 있는 주제를 영어로 표현하라. 인터넷으로 코리아헤럴드 읽고 한국 이야기를 영어로 자신있게 말해 보라
사역하고 있는 나라의 영자신문을 한 주에 두 번 이상은 사서 그 나라의 관심과 이슈를 충분히 이해하고 키워드를 익혀야 한다.
영어가 안 되는 사람들에게 Globish라도 하라고 했는데 문제는 열심히 안한다. 쉬운 영어도 열심히 해야 영어가 친해진다.
선교지 도착해서 첫 2년에 언어공부 열심히 하지 않으면 선교지에서 10년이 넘어도 언어는 늘지 않는다.
언어를 열심히 하고 선교지에서 좋은 친구 사귀면 재정 후원의 어려움을 극복할 수 있다. 언어와 친구가 돈보다 중요하다.

치열한 선교사 업무교육 현장

선교사 업무교육 3주차.

선교는 본질적으로 팀 사역이다. 삼위일체 하나님의 상호 존중, 사랑, 참여를 이어가는 선교는 공동체를 맛보면서 해야 정석이다. 3주차가 되면서 공동체성이 서서히 발휘된다. 특

별히 선교현장이야기 역할극을 준비하는 선교사 후보생들의 번뜩이는 재치와 감각을 담은 아이디어 회의가 밤 11시가 되도록 이어지고 있다. 에큐메니칼 선교 영역의 6과목을 오늘 마무리했다. 1913년 산동성선교, 1955년 태국선교를 넘어오는 에큐메니칼 선교의 DNA에 공감하고 전승하기로 다짐했다. 2013년 세계교회협의회 총회 때문이 아니라 지난 100년간 우리가 경험하고 실천해 온 에큐메니칼 협력 선교의 과업을 이어간다. 이번에 훈련받은 후보생들이 현지선교회 임원으로 활동하는 시점부터 에큐메니칼 선교가 정착되리라고 믿고 싶다. 오늘도 이 에큐메니칼 정신을 이어가는 현장의 선교사들에게 경의를 표하며 조금만 기다리시라고 요청하고 싶다.

한편 나는 선교사 업무교육에 참여하면서 2008년부터 총회 파송 선교사 훈련을 섬겨왔다. 선교사로 출발하는 후배 선교사들의 기본기를 위해 강의하고 조언하는 교수 선교사가 된 것도 영광이지만 쟁쟁한 선배 선교사들과의 만남과 대화를 통해 나를 돌아볼 시간이 있다는 것이 참 감사한 일이다. 매일 오전 7시부터 저녁 9시까지 빡빡한 일정을 소화하는 것은 훈련을 받은 사람이나 시키는 사람이나 마

찬가지로 힘들지만, 인성·지성·영성 차원에서 선교사 훈련을 받는 것은 기쁜 일이다. 다른 교수 선교사들은 한 주를 더 섬기지만 나는 뉴질랜드장로교회의 밀린 일을 감당하기 위해 조금 일찍 뉴질랜드로 돌아갔다. 다음날부터 또 다른 일상을 대하게 된다. 그래도 좋다. 육체적으로 피곤했지만 선교적 소명이 다시 회복되고 영적 충전이 있었다. 금요일 저녁, 섬기는 7명의 선교사들과 함께 고구마 케잌을 먹으며 서로를 위로하고 격려하는 시간을 가졌다. 비록 현장에서 비겁하게 살아남기, 재정적으로 불투명하기 등의 답답한 현실이 있지만 그 상황을 이기고 선택과 집중으로 기본기를 지키고 씨름해 온 교수 선교사들과 보낸 지난 3주 간의 시간이 내가 가고 있는 방향을 더 분명하게 다듬어 주었다.

"함께 가자 우리 이 길을 동지의 손 맞잡고 가로질러 들판 산이라면 어기여차 넘어주고 사나운 파도 바다라면 어기여차 건너주자 해 떨어져 어두운 길을 서로 일으켜주고 가다 못가면 쉬었다 가자 아픈 다리 서로 기대며 함께 가자 우리 이 길을."

광나루에서 키우는 신학적 상상력

자유로운 상상은 신학함에 있어 상당히 중요한 요소이다. 자유롭게 펼쳐지는 신학적 상상들이 꼬리에 꼬리를 물어 완전히 다른 차원의 세계로 안내하는 경험을 할 수 있기 때문이다. 이전에 광나루 장로회신학대학교의 지정학적 위치를 바탕으로 한 신학적 상상을 이곳에 풀어내보고자 한다.

먼저 광나루는 그 이름에서부터 지정학적 위치와 연관된 유래를 가지고 있다. 광나루·광진(광나루, 너븐나루)은 광장동에 있던 나루터로, 강폭이 넓은 곳에 나루가 있다하여 붙여진 이름이다. 이러한 특성 때문에 이곳은 상고시대부터 사람들의 왕래가 빈번하던 교통의 요충지였다. 고려 시대에는 이곳에 수참(水站)을 설치하여 한강의 조운로를 관리하였으며, 조선 개국 후에는 좌수참을 두고 강원, 충청, 경기 등지에서 서울로 오는 세곡의 운송관리와 범죄자 등의 출입을 감시하였다.

앞서 살펴본 역사적 사실을 근거로 확인할 수 있는 지리적 해석은 크게 세 가지일 것이다. 첫째는 광장동과 천호동을 연결하는 한강의 폭이 넓다는 점, 둘째는 강원·충청·경기로 연결되는 교역의 중심지이었다는 사실, 셋째는 강원도의 지류로부터 한강을 거쳐 서해로 나가는 곳이라는 점이다.

이러한 지리적 해석과 관련하여 광나루 장로회신학대학교가 가진 특징을 세 가지로 이야기해볼 수 있을 것이다. 첫째, 마치 그 넓은 강폭과도 같이 한국교회의 보수와 진보를 연결하는 신학적 폭이 넓다. 둘째, 교역의 중심지였을 뿐만 아니라 한국, 아시아, 세계와 교류하는 연대(Solidarity)의 중심지이다. 셋째, 17세기 개혁파 정통주의를 넘어서서 정의·평화·생명의 신학으로 나아가는 곳이다.

문명이 시작된 곳, 강으로부터 역사가 흐른다. 사람들의 삶의 모습을 결정하는 요인, 강에 문화가 있다. 환경과 과학, 강에는 지구의 미래가 있다. 이처럼 강에는 무수히 많은 메시지와 테마가 있다. 예수의 공생애 출발지인 요단강에도 여러 메시지와 의미가 담겨 있다. 먼저, 요단강은 세례자 요한에 의해 하나님 나라를 준비하는 회개가 선포된 곳(마 3:2)이었다. 회개와 변화가 시작된 곳이 바로 요단강이었다. 두 번째, 요단강은 예수가 성령에 의해서 하나님의 아들로 확증된 곳(마 3:16-17)으로서 성령이 긍정하신 곳이다. 세 번째, 요단강은 예수가 예루살렘으로부터 피신하여 온 곳(요 10:39)이기도 하다. 신변의 위협으로부터 피한 장소였다. 네 번째, 요단강은 많은 사람들이 예수를 믿은 곳(요 10:40-42)으로 예수의 사역을 백성들이 인정한 곳이다. 마지막 다섯 번째로 나아만이 일곱 번 씻고 깨끗해진 곳(열하 5:14)으로서, 그가 순종하여 치유함을 받은 곳이 요단강이었다.

이러한 요단강이 성서적으로 가지고 있는 의미를 광나루신학교(장신대)와 연결하여 상상해보면 어떨까?

첫째, 광나루는 사고방식의 전환이 일어나는 곳이라 말할 수 있다. 신분상의 전환(평신도에서 성직자로)이 아니라 하나님 나라의 제자도를 따르는 변화가 일어나는 곳이어야 한다.

둘째, 삼위일체 하나님으로부터 목회와 선교의 영을 받고 인정을 받는 곳이다. 마치 예수에게 성령이 비둘기처럼 임하며 하나님이 기뻐하시는 아들임을 말씀하셨던 것처럼 말이다.

셋째, 예수님이 예루살렘으로부터 피신하셨던 것처럼 사역으로 지쳐서 힘들 때도 신학적 성찰(계속교육)을 할 수 있는 곳이 광나루이다.

넷째, 광나루는 복음전도자로서의 훈련받는 곳이다.

다섯째, 나아만의 치유가 일어난 요단강처럼 광나루는 인간의 치유와 생명공동체의 치유를 위해 실천(순종)하는 곳이다.

요단강뿐만 아니라 성경에 다양한 강의 모티브들이 등장한다. 대표적인 예로 모세는 물에서 건져낸 아이라는 뜻이고, 그 이름처럼 종 살이 하던 백성을 건져내었다.(출 1:10) 또 야곱은 얍복강가에서 하나님을 만나서 이스라엘이 되었다.(창 32:22-28) 하나님은 평화를 강물처럼 예루살렘에 끌어들인다.(사 66:12) 강은 지리적, 정치적, 문화적 경계를 의미한다.(수 1:4) 강물이 흘러가는 곳에는 생명이 넘친다.(겔 47:5) 하나님은 정의를 강물로 비유하셨다.(암 5: 24) 하나님의 축복은 생명수의 강으로 비유되었다.(계 22:1-2) 강물의 줄기들이 하나님의 도성을 즐겁게 한다.(시 46:4)

이러한 강의 모티브와 연결하여 광나루 신학교가 가지고 있는 의미를 살펴볼 수 있겠다.

첫째, 하나님의 구원 역사를 경험하고 가르치는 학교이다.

둘째, 문화적 지리적 경계를 넘어서 다문화사역과 세계선교를 준비하는 곳이다.

셋째, 하나님의 강가에서 은혜의 풍성함, 기쁨, 평화, 축복을 경험하는 곳이다.

넷째, 공의가 마르지 않도록 사회적 약자를 보호하고 기도하는 곳이다.

다섯째, 장신대 출신 목회자들의 교회와 사역을 통해 열방을 치유하고 회복하는 곳이다.

이뿐만이 아니다. 아브라함은 유프라테스 강을 건넘으로 하나님의 초대에 응답하고 새로운 문명에 도전했다. 경계를 넘으면서 새로운 세계관의 전환이 이루어졌고, 타지에서 신분의 위협도 느꼈지만 타자를 환대하는 일도 실천했다. 나와 남이 나와 너가 되었다. 강 저편의 다름(문화, 인종, 차별)이 극복되고, 함께함(코이노니아)이 시작되고, 평화와 공존을 경험한다. 한국교회가 치유와 화해의 사명을 감당하는 신학교육이 광나루에서 일어난다. 담대한 복음증거를 통해 야곱이 이스라엘이 되는 회심사건이 일어나고, 하나님의 구원과 선교가 준비되는 곳이다. 특별히 이 땅에 하나님의 공의를 세우는 사역을 준비하는 곳이다.

결론적으로 장신대가 남산의 조선신궁 자리에서 남산신학교로 존재했다면 이런 신학적 성명을 발표하는 신학교로 발전하기가 어려웠을 것이다. 장신대가 공릉동 서울여대 자리에서 육군사관학교와 마주보고 있었다면 신학적 부담이 많았을 것이다. 장신대가 광나루에 있는 이유는 오이쿠메네 강에 위치한 코이노니아 나루터로서 온전한 복음으로 온 세상($οικουμενη$; 오이쿠메네)을 섬길 온전한 인간을 통해 온전한 교회를 만들어 가는 사명과 관계가 있다고 상상한다.

세계선교협의회 관계자와 장신대 방문

3. 디아스포라 공동체

창조와 분열 사이

8월 첫 주에 뉴질랜드 오클랜드에 새로운 교회가 설립된다는 소식을 접했다. 실상은 분열인 것 같다. 내가 담임목회를 하지 않아서 조심스럽지만 오클랜드에 한인교회 숫자나 목회자 숫자는 이미 과잉공급이다. 지난 25년 동안 해오던 한인목회와 비슷한 목회패턴의 교회들이 계속 늘어나는 중이다. 이민목회도 색깔이 필요하다. 다른 말로 하면 목회신학이 있어야 한다. 교민 숫자가 줄어들고 있고, 기존 교민들은 고령화되고 있으며, 영어가 더 쉬운 세대가 등장하는데 신학적으로 진지한 응답을 하는 교회가 잘 보이지 않는다. 내가 속한 뉴질랜드장로교회 북부노회는 교회합병을 중요하게 다루고 있다. 노회가 중매를 선다고 할까? 보통 1년에서 2년 동안 준비기간을 거쳐서 합병한다. 그리고 재정, 건물, 목회계획 등에 관하여 노회의 승인을 얻어야 한다. 교회 숫자가 늘어난다고 하나님 나라가 확장되는 것도 아니고 교회 숫자가 줄어든다고 하나님 나라가 축소되는 것도 아니다. 하나님 나라 백성(시민)들을 육성해야 하나님 나라가 확장된다고 나는 생각한다. 또 하나의 비스므리한 교회 말고 맛깔, 멋깔, 빛깔이 예쁜 교회들이 보고 싶다.

예배당 빌리는 교회

지난 7월 30일부터 8월 2일까지 뉴질랜드 제2의 도시 크라이스트처치를 다녀왔다. 지진으로 인한 흔적이 아직도 도시 중심부에 남아있고 이로 인해 삶의 패턴이 전면적으로 바뀐 도시라고 할 수 있다. 특히 예배당이 허물어진 교회들의 미래가 불확실하다. 사람들은 안전한 외부지역으로 이동하고 도심은 공동화를 겪을 것이고 백인들은 고령화되고 있으며 아시안 이주자들과 함께 미래를 준비할 필요가 있다. 새로운 가능성과 동력도 보았다. 예배당도 없이 학교 건물을 빌리거나 다른 교회 예배당을 빌리는 교회가 오히려 성장하고 있다. 건물 중심 교회가 아니라 선교 중심 교회로 처음부터 시작하고 있는 것이다. 크라이스트처치에 필요한 새 포도주에 대해 많이 생각해보게 된다.

뉴질랜드장로교회 아시안사역 사무실

디아스포라 교인들의 상처

오전 10시부터 오후 12시까지 4가지 다른 회의를 했다. 매월 첫째 주 목요일은 회의를 위한 날이다. 특히 마지막 회의는 가슴 아픈 만남이었다. 기존의 한인교회를 다니다가 상처를 받고 떠난 이들이 자발적으로 모인 교회설립 준비모임이었다. 잘 해보려고 정관부터 만들었는데 목회자에 대한 불신에 기초하고 있었다. 겉으로는 선교 지향적이고 건강한 공동체를 세워 보려는 마음도 있었지만 설교와는 다른 선교적 삶을 살지 않는 목회자들에게 상처받은 교회의 모습이 보였다. 사실 주변 한인목회자들 대부분 상당히 고생한다. 멘토도 없이 버티는 모습들이 안쓰럽기까지 하다. 이민목회는 선교적 목회다. 이민목회 철학도 선교적 가치를 가져야 한다. 이민교회가 자기 건물을 갖고 부교역자를 두는 것은 선교적 목표가 아니다. 하나님의 백성 공동체로서 선교적 DNA를 가진 목회를 할 필요가 있다. 이민 생활 20년 가까이 한 성도들, 적응하느라 표현이 까칠해진 경우도 있지만 교회가 감당해야 할 선교가 무엇인지 너무나 잘 알고 있다. 국가청렴도 상위국가에서는 교회의 재정과 사역이 투명해야 한다. 그래야 열방의 빛이 될 수 있다. 상처에 연고를 많이 바른다고 치유되는 것이 아니라. 새 포도주의 정신을 담아야 한다. 새로운 사명을 자각하면 옛날의 상처는 잊을 수 있다. 선교적 디아스포라 목회, 절박한 현실이고 희망이다. 오클랜드가 특히 그렇다.

이주민 아브라함

고대 지중해 연안에서 빈번하게 일어났던 이주, 그리고 이주민의 한 사람으로서의 아브라함을 보고 있다. 갈대아 우르, 하란, 가나안 그리고 이집트까지의 여정은 생존을 위한 여정이었고, 살기 위해 꽤도 부리고 실패도 맛보았다. 오늘날 이민자들의 삶도 마찬가지다. 직업의 기회와 자녀교육을 위해 도전하고 있는 이들이 많다. 고단한 삶이다. 신앙공동체와 이민자공동체로서 바라보고 접근하는 한인목회가 중요하다. 영과 육의 문제를 함께 기도할 필요가 있다.

교회창립주일 예배의 모범

최근에 창립기념주일을 기념하는 교회가 주변에 여럿 있다. 외부

노스쇼어한인교회 성도들과 함께

에서 설교자를 모시고 귀한 말씀을 듣기도 하고 새로운 다짐을 하기도 한다. 필리핀에서 선교사로 있으면서 제일 많이 했던 것이 교회 창립기념일 설교 혹은 축사였다. 필리핀교회로부터 배운 교회창립기념 주일의 문화는 다음과 같았다. 1. 담임목사가 설교하기보다 가능한 한 외부 강사(특히 노회장 혹은 신학교 교수)를 초청한다. 2. 교회 연혁을 평신도 대표가 나와서 요약하여 읽는다. 3. 교회가 속한 지역의 기관장을 초청하여 축사를 하게 한다. 4. 교단의 신앙고백서를 온 교인들이 함께 읽고 고백하게 한다. 5. 교회의 다음 세대들인 어린이들에게 참여할 기회를 준다. 대부분 한 번은 한다고 본다. 두 번부터는 잘 모르겠다. 평신도 대표가 창립초기부터 지금까지 교회의 연혁을 언급하는 것은 큰 의미가 있다. 지역 기관장이 참석하여 의례적인 인사말이 아닌 공적영역에서 하나님의 선교가 진행되고 있음을 확인하고, 교단의 신앙고백서를 온 교인이 고백할 수 있다면 신앙의 수준을 한 단계 올리는 일이 될 것이다. 교회 창립기념주일을 기념하는 데에도 신학이 필요하고, 신앙고백과 선교적 선언이 함께 표현될 필요가 있다.

미국장로교(PCUSA)소속 한인교회

미국장로교(PCUSA)소속 한인교회로부터 배운다. 앵글로색슨 배경의 장로교회인 미국장로교, 캐나다장로교에 소속된 한인교회들이 겪는 문제 중에서 1세대 한인목회자들이 극복하기 어려운 과제가 있다. 교단 헌법과 노회의 권한 그리고 재산권의 문제라고 본다. 이들의 교단헌법이라고 완벽할 수는 없지만 개혁교회 전통 속에서 늘 헌법은 개정되어오고 있다. 목사가 임직할 때는 이 헌법을 지킨다고 서약을 하기 때문에 그 내용을 가볍게 보고 서약을 하면 곤란하다. 목사의 임직식은 노회 앞에서 하는 언약행위이기 때문이다. 노회는 헌법의 내용을 해석하고 적용해서 지교회 목회자와 교회를 돕기도 하지만 치리회(결의기구)로서 책임과 권한을 가지고 있다. 한국적 관행과 달리 정치적 물타기나 한쪽 편들기가 어렵다. 한국적 관행에 익숙한 1세대 목회자들에게는 서럽고 낯선 동네다. 재산권 부분에서 제일 큰 차이가 있다고 본다. 한국의 지교회 재산권은 명의만 총회유지재산에 넘기기 때문에 법적 분쟁 시 총유권에 따라 법원이 판단한다. 미국이나 캐나다, 호주, 뉴질랜드까지 지교회의 재산은 총회 유지재단에 명시적으로 신탁하기 때문에 세상 법원이 간섭하기 어렵다. 법적 분쟁 시 대부분 총회 유지재단이 승소한다. 위 3가지 어려움은 지난 3년간 뉴질랜드장로교회 안에서 일하면서 깨달은 내용이다. 백인교회가 선교신학적으로 보다 관용적이고 유연해져야 하는 부분에는 동의한다. 10년 이상 현지교단 안에서 목회를 해도 1세대 한인목회자들이 극복하기 어려운 것도 사실이다. 미국장로교 한미노회 해산은 앵글로색슨 배경의 교회에 속한 한인교회들이 고민해야 할 타산지석의 사례라고 본다. 이제 한인교회가 30년 된 뉴질랜드에서 앞으로 겪을 문제가 아직도 많이 남아있다. 이미 겪었고 비싼 대가도 치루었다.

디아스포라 목회를 위한 인프라

디아스포라 목회를 위한 인프라를 구축하는 일이 더 우선이다. 호주에 있는 찰스 스터드 대학에는 다문화목회 전공(Cross Cultural)으로 석사과정이 있다. 미국 오리겐주 웨스턴 신학교에는 디아스포라학을 전공으로 선교학 박사과정이 있다. 마닐라 시내의 한 신학교에는 디아스포라선교 연구소가 있다. 한국에서는 횃불재단에서 간헐적으로 개최하는 디아스포라 대회이외에 디아스포라 목회를 위한 인프라가 구축되어 있지 않다. 한국의 어떤 신학대학교에서도 디아스포라 관련한 과목이 개설되어 있지 않다. 이번주에 필리핀 마닐라에서는 로잔운동이 주최하는 글로벌 디아스포라 포럼이 열리고 있다. 한국에서 나간 한인디아스포라도 중요하지만 한국으로 들어온 아시안 디아스포라도 주목해야 할 필요가 있다. 한국에 세계 디아스포라 리더들을 초청하는 일은 아주 중요한 일이다. 그러나 이미 조직된 국제 디아스포라 네트워크와 연대하면서 디아스포라 연구 인프라를 구축하는 것이 더 중요하다.

이민교회 목사란?

1. 디아스포라 공동체 구성원의 삶의 정황을 이해하는 목사 2. 최소한의 행정으로 최대한의 선교적 동력을 끌어내는 목사 3. 장년세대 교육보다 다음세대 교육을 우선으로 할 수 있는 목사 4. 현지언어에 능통하지 못해도 현지교회 목회자들과 모닝티를 즐길 수 있는 목

사 5. 현지교단의 신학전통과 행정절차를 거부감 없이 활용할 수 있는 목사

그러나 이민교회가 어려운 상당수 이유는? 1. 디아스포라 공동체의 삶의 현장을 이해하지 못하고 교회 안의 목회를 고집하고 있어서 2. 좋은 교회행정이 건강한 목회와 선교를 이끌 수 있으니까 3. 다음세대를 위한 교육은 개별화 교육인데 아직도 집단화 교육을 하니까 4. 현지교회 목회자들과 공유할 수 있는 대화의 소재가 없어서 5. 현지교단의 선교적 방향에 대한 이해 없이 늘 오해하고 불편해하니까.

한인디아스포라 공동체의 3가지 유혹

한인교회의 선교적 잠재력에 대해서 더 이상 말할 필요가 없다. 그런데 한인교회가 선교적으로 잠재력을 발휘하려면 교회가 건강해야 한다. 한인교회의 건강성은 담임목사를 비롯한 당회원, 중직자의 영적 건강성과 직결된다. 여기서 간과되는 부분은 교회결의 기구(Court)의 건강성이다. 장로교식으로 말하면 교회의 결의기구는 총회, 노회, 당회이다. 뉴질랜드장로교회는 총회와 당회 사이에 Council of Assembly라고 해서 총회 집행 혹은 실행위원회가 있다. 한인교회의 유혹 3가지는 다음과 같다.

1. 교회 설립에 기여한 목회자와 측근 인사들이 교회결의에 영향을 주고 싶어한다.
2. 당회 혹은 Trustees라고 부르는 소수의 인사들이 교회결정을 좌지우지하고 싶어한다.
3. 한인교회는 스스로(독립적으로, 현지교단의 가입하지 않고) 교회행정의 민주성과 재정집행의 투명성을 보장할 수 있다고

믿고 싶어한다.

　최근에 근처의 한인교회들에서 일어나고 있는 일련의 잡음은 상당수 이 유혹에 근거하고 있다. 담임목사 가족이나 측근이 교회결정 기구에 과반수 이상 참여하고 있는 교회들이 여럿 있다. 민주적인 결정을 하기 어려운 구조다. 또 한국의 대형교회들이 위성교회를 만들어 담임목사도 임의로 교체하고 교회의 미래도 결정한다. 소속된 교인의 자존감에 깊은 손상을 주는지도 모르고. 교회의 재산을 보호하려고 자체 이사회(Board of Trustees)를 만들었는데 목사의 목회행정권까지 간섭하는 대결구도가 형성되어 있다. 이사(Trustees)가 무리수를 두어도 제어장치가 없다면 교회의 머리는 이미 이 소수의 사람들이다. 결론은 하나다. 교회 의사집행의 민주성, 재정집행의 투명성 그리고 교회사역의 전문성을 가진 현지교단에 가입하는 것이다. 문화적으로 언어적으로 쉬운 일은 아니지만 한인교회의 3가지 유혹을 일거에 해소하는 방안이다. 참고로 뉴질랜드장로교회 재산관리위원회의 원칙 몇 가지를 소개한다. 뉴질랜드 성공회, 감리교도 비슷한 내용을 가지고 있다. 이제 한인교회의 미래를 위해서 목회자와 핵심 지도자들이 한인교회의 미래를 위한 현명한 결정을 해야 할 것이다. 3가지 유혹을 안고 갈 것인가? 현지교단(기댈 언덕)의 지도감독 받으면서 투명하게 교회재산 관리할 것인가?

오클랜드한인교회를 방문한 낙스신학교 학생들

디아스포라 목회와 통계

2013년 3월에 뉴질랜드에서 인구조사가 있었다. 2013년 12월부터 계속해서 분석자료가 나오고 있다. 한인 인구는 3만 171명으로 2006년 인구조사의 3만 792명에 비해 2% 감소했다. 장기사업비자가 한창이었던 2001년에서 2006년 사이 61.8%의 증가에 비하면 한인 사회의 침체를 보여 준다. 한인은 인구비율이 높은 상위 8개 소수민족 가운데 유일하게 2006년 조사 때보다 인구가 줄었다. 이 기간 필리핀은 138%, 인도는 48.4%나 늘었다. 한인 인구는 뉴질랜드 내 아시아인 가운데 중국인, 인도인, 필리핀인에 이어 네 번째로 많은 것으로 나타났다. 한인은 다른 민족에 비해 종교 활동을 왕성하게 하여 72.7%(2만 2,179명)는 적어도 한 개 종교에 소속되어 있는 것으로 나타났다. 뉴질랜드 출생 한인의 이 비율은 70.7%로 해외 출생 한인의 73%보다 낮았다. 무종교의 한인은 26.5%(7,770명)으로 아시아인 30.3%, 뉴질랜드인 전체 41.9%보다 낮았다. 이 자료를 놓고 분석하고 기대한다. 뉴질랜드에 한인(God's People on the Move)들을 보내는 이유를 혹은 뉴질랜드에 디아스포라 한인들이 존재해야 하는 이유를. 디아스포라목회 환경을 믿음만이 아니라 사회변동 속에서 점검해 볼 필요가 있겠다.

약함의 선교

세계교회협의회가 2013년 부산총회에서 채택한 선교문서 "함께 생명을 향하여: 기독교의 지형변화 속에서 선교와 전도"에 대한 한국 에큐메니칼권의 준비된 신학적인 반응이 나왔다. 절대 환영이다. 준비과정에서 채택까지 3년이 넘게 걸렸다. 제2바티칸 공의회 이후 카톨릭교회가 발표한 "교회의 선교 활동에 관한 교령「만민에게」(Ad Gentes Divinitus)"와 복음주의 로잔그룹의 "케이프타운서약(Cape Town Commitment) : 신앙고백과 행동"과 더불어 오늘의 선교적 상황을 분석하고 제시하는 에큐메니칼권의 대표적인 선교문서. 얼마 전 남아공에서 열린 세계교회협의회 회의에서 이 문서를 전세계 신학교육에서부터 적용한다고 하니 반가운 소식이다. 이 문서에서 주변부(약함)의 영성과 경험을 강조하고 있다. 주변부(약함)로부터 출발했음에도 중심부(강함)를 지향하고 중심부(강한 자)의 실수를 반복했던 한국교회의 선교가 꼼꼼히 새겨야 할 대목이다. 단일문화권에서 살아왔기에 다문화상황이 익숙하지 않아서 보였던 시행착오형 문화우월적 선교와 태도도 있었다. 하지만 이 문서가 채택된 곳이 바로 한국이라면 한국교회의 선교는 이제부터 겸손한 용기의 선교, 약자와 연대하는 선교, 문화를 존중하면서도 초문화적인 복음을 증거하는 선교로 전환되어야 한다. 한국 선교사들이 "함께 생명을 향하여"를 수용하도록 신학교가 하든 선교본부가 하든 선교현장에서 활용할 수 있는 실질적인 매뉴얼을 제시하면 좋겠다. 아니면 선교문서 따로 선교실천 따로 될 가능성이 많다. 오히려 더 모순적이 될 수도 있다.

다인종교회

미국교회 안의 아시안 리더십.

생각하는 것보다 빨리 미국이 비백인국가로 변하고 있다. 한국교회와 신학교들은 그동안 세계기독교와 선교적 상황을 분석할 때 뉴저지나 LA의 백인주류신학교에서 백인교수들이 쓴 글을 읽으며 백인의 눈으로 세계를 이해해 왔다. 이제는 더 이상 아니다. 아니어야 한다. 미국에 있어도 비백인(아시안, 라티노)의 시각에서 세계교회와 선교를 말하는 용기있는 신학자들이 등장하고 있다. 라승찬 교수같은 사람이 100명만 나오면 좋겠다. 미국 백인교회들의 현저한 감소세 속에서 떠오르는 다민족 다인종교회(Browned Church)가 사실은 대안이다. 글로벌 사우스교회의 영성과 경험이 글로벌노스 교회를 살릴 수 있다. 아시안 교회의 리더십, 백인교회 리더십 앞에서 이젠 당당해지자. 글로벌사우스교회와 세계선교를 위해 연대하자.

목회자의 소속

지난 수요일 9월 18일 오클랜드중국인교회 담임목사 위임식이 있었다. 벌써 여러 번 참석해서 이제는 그 순서가 많이 익숙해져 가고 있다. 뉴질랜드장로교회의 목사 위임식의 하이라이트는 목회자의 신앙고백과 선서 순서이다. 그 고백의 내용이 담긴 서약서 2장에 서명하고 한 장은 목회자가 다른 한 장은 노회가 보관한다. 목사의 소속은 노회에 있다는 말은 여기에서 이렇게 표현한다. "나는 노회의 지도 감독을 받아들입니다." 목회자가 노회의 목회지도를 받아들인 다고 선서한 이후에 목사는 노회원이 되고 노회에 적을 두는 것이다. 장로교 목사는 노회에 소속되는 것이 맞고 노회에 소속되었으면 노회의 지도감독을 받아들이는 것이 맞다. 선교 동역자는 파송교단에도 소속이 있지만 초청교단에도 소속이 있다. 초청교단에서 노회주관으로 임직식을 거행하고 서약했다면 그 소속 노회의 지도감독을 받아들이는 것은 목회와 선교의 ABC다. 이 ABC를 부인하는 이들로 인해 참 힘들다.

'예전'을 소중하게

담임목사 임직식에 참석하고서.

새해가 되면서 오클랜드 지역 여러 교회에서 담임목사 임직(위임)식이 이어지고 있다. 벌써 여러 번 참석했지만 아직도 계속 참석하고 싶다. 내가 받은 목회적 소명에 대하여 다시 생각해 보기 때문이다. 2012년 3월 아시아사역 총무로 취임할 때도 일면식 없는 많은 목회자들이 참석해 주었다. 나의 취임식이라기보다 노회장이 주관하는 노회의 일이었기 때문이다. 나는 뉴질랜드장로교회 북부노회장을 진심으로 존경한다. 특히 취임식 진행을 정말로 탁월하게 한다. 자신을 드러내려 하지 않고 설교도 젊은 목회자들에게 맡기며 노회장은 마지막에 의미심장한 클로징 멘트로 임직받은 목회자나, 청빙한 교회나 참석한 노회원들을 훈훈하게 한다. 오늘 성령의 목회를 강조한 설교도 참 좋았지만 나는 요즘 준비된 예배순서에서 은혜를 많이 받는다. 순서지를 읽기보다는 예전을 통해 은혜를 받는다고 할까? 어찌보면 담임목회자 위임식은 많이 물어보아야 한다. 목사에게 어떻게 교회를 섬길 것인지, 어떻게 교인들을 사랑할 것인지 그리고 교인들에게 이 목회자를 어떻게 사랑하고 함께 할 것인지. 비록 순서지를 읽지만 진정성을 느낀다. 나는 한국교회 그리고 뉴질랜드에 있는 한인교회가 예전을 좀 살렸으면 좋겠다. 잘 준비된 예배순서를 통해서도 은혜와 감격을 누릴 수 있기 때문이다.

디아스포라 목회

디아스포라목회 정말 힘들다. 지난 3일 동안 한인교회들의 안타깝고 아쉬운 이야기들을 집중적으로 듣고 있다. 키위교회와 불편한 이야기, 목회지도력과의 갈등 경험 그로 인해 아직도 치유되지 않은 상처들의 흔적, 마음은 주인의식인데 어쩔 수 없는 더부살이 현실, 내가 할 수 있는 것이라고는 그들의 이야기를 들어주고 부르면 찾아가서 함께 대화하는 것뿐이지만 아픔이 전이되기도 하고, 때론 과도한 피해의식으로 상황을 잘 못 해석하고 있는 것에 대한 안타까움도 든다. 디아스포라 목회자들의 하루, 하루는 이런 상황에 놓이는 것이다. 이들의 위로자가 필요하다. 디아스포라 한인목회자들이 신바람나게 목회할 수 있는 사기 진작책이 필요한데 좀 답답하다. 해외에 한인교회들이 몇 개 있고 이들이 선교적 잠재력이 있다고만 볼 것이 아니라 한인교회들의 한숨에 귀 기울이고, 이들의 속 타는 마음을 어루만질 수 있으면 좋겠다. 넉넉하지 못한 내 가슴의 한계를 절감한다.

소속감과 교회

한 사람의 목사가 두 노회에 속할 수 있을까? 한 사람의 목사가 선교동역자도 아니면서 두 교단에 같은 자격으로 동시에 회원이 될 수 있을까? 만약에 이런 일이 일어난다면 이 한 사람의 목사는 장로교단에서 훈련을 받은 목사가 아니거나 이미 한 교단의 목사인 사람을 이명과정도 거치지 않고 받은 총회 실무자의 실수이거나 의도가 있다고 할 것이다. 이런 일들은 이민교회의 상황에서 자주 일어난다. 이민목회가 힘든 것은 사실이지만 장로교회의 헌법원리에 어긋나는 일을 해도 되는 면죄부가 이민목회자들에게 주어진 것은 아니다. 이민교회일수록 소속 교단이나 노회의 정체성이 분명해야 한다. 가시적 교회로부터 신학훈련을 받고 목사안수를 받은 장로교회의 목사들이 목회는 소속교단의 정체성이 모호하거나 이중교적을 가지고 목회하는 일은 부끄럽거나 안타까운 일이다. 노회는 왜 하고 총회는 왜 하는가? 노회와 총회를 통해서 일하시는 하나님의 뜻을 묻고 발견하고 실천하기 위함이다. 노회와 총회에 소속되는 일이 이런 일을 구체화시킨다. 소속감 없이 떠 있는 이민목회자와 이민교회들이 안타깝다. 소속감의 중요성을 모른 채 이 교단과 저 교단에 기웃거리는 목회자들과 이민교회들이 무척 안타깝다. 모국의 총회가 이런 문제를 다 다룰 수는 없지만, 이제는 분명한 지침을 내려주어야 할 때이다. 해외에 있는 한인교회는 규모를 떠나서 동원의 대상이 아니라 배려와 돌봄의 대상이기 때문이다. 한인목회자들과 한인교회의 애로사항을 듣고 섬길 디아스포라사역 전문가가 이제는 절실하다. 많이 답답하고 속상하다. 그리고 혼란스럽다.

교회에서 평신도의 위치

교회설립기념주일에 평신도들의 자리인 주일예배에 각기 다른 두 교회의 설립(창립)기념예배를 참석하고 왔다. 목회자의 설교, 예배 후 식사와 교제, 기념품 등등의 순서가 있었고, 참 훌륭하다. 그런데 두 교회 모두 사회도, 설교도, 광고도 예배순서 대부분을 담임목사가 이끈다. 심지어 교회연혁까지 목사가 읽는다. 교회의 설립과 발전에 담임목사의 역할은 결정적이다. 하지만 설립기념주일에 이 기쁨과 감회를 교인들과 좀 나누면 어떨까? 특송 순서는 있지만 교인들 입장에서 표현하고 싶은 감격과 소회를 표현할 순서는 거의 없고 담임목사가 처음부터 끝까지 과잉책임지려는 순서진행에 마음이 쓰인다. 필리핀교회에서도, 뉴질랜드교회에서도 장로님들이나 청년 심지어 어린이들의 생각과 언어로 교회설립주일에 대한 감사를 표현하는 것을 본 적이 있어서일까. 이제는 주일예배 참석할 때 목사의 설교와 함께 능동적인 평신도들의 참여를 함께 기대하는 욕심이 생기는데 한인교회에서는 충족되기 어려운 일인가? 뉴질랜드에 있는 한인들은 학력수준이 높다고 알려져 있다. 주일날 말씀을 사모하고 목사가 준비한 은혜로운 말씀을 사모하여 받고 싶은 성도들도 있겠지만, 목사의 목회적 비전과 은사를 공감하고 지지하고 표현하고 싶은 성도들도 있을 텐데 아직 내 눈에는 잘 들어오지 않는다. 답답한 마음에 묻고 싶다. 신학교에서 평신도들을 교육의 대상으로만 여기고 가르치려는 목사 주도의 실천신학 말고, 평신도들을 목회의 파트너를 삼고 그 분량에 맞는 기회를 주는 공유와 공존의 목회신학을 배우고 졸업할 수는 없는 것인지. 감사함과 아쉬움이 교차한 주일이다.

4. 뉴질랜드 장로교회(PCANE)

노회의 역할

지교회 5개년 발전계획 세우기를 돕는 노회.

뉴질랜드장로교회 총회는 모든 노회와 모든 지교회들이 5개년 발전계획을 수립할 것을 권고하였다. 특별히 총회 유지재단으로부터 재정지원을 받거나 총회 선교기금으로 도움을 받으려면 5개년 발전계획서를 제출해야 한다. 필리핀에서 선교사로 있으면서 활용했던 내용을 다시 보게 된다. 오늘 모임에서 다룬 내용들, 평범해 보이지만 교회발전을 위해선 중요한 내용이다. "Some possible ways to develop a mission plan Who are we? Identify three key aspects of the Congregation? Who is God calling us to be? Revised ways of being and doing Church What is required to become that community? How do we want to be described in five years?" 진지하게 묻기만 하여도 해결방안이 보일 수 있다. 노회의 역할은 이런 자리를 계속 주선하는 것이다. 지교회를 계속 선교적으로 자극하고 동기부여하는 것이 바로 장로교회 노회의 역할이다.

장로교 목사란?

1. 개혁교회의 역사적 배경과 신앙고백서에 대한 신학적 이해가 분명한 목사. 2. 노회의 지도 감독을 받고 노회의 선교적 사명에 동참하려는 목사 3. 당회(혹은 운영위원회)를 통해 민주적 회의를 진행하고 회의록을 바르게 작성하는 목사 4. 성례(성만찬과 세례)를 통해 신자들을 그리스도에게로 인도하는 목사 5. 노회(장로회)와 긴밀

한 의사소통을 하고 노회의 행정처리과정을 인정하고 순복하는 목사. 그런데 신앙고백서와 비교한 목사의 현실은 좀 다르다. 그 이유는? 1. 개혁신학적 색채가 느껴지지 않는 장로교 목사가 너무 많아서 2. 노회의 직무를 이해하지 못하는 장로교 목사가 너무 많아서 3. 교회 회의를 민주적으로 이끌 경험과 자신감이 없는 목사가 너무 많아서 4. 말씀 선포와 성례 집행의 균형을 잃은 목사가 너무 많아서 5. 노회의 지도 감독권을 무시하고 개인적인 목회를 하는 목사가 너무 많아서

목회자의 이중직

뉴질랜드장로교회 안에도 이중직을 수행하는 목회자들이 꽤 있다. 먼저는 정규직(Full time)에 대한 이해이다. 주당 40시간 일하는 사람들을 정규직이라고 부른다. 목회자들도 40시간 일하고 4시간씩 나누어서 10 Unit라고 한다. 1시간 성경공부를 인도해도 준비시간 포함해서 1 Unit으로 본다. 다른 말로 하면 하루를 2 Unit으로 본다. 그래서 5일간 일한다. 내가 주변에서 보는 목사들 중에는 50시간도 넘게 일하고 6일도 넘게 일하는 목회자가 있기도 하지만 대부분 주당 40시간 내외로 일한다. 문제는 교인이 아주 적은 교회, 다시 말해서 주당 20시간 밖에 할 일이 없는 교회로 목회자가 청빙을 받을 때이다. 여기에 노회의 역할이 있다. 목회자청빙위원장은 노회 인사가 맡고 공정하게 진행한다. 청빙 받을 목회자의 주당 사역시간이 20시간인가, 30시간인가, 40시간 풀타임인가 먼저 정한다. 그리고 청빙 공고를 낼 때 표기한다. 20시간으로 일하는 목회자들은 목회에 영향을 주지 않는 다른 직업이라면 목회청빙위원회의 동의로 계속해서 할 수 있다. 내 주변에 신학교 교수로 일하는 목회자는 목회는 40%

하고 강의 사역은 60% 한다. 그리고 100% 일하는 부교역자가 있다. 여기서 %는 일하는 시간도 말하지만 받는 사례도 말한다. 뉴질랜드 장로교회는 목회자 사례비 기준(가이드라인)이 있고 대부분의 교회가 이 기준을 적용하고 있다. 물론 세금문제도 투명하다. 심하게 말하면 종교기관(노회)에 고용된 종교전문가이기에 정규직 사례에 준하는 세금을 원천 징수 당한다. 사례비 총액이 적지는 않은데 세금을 내고 나면 4인 가족으로는 상당히 벅차다. 그래서 대부분의 사모님들이 직업을 가지고 있다. 정규직은 보장하되 임금 가이드라인이 있고 세금은 철저하게 낸다는 것이다. 거룩한 소명으로서의 목회는 여전히 중요하다. 그렇지만 목회자 가족의 생계문제를 현실적으로 다루고 다른 직업을 가질 경우, 그 내용이 목회사역과 상충되는지 확인하고 노회가 조정해주어서 당당하게 일할 수 있는 길을 검토할 필요가 있다.

낙스신학교(KCML) 겸임교수로 초청받음

뉴질랜드 남섬에서 발견한 장로교의 유산

뉴질랜드 남섬의 끝자락에 더니든이라는 교육도시가 있다. 스코틀랜드에서 이주한 이민자들이 장로교 신앙과 신학으로 교회, 오타고대학을 세운 장로교 유산이 생생한 곳이다. 내가 살고 있는 오클랜드만큼 좋아하는 곳이다. 특히 뉴질랜드장로교회 목회자를 훈련하는 총회신학교인 Knox Centre for Ministry and Leadership(KCML)이 여기에 있다. 김상준, 김진숙 두 명의 학생이 훈련을 받고 있어서 격려차 방문을 했는데 교수들과 더 많은 시간을 보낸 것 같아서 미안한 마음이다. 개혁신학을 강의하는 교수가 한국교회가 어떻게 칼빈을 이해하는지 묻는다. 그리고 교회일치를 위한 칼빈의 바램과는 달리 한국에 100개의 장로교단이 존재하는 이유까지 묻는다. 스마트폰으로 녹화까지 한다. 칼빈, 물론 아직도 중요한 인물이다. 더니든을 방문할 때마다 장로교 유산과 대화하면서 스스로 묻는다. 다문화 상황 속에서 장로교회가 갈 길은 무엇인가? 복음과 문화의 관계 속에서 가능성을 찾아본다.

장로교 목사 임직서약

임직자 서약.

저는 은혜로우신 삼위일체 하나님에 대한 제 믿음을 기쁨으로 고백합니다. 저는 제 온 마음을 다하여 저의 구원자 되시고 주인 되시는 예수 그리스도를 신뢰하는 것을 다시 한 번 확인합니다. 저는 성경의 구약과 신약, 그리고 이에 근거한 장로교리에 있는 예수 그리스도에 대한 증거들을 의심 없이 받아들입니다. 장로교회 안에서 목회하는 사람으로서 노회의 감독을 인정하고 이 노회에 속한 교인들의 삶과 증거함에 동참할 것입니다. 저는 이 교회의 교인들을 섬기고 이들의 믿음을 더욱 견고하게 하여 선교에 힘쓰겠습니다.

이 서약을 마치고 조충만 목사는 뉴질랜드장로교회 북부노회에 정회원(Inducted Minister)이 되었다. 목사는 노회의 지도감독(Oversight)를 받아들일 때 목회가 안정되고 장로교의 색깔이 드러나는 목회를 할 수 있다고 본다. 노회는 목사의 목회를 돕고 지원하기 때문이다.

뉴질랜드장로교회에서 목사 되기

목사가 정식으로 임직식을 하고 노회의 정회원이 되기까지 거쳐야 할 단계가 있다. 청빙위원회(Ministry Settlement Board)를 구성하고 청빙공고를 내고, 인터뷰를 하고, 시무할 교회의 공동의회로부터 동의를 구한 후 노회의 승인을 받는다. 임직식의 하이라이트는 임직자 선서다. 분명한 목소리로 신앙을 고백하고 특히 장로교 목사로서 노회의 목회지도를 받겠다고 선언하는 것이다. 노회 소속은 명찰 하나 다는 것의 의미를 넘어 노회 소속 교회를 섬기기 위해 함께 배우고 조언을 받고 노력해가는 것이다. 나의 목회라기보다 하나님의 선교와 목회이기 때문이다. 뉴질랜드장로교회 남부노회가 공인한 아시안 목회에 감사할 따름이다.

뉴질랜드장로교회의 회의법

뉴질랜드장로교회에서 진행된 회의를 이번 주에는 세 번 참여했다. 월요일에는 노회 서기와 한인교회 목사들과의 간담회가 있었고,

화요일에는 목회위원회, 오늘은 노회 운영위원회가 있었다. 아직도 못 알아듣는 용어가 많고 배경 설명 없이 이해하기 어려운 주제들이 있었다. 그래도 지난 몇 달 간 공식회의에 참석하면서 느끼는 몇 가지가 있기에 공유하려 한다. 먼저는 회의는 몇 시간 하지만 회의 준비는 거의 일주일을 하기 때문에 밀도 있는 회의를 하고 유익한 결정을 할 수 있다. 둘째는 회의는 문서로 진행한다. 아주 예외적인 경우를 제외하고는 문서로 제출하지 않은 안건은 거의 다루지 않는다. 셋째는 회의에 참석한 사람들의 자의적인 해석이나 강요는 거의 없고, 장로교 헌법의 정신과 선교적 필요성을 늘 신중하게 고려한다는 것이다. 넷째는 안건 토론에 집중하는 회의를 한다는 점이다. 쉬는 시간도 별로 없고 점심도 대충 먹는 둥 마는 둥 회의에 집중한다. 회의 결과가 미칠 지교회의 목회를 늘 염두하면서 결정하기 때문이다. 마지막으로 회의록을 정리해서 빠른 시일 안에 관련된 사람들에게 공유한다. 이런 회의에 점점 익숙하면 이런 방식으로 모이지 않은 회의에 참석하는 것을 힘들어할 수도 있다는 생각을 해본다. 반대로 이런 문화가 익숙하지 않은 한인교회 목회자들이 그동안 겪었을 어려움을 짐작해 볼 수도 있다. 이런 면에서 현지교단 안에서 한인목회, 참 어려운 일이라고 생각한다.

뉴질랜드장로교회 아시안 사역 종료 감사예배

5. 에큐메니칼(WCC, 로잔, 카톨릭, 아시아)

신학과 사람으로 친구되기

　CCA 특별(임시)총회를 마치고 정기총회를 개회하기에 앞서서 정관개정을 위한 특별총회를 소집한 이유는 기구를 축소하고, 슬림화해서 조직운영의 효율성을 시도하자는 것이다. 근본적인 이유는 재정이 부족해서다. 아시아교회가 부흥하고 있는데 CCA의 재정이 왜 부족할까? 근본적으로 서구교회 지원금에 기대 온 탓이다. 회원교회에서 받은 회비로는 감당할 수 없는 구조를 가지고 있다. 유럽교회가 약해지고 재정지원이 줄어들었고 그 여파가 여기까지 왔다. 독일교회와 북유럽교회들이 세계교회협의회의 재정을 상당히 감당하고 있는 것처럼 이제 아시아교회가 나서야 한다. 한국교회. 인도교회, 인도네시아교회는 아시아 기독교에 기여할 수 있는 인적, 재정적 자원이 충분하다. 내가 이번 총회에 참석해서 보고 싶은 부분은 기구가 축소되어서 약해진 CCA가 아니라 아시아 교회들끼리 서로 신뢰하고 연대하면서 아시아기독교의 시대를 꿈꾸는 일이다. 한국교회의 입장이 참 중요하다. 임원에 한국사람이 포함되도록 애쓰는 교회를 넘어서 아시아 기독교 전체의 발전을 위해 돈, 사람, 선교협력의 기회, 유학초청(연세대, 장신대, 한일장신대)의 기회를 제공하고 섬기는 큰 형님같은 교회의 몫이 있다. 세계교회를 섬기고 싶은 한국교회가 아시아교회와 아시아신학자들을 건너뛰고 북미와 유럽의 신학자들에게 아직도 열광하는 것은 서구교회의 아류가 되고 싶은 욕망 때문이 아닐까? 아시아교회와 공유할 수 있는 신학, 사람 없이 아시아교회와 친해질 수 없다. 잘못하면 영혼 없는 만남과 교류에 집착할 수도 있고, 아시아의 영혼만을 꿈꾸는 외톨이가 될 수 있다.

신교같은 구교, 구교같은 신교

요즘 구교인 한국 천주교의 과감한 행보를 보고 신교같다고 한다. 또 답답한 한국 개신교의 모습을 보고 구교같다고 한다. 한국천주교 주교회의 용어위원장 강우일 주교는 천주교 용어집 개정판 머리말에서 "언어는 사회적 약속이기에 2000년도에 발행된 용어집에서 새로 정한 것이라도 현실적으로 잘 쓰이지 않는 용어들은 다시 관용적인 표현으로 되돌렸으며, 용어집이 미치는 영향을 고려하여 되도록이면 무리한 변경은 하지 않았다"고 설명했다. 용어위원회는 "천주교 용어집" 초판 발행 이후 10여 년간 쓰인 용어들을 재검토한 뒤 개정 시안을 마련하고, 주교회의 관련 위원회들의 의견을 수렴해 모두 802개 항목으로 용어들을 정리했으며, 주교회의 2014년 추계 정기총회에서 승인받았다. 이미 천주교 주교회의 매스컴위원회(위원장 조환길 대주교)는 2010년 1월 10일(월) 〈미디어 종사자를 위한 천주교 용어·자료집〉(이하 용어집)을 비매품으로 발행, 전국 언론사와 출판, 번역 관련단체에 배포했다. 현재 스마트폰용 어플리케이션으로 개발되었다. 한국 개신교를 개독교로 몰아가는 부당한 처사들이 있겠지만 한국 언론을 대상으로 이런 차원의 노력을 하는 천주교에 비해 한국개신교는 수수방관 수준이다. (참고자료: m.catholicnews.co.kr/news/articleView.html?idxno=13830)

아시아 교회와 연대하기

필리핀성공회 렉스 신부(Rev. Fr Rex Reyes)를 만나고 2003년 필리핀을 방문했을 때 필리핀에 선교동역자로 와 보라고 강권하였던 분이다. 당시 필리핀교회협의회(NCCP) 에큐메니칼 국장을 하고 있었다. 나중에 총무가 되었

다. 2003년부터 나는 이 렉스 신부의 지도력을 가까이에서 그리고 또 멀리서 지켜보고 있다. 늘 내가 사람을 보는 대로 장점을 보았다. 바이오 북쪽 원주민 출신으로 최초의 NCCP 총무가 된 분이고 필리핀에 에큐메니칼 운동을 위해 몸을 던져서 헌신해 왔다. 최근에는 암으로 투병 중에 있다. 인도에 아이프 조셉이 있다면 필리핀에는 파더 렉스가 있다. 나는 이분들이 20대부터 아시아교회를 사랑하고 헌신해 온 삶의 여정을 들을 기회가 있었다. 서구교회에 잘 보이려고 하지 않는다. 교회가 처한 상황에 대한 깊은 분석이 있고 또 선교적 응답이 있는 삶을 살아오고 있다. 아시아에서 기독교가 소수라서 혹은 예언자적이기에 나는 더 기독교답다고 생각한다. CCA총회에 오면 아시아적 충전을 받는다. 공식적인 회무처리도 있고 성명서도 있고 임원선거도 있지만 아시아에큐메니칼 운동에 평생을 헌신한 거물들이 내 앞에 걸어다니고 식사시간에 대화를 할 수도 있다. 새로운 총무가 이미 선출되었고 오늘 중에는 다른 임원들과 실행위원들의 선출도 마무리된다. 새로운 아시아 에큐메니칼 운동의 시대가 오고 있다. 한두 명의 한국 대표들을 제외하고는 대부분의 한국교회 대표들은 겉돌고 있고 그래서 참석한 청년세대들에게 꼭 찝어서 아시아 에큐메니칼 운동을 설명할 내용이 많이 없기도 하다. 회장이 되고 총무

가 되어야만 아시아 에큐메니칼 운동에 참여하는 것이 아니다. 아시아 교회와 연대하려는 동료의식이 없다면 우리는 아시아에서 서구교회의 아류 혹은 외딴 섬이 된다. 아시아 에큐메니칼 운동에 기여하고 헌신했던 박상증, 안재웅 시대는 이미 지나갔고, 이제는 새로운 아시안 교회 지도자들과 친구로 사귀어야 한다. 새로운 시대와 인물들이 뚜벅뚜벅 다가오고 있다. 아시아의 아픔과 현실에 경청하고 잠재력에 주목하는 한국교회의 인물들이 이 무대로 나오면 좋겠다.

장신대와 아시아 에큐메니칼 운동

1. 30년전 1985년 아시아기독교협의회(CCA) 총회를 장신대에서 개최하였다. 이때 필리핀 청년대표로 참석한 마릭사 청년이 현재 필리핀그리스도연합교회의 사무총장이 되었다. 2. 1986년부터 제3세계 선교지도자 프로그램을 장신대 선교관에서 시작했다. 이 당시 필리핀에서 온 안토니 호프는 CCA의 선교국장이 되었고, 말레이시아의 뱅셍은 CCA의 청년국 총무가 되었다. 이들은 나중에 결혼도 했다. 3. 1994년 장신대 옆 한강호텔에서 열린 CCA 아시아선교대회에 나(한경균)은 스튜어트로 참석하였다. 그 후 계속 CCA 프로그램에 참가하고 있다. 4. 장신대 대학원에서 석사, 박사를 마친 아시아 지도자들이 해당국가와 교회로 돌아가서 신학교 교수로, 교단 본부에서 중요한 일을 감당하고 있다. 인도네시아 저스티 교수는 장신대 석사, 연세대 박사를 거쳐서 자카르타신학교 기독교교육학 교수가 되었다. 4. 장신대 기독교교육학과 출신 문정은 목사는 현 CCA의 선교국장이다. 5. 2015년 5월 장신대 국제학술대회의 주제는 아시아선교신학의 모색과 나눔이었고, 장신대에서 박사학위를 취득한 인

도네시아 구나완 하디안토 목사는 하나님의 선교를 위한 아시아교회들의 협력에 관한 중요한 발제를 하였다. 6. 안교성 교수가 아시아교회사학회를 조직하고 회장을 맡고 있다. 7. 매월 마지막 월요일 아시아의 영혼 장신사랑 기도회가 열리고 있다. 아시아의 친구는 아직 아니다. 8. 장신대의 아시아 이해는 동북아(한중일) 중심이다. 9. 동남아신학대학연맹(ATESEA)에서 학위공부를 한 교수가 한 명도 없고, 아시아신학교육 네트워크와 상시적 교류가 없다. 10. 1980년과 90년에 장신대를 거친 이들은 아시아에큐메니칼 운동에 중요한 지도자로 쓰임을 받았다.

반갑다 로잔이여!

로잔운동아 반갑다. 참 오랫동안 기다렸다. 1974년에 로잔 1차 대회, 1989년에 로잔 2차 대회, 2010년에 로잔 3차 대회가 열렸는데 이제야 본격적인 로잔연구가 시작된다니 많이 늦었지만 축하한다. 존 스토트의 균형있는 선교, 그의 후계자 크리스토퍼 라이트의 글로벌 선교가 이제 본격적으로 한국교회에 소개되겠구나. 로잔언약을 넘어서 로잔운동이 제대로 일찍 소개되었다면 한국교회는 일방주의 선교, 백화점 선교를 일찍 극복할 수 있었을 텐데. 그동안 너의 소극적인 모습이 아쉬웠다. 케이프타운서약의 35개 주제도 제대로 소개해서 한국교회의 선교가 풍성해지도록 도와주었으면 좋겠다. 기다리다가 지쳐서 문외한인 나도 케이프타운서약에 대해 글을 쓴 적도 있었는데 이제 신학교에서부터 로잔운동과 그것의 신학을 배우면 한국교회의 선교는 건강해질 것이라 믿는다. 하지만 신학교에 갇히지 말고 선교운동을 주도하고 에큐메니칼 선교와 대화도 하고 로잔운동에 참여하는 세계적인 지도자도 배출하기를 기대한다. 로잔운동, 너무 너무 반갑다.

로잔 키즈들을 환영한다

2010년 제3차 로잔대회 즉, 케이프타운대회에 참석했던 교수들이 로잔운동의 현장화, 한국화를 시도하고 있다. 사실 로잔 한국위원회가 오래전부터 명망가 중심으로 존재했지만 로잔언약이 제대로 소개된 것은 '복음과 상황'이라고 부르는 실천적 복음주의 그룹을 통해서였다. 케이프타운서약(CTC)과 행동실천을 공부한다니 정말 기쁘다. 그런데 당부도 하고 싶다. 케이프타운서약을 한국어로 번역하고 공부하는 것이 로잔 캠프의 목표가 아니길 바란다. 로잔은 세계복음화운동(Lausanne Movement)이다. 학회가 아니다. 로잔의 입장에서 한국 사회 안에서 교회의 할 일들을 찾아보라. 로잔의 입장에서 한국교회가 참여하고 있는 세계선교를 비판적으로 분석해 보라. 그리고 로잔 키즈들로서 세계복음화 운동에 참여하는 복음주의 운동권이 되어보라.

한국교회의 선교동반자 아세안

아세안(www.asean.org)을 대하는 한국교회의 선교적 자세와 준비.

아세안, 즉 동남아시아국가연합은 동남아 지역의 평화와 안정 및 경제성장을 추구하고 사회·문화 발전을 도모한다는 목적 하에 1967년 8월 8일 태국 방콕에서의 아세안선언(방콕선언) 서명으로 창설되었다. 아세안 지역 통합은 아세안 설립 30주년인 1997년 '아세안 비전 2020'을 선언하면서 시작되었으며, 아세안 설립 40주년인 2007년에 개최된 제12차 아세안 정상회담에서 2015년에 아세안경제공동체(AEC, Asean Economic Community) 설립에 합의했다. 아세안은 정치안보 공동체, 경제 공동체, 사회문화 공동체의 세 공동체로 구성되는 아세안 공동체 건설을 추진하고 있다. 아세안이 준비하고 있는 3가지 색깔의 공동체에 대해 한국의 입장은 아직 경제적인 입장에서 FTA에 주력하고 있다. 한국교회는 사회문화 공동체로서 아세안을 보고 협력을 준비할 필요가 있다. 아세안경제공동체가 출범하는 2015년에 아시아기독교협의회(CCA)가 인도네시아 자카르타에서 총회를 개회한다는 것은 아시아교회와 사회문화공동체 아세안이 함께 아시아의 미래를 함께 준비하고 있다는 의미이기도 하다. 한국교회의 선교 대상 아세안이 아니라 한국교회의 선교동반자 아세안에 대한 준비가 필요하다.

카톨릭으로부터 배우다

유튜브(youtu.be/8TRUtuor07U)를 통해 프란치스코 교황의 신학적 입장이 담긴 "복음의 기쁨"에 관련한 동영상을 보았다. 제2차 바티칸공의회의 맥락을 잇는 변혁적 영성을 확인할 수 있었다. 시대의 징표를 식별하고 복음 선포에 대한 열정이 느껴진다. 아래의 글은 교황의 한국방문을 앞두고 한국의 개신교와 카톨릭교회가 함께 준비한 심포지움의 초대의 글에서 퍼왔다. 개신교회의 확실한 분발이 요청된다. "세계의 연인, 프란치스코 교황님이 8월에 한국에 오십니다. 왜 종교와 인종과 국가를 초월해서 그토록 많은 사람들이 교황님을 좋아할까요. 그분이 보여주신 서민적이고 친근한 행위들이 바티칸의 전통을 깨뜨리는 파격적인 모습이어서 그랬을까요? 확실히 가난하고 병들고 소외된 이들 그리고 어린이와 같이 약한 이들에게 보내는 그분의 따뜻한 태도와 말씀이 사람들의 관심을 끌었습니다. 평생을 가난하고 소박하게 살아오신 그분의 삶이 사람들에게 어필하였고 그분의 겸손하고 해맑은 미소가 또 수많은 사람들을 매료시켰습니다. 무엇보다 탈권위적인 모습으로 편견 없이 사람들의 고통을 끌어안으려는 그분의 모습에서 많은 이들이 감동을 느끼고 그리스도교의 새로운 가능성을 본 것이겠지요."

교회 연합의 소망

2013년 WCC 총회 유치가 왜 아직 문제가 되고 있나? 나는 세계교회협의회(WCC)의 회원 교단에 소속한 목사다. 1995년 제네바를 방문하면서 WCC 본부를 방문해 보았고, 인도에 있을 때, 필리핀에 있을 때, 뉴질랜드에서 WCC 회원교회들을 섬기고 배우면서 지냈다. 인도에 있을 때는 종교혼합주의가 아닌 종교다원주의 상황에서 대화하면서도 선교하는 교회의 자세를 배울 수 있었고, 필리핀에 있을 때는 교단차원에서 WCC의 선교문서를 수용하고 자료집을 만들어서 전국교회를 대상으로 한 교회활성화 세미나에 활용하는 것을 보았다. 뉴질랜드에서는 WCC의 회원 교단이면서도 제자훈련을 강조하는 직전 총회장을 만났고, 현직 총회장은 선교지도자로서의 총회장으로서 사명을 감당하겠다고 한다. WCC는 완벽한 기구가 아니다. 역사 도상에서 하나님의 뜻을 묻고 표현하는 살아 있는 교회들의 연합이다. 시대에 따라 교회와 세상을 향해 예언자의 음성을 외친적도 많지만 신앙과 직제 문서는 아직도 근본적인 교리 문제를 논하면서 교회를 지켜가고 있다. 또한 최근에 마닐라에서 발표되고 중앙위원회에서 통과된 선교문서는 대부분의 교회들이 공감할 만한 세련된 표현으로 선교적 사명을 강조하고 있다. 1959년에 교단이 분열된 것이 역사적 사실이다. 그런데 1959년의 시각으로 2012년과 2013년을 보면 무엇이 보일까? "WCC가 종교개혁의 원리를 저버리고 비정통적 구원론을 강조하고 있다"고 보수 장로교단의 한 조직신학자가 비판했다. 착각하지 마라. WCC는 종교개혁원리를 따르는 프로테스탄트교회들만의 집합이 아니다. 정교회가 30%이다. 정교회 사람들 앞에서 칼빈의 종교개혁원리를 가르칠 셈인가? 정교회의 교회론, 구원론, 선교론은 긴밀하게 연결되어 있다. 한국의 보수적인 신학자들이 가늠하기 어려운 역사적 경험과 신학적 고백들이 WCC 회원교회들에는 녹아져 있다. 이런 소중한 영적 자산 배우고 공유하자고 부산에서 마당을 펼치자는데 왜들 이렇게 호들갑인가? 개혁주의 신학의 본산을 강조하는 교단에서 공기총 등장은 어떤 신학적 원리에서 근거하는가? WCC를 공격하는 서울의 보수신학자들 보다 WCC 모의 총회를 준비하면서 배우려는 경산시와 김해시에 있는 신학생들의 진지함에 박수를 보낸다. WCC 총회 유치에 이제는 그만 흥분하고 개혁주의 신학을 강조하려면 개혁주의 신학에 근거해서 교단행정도 하고 총회장도 선출하고 교단총무도 뽑았으면 한다. 도대체 개혁주의 신학은 신학교 강의실을 벗어날 때가 되었다. 한국에서도 제대로 된 개혁주의 교단 한번 보고 싶다. 세계복음주의연맹과 로잔운동이 WCC를 파트너로 인정하고 서로 초청하고 참여하는 현상을 어떻게 설명할 것인가? WCC의 모임에 참석하는 것만으로도 세계복음주의연맹과 로잔운동이 변질되었다고 비난 할 것인가? 글로벌세계, 글로벌교회, 글로벌선교협력에서 고립된 한국의 보수장로교회들이여, 제발 시대를 분별하자. 옳고 그름의 잣대로 옹졸해지지 말고 진리의 연합 운운 하지 말고 하나의 진리에 다양한 표현에 여유를 갖고 작은 차이를 수용하고 서로 협력함으로 풍성한 진리를 경험하자.

WCC 중앙위원회 의장 아그네스 아붐 박사와 함께

품격있는 에큐메니칼 예배 준비하기

제95회 총회 둘째날 저녁 열린 에큐메니칼 예배 참석자가 너무 적었다는 지적이 다음날 회의록 채택과정에서 나왔다고 한다. 세계 교회 리더들과 함께 예배하고 이들을 환영하는 자리에 주최측 인원이 적어 아쉬웠다는 것이다. 나는 총회 기간 중 드려지는 에큐메니칼 예배의 의미와 중요성을 모두가 공유한다면 보다 더 풍성한 은혜와 교제의 자리가 될 수 있을 것이라고 생각한다. 올해 에큐메니칼 예배는 먼저 북미, 중미, 유럽, 아시아, 아프리카 등 각 대륙권의 주요 교단 대표들을 초청해 본 교단의 선교적 역량과 열정을 공유할 수 있었다는 점에서 대단히 자랑스럽고 감격스러운 자리였다. 이번에 함께한 해외 교단들은 지난 1백년 간 본교단의 성장과 발전을 위해 선교적 자원과 경험을 나누고, 한국의 민주화와 평화를 위해 힘써온 믿음의 동역자들이다. 그렇기에 그들의 선교적 연대감과 존재감을 되새기며 총회기간 함께 예배를 드린 것은 큰 의미가 있다고 하겠다. 둘째, 예배 직전에 'WCC 제10차 부산 총회의 의의와 준비'를 주제로 열렸던 세미나는 WCC에 대한 오해를 해소하는 차원을 넘어 한국교회가 부산에서 세계교회협의회 제10차 총회를 유치하는 것에 대한 자부심을 갖게 했다. 박성원 교수가 총대들의 이해를 돕기 위해 준비한 영상과 호소력 있는 발제는 본교단의 선교적 소명과 과제를 책임 있게 제시한 인상 깊은 시간이었다. 셋째, 해외의 동역교단뿐 아니라 한국교회를 대표하는 15개 국내 연합기관의 대표자들도 함께 참석했다. 한국의 어떤 교단도 총회기간 중 한국교회를 섬기는 연합기관 대표들을 초청해 이런 규모와 내용으로 예배를 드리는 일이 없다는 점에서 에큐메니칼 예배는 본 교단이 교회 연합사업에서 차지하는 역량이 짐작하게 하는 시간이라고 할 것이다. 앞으로도 이런 의미를 이어나가면서 보다 참여적인 예배가 되도록 몇 가지 제언을 하고자 한다. 하나는 헝가리개혁교회 감독의 설교가 시간제한으로 인해 잘 전달되지 못했는데, 뿌리 깊은 개혁교회의 유산을 지닌 교회 대표들이 먼 이국땅까지 찾아온 섬김을 기억하며, 내용 전문을 한국기독공보 등 지면을 통해서라도 전국교회에 전달할 수 있었으면 한다. 둘째로는 모처럼 만에 부산, 경남권에서 열린 총회였지만 지역의 타 교단 관계자들이 참여할 공간도 있었다면 좋았을 것 같다. 또한 다음세대와 함께 가는 교회로서는 총회의 다음 세대인 신학생들 특히 부산장신대학교의 신학생들과 지도교수들이 에큐메니칼 예배에 참석하도록 배려하지 못한 점이 아쉬웠다. 과거 직영신학교에서 신학생 자원봉사자들을 모집하고 총회기간 중 총대들을 섬기며 배우게 했던 좋은 노력들은 계속됐으면 한다. 또한 이후로는 교회 여성 지도자들과 청년들도 보다 적극적으로 참여하도록 하여 성별과 세대를 뛰어넘는 에큐메니칼 예배도 기대해 본다. 마지막으로는 에큐메니칼 예배가 세계교회와 함께 하고 한국의 연합기관들과 동역하며 한국사회와 연대감을 확인하는 잔치로 보다 새롭고 폭넓게 기획됐으면 하는 바람을 가져본다.

6. 한경직 VS 맥킨타이어
한경직 목사와 에큐메니칼 회의

한경직 목사 기념사업회 홈페이지(http://hankyungchik.org/)에서 '세계인 한경직'에 대한 설명을 보면 에큐메니칼 운동에 대한 그의 세계관을 이해할 수 있다. 그는 '복음적 에큐메니칼 운동가'이다. "한경직 목사는 교파의 다양성을 인정하며 조화와 통일성을 이루었다"는 설명은 복음을 전하기 위해 교회는 반드시 연합하고 힘을 합쳐야 한다는 그의 생각을 잘 나타낸다.

실제로 그는 WCC와 두루 관련이 있다. 그가 참여한 회의, 연구대회들을 간략히 살펴보면서 오늘날 우리들이 어떻게 복음적 에큐메니칼 운동을 계승하고, 보완할 수 있는지 고민해본다.

> 1952년 인도 록나우 동아시아에큐메칼연구대회 - WCC
> 1954년 미국 레이크 모홍크 선교협의회 - 미 연합장로교회 1955년 태국으로 최찬영 선교사를 선교동역자로 파송, 1957년 가나 IMC 대회 - WCC와 통합결의 1958년 브라질 장로교(WARC) 대회, 1959년 쿠알라룸프루 동아시아기독교협의회 - CCA 창립 1962년 몬트리얼 선교협의회 - 미 남

장로교회 1964년 한국 미국연합장로교, 남장로교, 호주장로교 협동사업부 발족.

한경직은 PCK를 대표해서 세계교회 무대에서 활약했다. 특별히 세계교회협의회, 세계개혁교회연맹, 아시아기독교협의회, 미국 연합장로교회와 남장로교회의 선교협의회에 공식대표로 참석했다. 그는 에큐메니칼 정체성을 선명하게 가지고 있었고, 그의 신학과 활동은 오늘날에도 이어지고 있다. 그런데 어떻게 PCK의 에큐메니칼 정체성을 의심할 수 있을까?

오늘날은 에큐메니칼 정체성의 계승을 넘어, 아시아 여러 국가들의 신학을 공유하고, 우리를 성찰하며 에큐메니칼 정신과 운동을 확장해 나아갈 필요가 있다. 그래서 이런 질문을 해본다.

한국적 맥락에서 신학하기(Doing Theology in the Korean Context)는 가능한가? 다른 나라는 어떻게 하고 있는지를 먼저 살펴보자.

> Melba Padilla Maggay, Mariano C. Apilado, Everett Mendoza, Oscar S. Suarez, Melanio La Guardia Aoanan, Romel Regalado Bagares

필리핀개신교 신학자들의 이름이다. 에큐메니칼권도 있고 복음주의권도 있다. 이들의 공통점은 박사학위 논문 혹은 발행한 책자에서 필리핀 정치, 경제, 문화적 상황을 진지하게 다루고 필리핀 상황에서 신학하기(Doing Theology in the Philippine Context)를 시도한다.

에큐메니칼권과 복음주의권 신학자들간 다른점이 있다면, 에큐메니칼권은 1972년 마르코스 계엄령 이후 교회의 저항을 다루고 복음주의권은 1986년 EDSA 시민혁명 이후 교회의 자리를 신학적으로 다룬다는 것이다.

이를 바탕으로 한국 에큐메니칼 신학과 활동을 성찰해본다. 우리는 유신시대 한국교회, 특히 에큐메니칼 진영의 움직임을 신학적으로 다룬 논문을 생산하고 있는가? 1987년 민주화 이후 한국교회 사정을 다룬 신학적 논문이 있는가? 이미 한국에는 필리핀을 경험한 사람들이 많은데, 왜 한국 신학자들이나 필리핀 선교사들이 쓴 논문은 왜 필리핀의 문화적 상황만 언급하고 정치 경제적인 문제는 외면할까? 한국적 맥락의 신학하기는 언제 가능할까? 한경직 목사가 에큐메니칼 운동을 지지하고, 여러 회의에 관련되어 있다는 역사적 사실보다, 오늘 우리들이 보완하고 변혁해야 할 에큐메니칼 과제가 중요하다고 생각한다.

칼 맥킨타이어(Carl McIntire)와 한국교회

2013년 세계교회협의회 부산 총회를 앞두고 이 대회를 반대하는 조직적인 움직임 즉, 동원성 집회 그리고 신학서적 출판이 있었다. 정준모, 최덕성, 조영엽 등의 필진들에 의해서 비슷하지만 다양한 책들이 출간되어 WCC를 공격하는데 활용되었다. 이 책들 속에서 반복되는 논리가 몇 가지 있었는데 그 중 대표적인 주장은 WCC가 용공이라는 것이다. 이것 말고도 여러 가지 문제제기가 있었다. 반복되는 논리의 출처를 확인하다가 만난 사람이 바로 맥킨타이어였다. 사당동 총신대 부지 구입과정에서 고신대학의 학교설립과정에서 그리고 대신과 호헌의 교단 설립과정에서 특별지원금을 주면서까지 공산주의에 반대하는 근본주의 성향의 교단을 지키려고 했던 사람도 맥킨타이어였다. 한국에도 여러 번 방문했다. 안타까운 것은 1950년대와 1960년대 맥킨타이어의 논리를 21세기에도 보수교단의 신학자들이 앵무새처럼 반복하는 것이었다. 고신대학교 대학원 석사논문인 "한국교회와 ICCC"(주강식, 2009)를 읽어보면 그 내용이 소상히 확인할 수 있다.

1954년 미국 에반스톤에서 열렸던 제2차 WCC 총회에 참석했던 김현정과 명신홍이 제출한 상반된 보고서 내용이 결국에는 1959년 대한예수교장로회 총회 분열 시까지 이르게 되었다. 명신홍의 보고서는 맥킨타이어의 반공주의 논리를 따랐다. 최근 한 뿌리라고 통합선언을 했던 대신과 백석도 맥킨타이어가 재정지원을 했던 대한신학교에 뿌리를 두고 있다. 맥킨타이어는 오늘날에도 한국교회 특히 장로교회의 반목 그리고 분열과 일치에도 현저히 영향을 주고 있다.

7. 에큐메니칼 대화마당[4]

1) 먼저 선교사님 간단한 소개 부탁드립니다!

장신대 학부와 신대원을 졸업하고 저는 최전방인 강원도 양구에서 군종목사로 활동했으며, 한국장로교총연합회의 사무국장으로 2000년 장로교대회의 실무을 감당했었고, 2002년에 인도에서 아시아신학과 에큐메니칼 신학을 배우고 2003년부터 2011년까지 필리핀그리스도연합교회(UCCP)의 선교동역자로 일했습니다. 2012년 3

---

4) 장신대 학보 〈신학춘추〉 인터뷰

월부터는 뉴질랜드장로교회(PCANZ) 총회에서 아시안사역 총무로 섬겼고, 2018년 3월부터 2020년4월까지 총회 기획국에서 일하고 있습니다.

2) 선교사로서 경험한 한국교회에 대해서 듣고 싶습니다.

먼저는 한국교회가 후원하고 파송한 선교사중의 한 사람이 된 것을 늘 감사하게 생각하고 있습니다. 1912년부터 경험한 대한예수교 장로회 총회의 선교정책은 현지교회와 함께, 현지교회의 일원으로 참여하는 에큐메니칼 협력선교입니다. 이런 전통은 2013년 세계교회협의회 부산총회를 통해서 세계교회와 함께 하는 한국교회의 선교적 열정으로 표현되었습니다. 아쉬운 점도 있습니다. 1980년 후반 해외여행 자유화로 본격적인 한국 선교사 파송은 이제 30년밖에 되지 않고 이 당시에 파송된 선교사들이 은퇴를 해서 한국으로 돌아왔거나 현지에서 은퇴를 준비하고 있습니다. 이 선교사들의 소중한 경험이 사장되고 있음을 느끼고 있습니다. 이 선교사들의 생생한 선교경험이 정리된 선교사 회고록이 출간될 필요가 있습니다. 보다 근본적인 문제는 타문화권에서 사역하기 위한 문화인류학적인 준비가 부족한 상태에서 선교사들이 파송되고 있다는 점입니다. 한국교회의 경험을 절대화하지 않고 현지교회의 신학과 전통을 존중하면서 선교하려면 문화이해의 큰 그릇을 준비하고 선교지에 도착해야 하는데 실질적으로는 많이 개선되고 있지 않습니다.

3) 지금 우리가 바꿔야하는 것이 있다면 무엇일까요?

거꾸로 묻고 싶습니다. 바꾸지 않고도 버틸 수 있을까요? 교회의 변화는 갱신입니다. 새롭게 거듭하는 것입니다. 2017년에 경험하는 한국교회는 1980년에 구상된 밑그림을 바탕으로 형성된 것이라고 생각이 됩니다. 지난 30년의 한국사회의 변화, 세계교회의 변화 속에서 한국교회의 상태를 진솔하게 평가하는 작업 없이 전제되지 않고 바꾸자는 것은 단기 계획이거나 구호여야 한다고 봅니다. 지금 바꾸면 짧아도 10년 후에나 결과를 볼 수 있기 때문에 교회의 변화는 정교하게 이루어져야 한다고 봅니다.

첫 번째 변화의 대상은 목회자 선발, 훈련, 청빙에 이르는 교역형성(Ministerial Formation)의 전 과정입니다. 신학교가 학생들을 선발하는 차원이 아닌 노회가 신학생을 추천하고 그 학생들의 장학금과 생계에 대한 책임이 제일 중요하다고 생각합니다. 두 번째는 장로교다움을 위한 신학과 실천입니다. 500년 전 종교개혁의 유산을 이어가되 개혁신학의 원리를 발전 시켜야 한다고 봅니다. 칼빈은 퇴계 이황과 동시대의 인물입니다. 제네바의 종교개혁을 고민 없이 복사하는 장로교회가 아니라 한국의 문화적, 사회적, 경제적 상황에 맞는 종교개혁의 과제를 발견하고 실천해가야 할 것이라고 봅니다. 세 번째는 약자를 대하는 태도입니다 한국사회 안에는 다양한 차원의 사회적 약자들이 있습니다. 이들이 경험한 고통을 간과하지 말고, 함부로 정죄하지 말고 예수님의 심정으로 대하고 위하고 초청하는 자세가 필요합니다. 한국교회가 사회적 약자들을 대하는 자세는 일방주의적입니다.

4) 해외에서 보는 한국 교회의 이미지는 어떠한가요?

세계기독교운동을 연구하는 분들이 주목하고 있는 나라가 아프리카의 나이지리아, 케냐, 아시아의 인도네시아, 네팔, 남미의 브라질이고 유럽은 독일과 영국이라고 생각하는데 사실 한국이 세계 기독교에 가능성을 보여준 시기는 거의 지났다고 생각합니다. 다만 전 세계에서 신학관련 박사 학위자가 가장 많은 나라 중 하나인 점에 대해서는 고민해 볼 필요가 있다고 생각합니다. 해외에서 바라본 한국 교회의 전체적인 인상은 유교적 서열주의가 있는 교회, 목회자의 헌신과 열정이 있지만 목회자 의존의 목회구조를 가진 교회(덜 민주적인 교회), 선교적 열정은 있지만 현지교회나 문화를 덜 연구하고 선교에 뛰어드는 교회, 마지막으로 교회가 활용할 수 있는 선교자원(인적, 물적, 경험적)을 어떻게 관리할지가 아직 덜 발전된 교회로 보고 있습니다.

총회 기획국
동역자들과 함께

5) 선교대상과 선교대상이 지닌 문화를 존중해야 한다는 것은 어떤 의미를 지닐까요?

복음 전파와 문화의 관련성은 이미 1963년 맥시코 세계선교와 전도위원회(CWME) 대회에서 등장한 "육대륙의 선교" 개념에서 충분히 드러나고 있어요. 즉 복음과 문화를 이야기할 때 중요한 것은 그것을 담는 그릇(Container)가 있어야 한다는 것이죠. 그릇의 모양대로 복음을 그대로 담아갈 필요는 없었지만, 1세계에 속한 국가들은 복음을 담는 그릇의 모양을 제한했습니다. 그러나 복음은 문화라는 그릇에 담겨야 한다는 것을 인정해야 합니다. 따라서 문화 안에서 복음을 다시 바라보아야 하고, 해당 문화에 맞는 방법과 이해의 틀로 다가가야 합니다. 성경의 관점에서 복음과 문화를 본다면 유대인의 사도인 베드로와 이방인의 사도로 부름받은 바울을 비교할 수 있습니다. 바울은 지리적 개념을 넘어 땅 끝까지 복음을 전파하기 위해 노력했습니다. 그러나 베드로는 사도행전 10장에 이방인 선교의 문을 여는 중요한 사건을 마주하게 되는데, 이것은 문화적 경계를 넘는 하나님의 선교를 보여주는 좋은 예라고 생각합니다.

6) 에큐메니칼 선교를 지향할 때 특히 WCC는 여러 면에서 비판을 받기도 하는데요. WCC를 바라보는 균형 잡힌 시각에는 어떤 것이 있을까요?

WCC가 지향하는 것은 굉장히 성경에 기초하고 있으며, 예장통합의 배경에서 바라보아도 전혀 걸림이 없습니다. WCC는 글로벌 교회의 네트워크를 지향하고 있기 때문에 어느 한 교파의 입장에서 이야기하거나 교파적 신학의 차이를 논쟁하는 장이 아니에요. 보통의 경우 WCC가 비판받는 경우는 WCC가 지향하는 기초문서에 대한 오해를 기반으로 한 경우가 많습니다. 아래의 문장은 WCC가 표방하는 단체를 잘 설명하는 선언인데요.

"WCC는 성경에 따라 주 예수 그리스도를 하나님이며 구주로 고백하며 이에 따라 한 분 하나님이신 성자 성부 성령의 영광을 위하여 노력하고 교제하는 교회이다."

여기서 우리는 네 가지 키워드를 찾을 수 있습니다. 첫째, 성경, 둘째, 예수 그리스도, 셋째, 삼위일체 신학, 넷째, 교제(친교)입니다. 모든 성경을 기초로 하고, 예수 그리스도를 주로 고백하며 삼위일체 하나님을 주로 고백하고 모여서 친교하는 모임이 WCC인 것이죠. 이 한 문장만 제대로 살펴보아도 WCC에 대한 잘못된 편견을 상당수 해결할 수 있습니다.

7) 책의 내용 중에 "하나님은 영어가 유창한 사람들만이 아니라 가슴의 언어가 유창한 사람을 훈련시키신다."라는 말이 인상 깊었는데요. 가슴이 따뜻한 사람을 어떤 사람을 말하는 것이고, 어떻게 될 수 있을까요?

한때 길을 걷다가 "만나보자 미국목사, 배워보자 미국영어"라는 현수막을 보고 화낸 적이 있습니다. 이러한 구호가 장신대에 현수막으로 버젓이 걸려 있더군요. 에큐메니칼 신학을 가르치는 학교에서 "만나보자 미국목사"라니요! 여러분 이것이 어떤 큰 문제를 안고 있는지 눈치 채셨나요? 미국식 발음을 배워서, 미국목사의 설교방식을 배워서 무엇을 배우려고 하는 것인지 질문해봅시다. 신학교의 상당수 교수님들은 미국에서 공부했지요. 그러나 미국식 영어 자체가 완벽한 정답이라고 단정할 수 없습니다. 서구사회 중 하나인 미국식 영어는 이미 언어의 전파과정에서부터 제국주의적인 성향을 포함하고 있었음을 역사를 통해 확인할 수 있습니다. 미국식 영어가 나쁘다는 의미가 아니라, 미국영어를 절대화하거나 "수학의 정석"과 같이 완벽한 영어라고 생각하면 안 된다는 것입니다.

필리핀 경험을 예로 들어볼게요. 생일파티에 초청을 받아서 간 적이 있어요. 그런데 생일파티에 등장한 음식의 질이 그들의 한 달치 월급정도로 굉장히 높았습니다. 아껴서 먹어야 하는 것이 아닌가? 하고 생각했어요. "빠끼낏싸마"라는 필리핀 문화인데, 함께 울고 웃고 즐기는 공동체 문화에서 비롯된 것이에요. 필리핀에서는 생일 맞은 사람의 집에 가려면 선물을 준비해야 해요. 그리고 분명히 노래방 기계가 있을 것이기 때문에 한두 곡은 준비해서 가야 하죠. 저는 반드시 한 곡 내지 두 곡은 현지언어로 외워서 생일잔치에 참석했습니다. 더불어 그곳에서 음식이 사실 잘 맞지는 않았어요. 그렇지만 하루 굶고 가서 모조리 다 먹고 왔어요.

언어라는 것이 커뮤니케이션과 정보(선교사의 입장에서는 복음과 전달도구)로서의 언어가 되어야 해요. 그러나 어떤 경우에는 통제하는 수단으로 언어가 사용될 때가 많지요. 가슴의 언어는 기쁨, 소망, 슬픔, 어려움, 좌절 등을 공유할 때 필요한 것이에요. 언어는 잘 하면 물론 좋지요. 그러나 그 목적이 '나는 똑똑하고 저들은 모른다'라는 착각 속에서 지시와 복종 관계로 삼는 것은 옳지 않습니다. 현지에 나가보면 상당수 선교사들이 지시의 언어를 사용하기도 해요. 왜냐하면 선교사가 스스로 고용주라고 생각하기 때문인 것 같아요. 이것은 명백히 가슴의 언어와 반대의 개념이지요. 어떤 선교사는 한국말을 계속 사용하면서 상대가 알아듣기를 요청하는 경우도 있었어요. 이러한 경우도 가슴의 언어와는 거리가 멉니다.

신학춘추 기자들과

부록.
동반자 선교를 위한 신학문서

1. 21세기 대한예수교장로회 신앙고백서
2. 총회선교신학
3. 필리핀그리스도연합교회와의 선교협정서
4. 미국장로교 선교국 운영메뉴얼
5. 벨하르 신앙고백서
6. 에딘버러 2010 대회, '공동의 소명'
7. 다종교 사회에서의 그리스도인의 증언
8. 뉴질랜드장로교회-
   대한예수교장로회 선교협의회 합의문

[부록 1]

21세기 대한예수교장로회 신앙고백서

1. 우리는, 성부, 성자, 성령 삼위로 거하시며, 사랑과 생명의 근원이시오, 찬양과 예배를 영원히 받으실 한 분 하나님을 믿습니다. 성부 하나님은 창조자이시고, 섭리자이시며, 구원자이시고, 온 인류와 만물을 영원한 사랑과 생명의 교제(코이노니아)로 부르시는 분이심을 믿습니다.
2. 우리는, 하나님의 선한 창조세계가 사단의 유혹을 받아 죄에 빠져 타락한 인간 때문에 파괴되고, 인간과 하나님과의 교제가 깨어졌음을 믿습니다. 그 결과로 인류와 다른 모든 피조물들은 영원한 하나님의 진노와 심판 아래 있음을 믿습니다.
3. 우리는, 하나님의 지혜와 말씀으로 영원히 거하시며, 성령님의 역사로 동정녀 마리아를 통하여 성육신하신 성자 예수 그리스도를 믿습니다. 예수님은 참하나님과 참인간으로서, 십자가에 달려 죽으시고 부활하심으로 인간과 모든 피조물을 구속하시고, 하나님과의 영원한 교제를 회복하신 화해자요 중보자이심을 믿습니다.
4. 우리는, 생명의 부여자이시며 성부와 함께 천지를 창조하시고 영원히 예배와 영광을 받으실 성령님을 믿습니다. 성령님은 복음에 대하여 믿음과 소망과 사랑으로 응답하게 하시며, 하나님과의 새로운 교제를 이루게 하시고, 만물을 새롭게 하시

는 분이심을 믿습니다.

5. 우리는, 교회가 하나님의 백성이요, 이 세상에 현존하는 그리스도의 몸이요, 성령님의 전임을 믿으며, 성도의 교제 가운데 하나님이 임재하심을 믿습니다. 모든 그리스도인은 하나님의 나라를 이 땅 위에 실현하며, 하나님의 영광을 위하여 예수 그리스도의 성육신의 삶을 실현하고, 복음전도와 정의, 평화, 창조보전의 사명을 받았음을 믿습니다.

6. 우리는, 예수 그리스도의 재림으로 새 하늘과 새 땅이 이루어질 것을 믿습니다. 그 세계는 부활한 하나님의 백성과 새롭게 된 만물이 하나님을 예배하며, 사랑과 생명의 교제를 나누는 영원한 나라가 될 것을 믿습니다.

총회헌법 제1편 교리
21세기 대한예수교장로회 신앙고백서(예배용)

[부록 2]

총회선교신학

Ⅰ. 총론

창조주 하나님께서는 19세기부터 개신교 선교사들을 한국에 보내어 성경과 예수 그리스도의 복음을 전하였다. 우리 민족은 하나님의 말씀인 성경을 한글로 번역하고 창조주 하나님의 사랑과 구속주 예수 그리스도의 은혜와 보혜사 성령의 안내를 따라 신앙공동체를 이루어 삼위일체 하나님께 감사와 찬양과 영광의 예배를 드리며 구원의 삶을 살아왔다.

돌이켜 보면, 하나님의 은혜로 우리교회는 1907년 이 땅에 첫 장로교회를 세우게 하신 하나님의 부르심에 응답하여, 먼저 언어와 문화와 풍속이 본토와 크게 다른 제주도에 선교사 파송을 결의하고 실시하였다. 또한 1912년 우리 교회가 처음으로 총회를 조직하면서 중국 산동성 선교를 결의하고 이듬해에 3명의 선교사를 파송하여 타문화권 선교를 시작하였다. 이는 세계선교역사에서 특기할만한 일이었다. 당시 땅 끝으로 알려진 한국의 작은 신생교회가 재정을 부담하여 중국에 복음 선교사를 파송하였다. 우리 선교사들은 중국교회와 연합하여 협력선교와 하나님 나라를 이루는 통전적 선교를 행하였다. 이렇듯이 처음부터 선교를 강조하고 성장한 우리 교회는 오늘날 거의 300만 성도를 가진 대교단으로 성장하여 1,500여 명의 선교사를 전 세계로 파송하고 있다.

그러나 오늘날 한국사회가 배금주의와 성공주의와 권력지향주의에 빠져 있듯이 우리 교회와 선교도 이러한 세속주의에서 예외가 되지 못하고 있다. 이에 따른 한국교회의 대사회적 공신력 하락은 오늘날 예수 그리스도의 복음 선교를 점점 어렵게 하고 있다. 또한 세계의 여러 교회들이 한국교회의 물량주의적 선교와 일방주의적 선교를 우려하고 선교갱신을 요구하고 있다. 한편, 이러한 국내외 선교현장의 위기 외에도 지구화의 심화, 이슬람의 발흥, 4차 산업혁명 시대의 급속한 도래 등 변화하는 선교 상황에 대응하는 선교신학이 새롭게 논의되고 있다.

이렇듯 변화하는 상황에서 우리 교회의 초기 선교에 드러난 통전적 선교의 유산을 이어가며 오늘날 변화하는 선교 현장을 파악하고 삼위일체 하나님의 선교를 바탕으로 우리는 미래지향적인 총회 선교신학을 다음과 같이 고백한다.

II. 우리의 선교신학

1. 삼위일체 하나님의 선교

인류와 세계 구원의 선교는 삼위일체 하나님께서 행하신다. 창조주시고 구속주시며 화해의 주이신 삼위일체 하나님은 성부와 성자와 성령의 각 위로서 활동하신다. 그리고 각 위는 서로 신비스러운 결속관계에서(perichoresis) 상호 내재하여 상호 사랑과 상호 존중과 상호 섬김과 상호 친교의 방식으로 인류와 세계와 생명계에 대하여 구원의 선교를 행하신다. 이러한 삼위일체 하나님은 세상을 통치하는 행위로서 하나님 나라를 이루며 창조와 구원과 화해와 치유의 선교를 수행하신다. 특히 성자 그리스도는 성부 하나님의 독생자로서 십자가에서 대속적 죽음을 맞으시고 성령의 능력으로 부활하셔서 이를 믿는 인간들을 죄로부터 구원하시고 선교 사명을 주셨다.

삼위일체 하나님은 자신의 뜻을 이룰 사람들을 택하시고 불러 모아 언약으로 하나님의 백성공동체를 세우시고 샬롬의 하나님 나라를 이루어 오셨다. 성경이 강조하는 이 백성공동체는 정의와 평화를 이루고 창조세계를 돌보는 사명을 갖는다. 한편, 이러한 백성공동체는 하나님의 은혜로 예수 그리스도의 몸에 연합하는 세례공동체로서 존재하는 교회이다. 구속주 그리스도의 몸인 교회는 선교를 통하여 하나님 나라를 확장하며, 또한 각 성도는 주어진 은사를 통하여 그리스도의 몸의 성장과 성숙에 참여한다. 구체적으로 교회는 말씀선포와 사회적 책임을 감당하고 창조세계를 돌봄으로써 질적, 양적으로 그리고 내적 외적 외연을 확장한다. 그러므로 그리스도의 몸으로서 교회의 선교와 하나님의 백성공동체로서 선교는 모두 삼위일체 하나님에 근거하여 실행된다. 하나님의 모든 교회의 선교는 삼위일체 하나님의 존재와 활동 방식을 따라 하나님의 통치를 통해 발생하고 하나님 나라에 참여하는 파송 행동의 선교로 드러난다. 하나님은 아들 예수 그리스도를 이 세상으로 파송하여 죄로부터 만인을 구원하고 그리스도는 교회를 세상 속으로 파송하여 협력과 연대를 통하여 하나님 나라를 이루신다. 생명과 선교의 영인 성령은 주변부에서 해방과 변혁을 일으키고 교회의 선교를 활성화하면서 생명공동체를 세우신다. 성령은 교회를 이루는 각 개인과 집합적 교회에 대하여 회개를 일으켜 새로움을 만드신다. 특히 성령은 교회갱신을 일으켜 만인에게 복음을 전하여 창조세계의 치유와 회복과 변혁을 이루신다.

2. 선교와 하나님의 말씀인 성경

하나님의 말씀인 성경은 전체적으로 선교의 책이다. 성경에 계시로 드러난 하나님은 삼위일체로 존재하고 하나님 나라 사역을 수행하신다. 이 하나님은 우주와 인간과 피조세계를 창조하시고 그리스도를 통하여 구원하신다. 하나님은 오랜 시간에 걸쳐 다양한 지평에서 여러 가지 방식으로 피조세계의 구원을 위하여 통치하시고 하나님의 주권을 실현하여 하나님 나라를 약속하였다. 또한 백성공동체를 부르시고 파송하여 구원과 자유와 해방을 선물로 주신다.

성경 말씀에 따라 우리는 하나님의 독생자 예수 그리스도를 믿고 세례를 받음으로써 그리스도의 몸인 교회에 속하여 하나님 나라를 만드는 선교에 참여한다. 이 세상에서 이루어지고 또 앞으로 완성될 하나님 나라 선교는 그리스도의 몸인 교회를 성장시킨다. 이는 성령의 능력 안에서 우리가 세상을 구원하는 구세주 그리스도의 길을 따라 고난을 짊어지고 십자가의 길을 따름으로써 이루어진다. 이 고난의 선교는 종말론적으로 우리들이 부활의 그리스도와 함께 하나님의 영광에 참여하는 은혜로운 약속이다.

3. 삼위일체 하나님과 통전적 선교

하나님의 선교는 내용이나 방식에 있어서 통전적이다. 신비의 결속관계로 존재하고 활동하시는 성부 성자 성령의 삼위일체 하나님은 이 세상과의 관계에서 각 위의 상호성을 존중하면서 통전적으로 구원 사역을 실행하신다. 창조와 구원과 화해와 치유와 변혁을 이루는 파송 활동으로서 교회(그리스도의 몸과 백성공동체)의 선교는 복음 선포와 사회봉사, 그리고 창조세계 돌보기에 적극적으로 참여하게 하고, 교회의 친교와 성장을 동반한다. 이러한 파송 활동은 공시적 통시적으로 그리스도의 몸인 교회의 성장과 확대를 추진한다. 이는 모든 교회가 하나 됨의 친교를 통하여, 교회의 거룩함을 이루는 고통스런 회개과정을 통하여, 지역 토착교회의 다양성을 존중하고, 정의와 평화를 추구하며 그리고 창조세계를 돌보는 일을 통하여, 또한 하나님의 독생자 예수 그리스도의 말씀에 순종하는 사도들과 선교사들과 제자들의 순교자적 증인의 삶을 통해 그리스도의 몸을 성장시킨다. 이러한 증인활동과 교회성장은 역동적으로 생명을 살리고 선교하게 하는 성령의 능력 안에서 구체화된다.

4. 선교와 복음전도

교회의 미래는 주님의 선교 명령에 대한 순종에 달려있다. 선교는 세상을 그리스도와 하나님께로 이끌어 하나님과의 본래의 관계를 회복하도록 하기 위해 보냄 받은 모든 활동이다. 선교는 하나님의 왕 되심이 온 세상 가운데 인정되어 모든 민족이 그의 선하신 뜻을 이 세상 가운데서 실천하도록 돕는 모든 활동이다.

교회는 복음 전도, 교회 개척, 빛과 소금의 삶, 사회 봉사, 사회 행동, 생태계의 보존 등 통전적으로 활동을 수행하는데, 특히 복음전도를 강조해야 한다. 세상의 모든 불행의 근원인 죄의 문제를 해결하기 위하여 하나님께서 예수 그리스도를 이 세상으로 보내셔서 이 세상의 구원과 변혁의 핵심 원천이 되게 하셨다. 교회는 예수 그리스도의 파송을 받고 성령의 인도하심을 따라 하나님의 통치하심을 선포하고 증거하는 그리스도의 몸으로서 통전적 복음 전도를 실시해야 한다.

죄와 반역을 저지르는 인간에게 그리스도의 구원 소식은 참되고 복되며 기쁜 소식이다. 이 복음은 그리스도의 삶과 인류와 피조물을 위한 십자가의 대속적 죽음과 부활, 그로 인한 하나님 나라의 임재를 담고 있다. 이러한 복음은 온 피조물을 변화시키는 가장 근원적인 능력이다. 물론 복음이 전 세계를 하루아침에 다 부요하게 만들고 모든 구조악을 순식간에 해결하여 유토피아를 이 땅위에 실현하는 것은 아니다. 또 인류의 문제가 물질 문제나 구조악의 문제를 해결한다고 해서 해결되는 것도 아니다. 이런 점에서 복음 전도는 교회의 선교에서 가장 긴급하고 우선적으로 수행되어야 할 과제이다.

5. 선교와 교회

하나님은 자신의 선교에 교회를 동역자로 초대하여 함께 일하시며 하나님의 선교를 행하도록 능력을 주신다. 이러한 교회는 공교회와 지역교회로 구분된다. 그리스도에게 속한 모든 교회는 하나의 거룩하고 보편적이며 사도적인 교회이다. 그러나 현실적으로는 지역의 문화와 상황적 특성에 따라 다양한 특성과 형태로 존재한다. 역사적으로 교회를 형성하는 신학, 교리, 예전, 전통 등에서 모든 교회들은 다양한 형태로 존재한다. 이런 다양성에도 불구하고 하나의 보편적 교회를 주장하는 것이 공교회이다. 지역교회는 이러한 공교회를 구체적으로 실현하는 장소이며 보편적 교회는 이러한 지역교회들의 코이노니아를 통한 연합과 일치의 근거가 된다. 또한 모든 교회는 공교회로서 세상에 대한 공적 책임을 수행하는 공적 교회이다.

교회는 머리이신 그리스도로부터 세상으로 보냄을 받은 선교공동체이다. 이 보냄을 받은 사명은 우선적으로 모든 교회와 그리스도인에게 해당된다. 교회는 그리스도의 몸으로서 복음서에 기록한 몸을 가진 역사적 예수의 삶과 사역을 위임받아 이 땅에서 실천한다. 그것을 위하여 세상에 존재하는 모든 장애물과 차별의 경계선을 넘어 하나님 나라의 복음을 전하고 실천한다. 교회는 건물이나 조직이 아니라 예수 그리스도를 구주로 고백하는 하나님의 백성의 공동체이다. 교회가 성장하고 생명력이 있다는 것은 교회의 규모가 아니라 그리스도의 몸을 구성하는 성도들의 성장과 성숙을 가리키는 것이다.

교회는 본질적으로 선교적 공동체로서 세상 속에서 복음 전파와 섬김을 실천하는 봉사와 창조세계를 돌보는 사명을 수행한다. 지역교회는 교회 내부적 일을 수행하는 장소로서 성도의 교제와 예배와 교육을 통해 그리스도인으로 준비하고 동시에 세상 속에서 그리스도의 증인으로 전도와 사회봉사, 그리고 창조세계를 돌보는 일을 담당한다. 이런 점에서 교회의 두 가지 특성, 즉 모이는 교회와 흩어지는 교회가 균형을 이루며 발전해야 한다. 한국교회는 지역교회 중심의 구조적 특성을 가지고 있기 때문에 지역교회가 생명력을 가진 선교적 운동성을 유지해야 한다.

6. 선교와 사회

삼위일체 하나님의 선교를 수행하는 교회는 사회와 세상을 변혁하기 위해 파송받은 사도적 공동체다. 그러나 종교적 자유가 제한된 선교지에서는 거센 저항과 도전으로 사회변혁을 추구한다는 것이 쉽지 않다. 종교적 자유가 보장된 현대 서구사회도 근대화와 세속화를 거치면서 과거 교회가 가졌던 독점적 지위가 상실되어 사회변혁이 쉽지 않다. 무엇보다 다원화된 현대 사회에서 종교기관들 간의 경쟁 상황은 전 지구적인 종교시장화 현상을 낳게 되었는데, 결과적으로 기독교 신앙도 상대화, 개인화되어 결국 개인적인 종교적 선호에 따른 선택의 문제가 되고 말았다. 이런 상황 가운데 기독교 선교는 어떻게 기독교 신앙의 절대적 가치와 진리, 그리스도의 유일성을 증거하며 사회를 변혁할 것인지, 어떻게 주변부에서 중심부로 공적 종교의 지위를 회복하여 사회변혁을 이룰 것인지에 대한 도전에 직면하게 되었다.

사회변혁을 추구하는 오늘날의 선교는 먼저 세속적인 것과 성스러운 것을 구분하는 이원론적 태도로는 사회를 변혁할 수 없다는 것을 인식해야 한다. 하나님의 통치와 다스리심은 교회 안에서 뿐 아니라 세상 속에서도 이루어져야 한다. 따라서 교회는 교회 안에서 뿐 아니라 세상 속에서도 하나님이 무슨 일을 하려고 하시는지에 대해 끊임없이 질문을 던지며 하나님 나라를 역사와 사회, 문화와 자연, 온 피조세계에 실현시키는 변혁적 제자도를 수행해야 한다. 그런 면에서 사회 속에서 교회는 "세상의 빛이며 산 위에 있는 동네"(마 5:14)의 역할을 하는 대조사회(contrast society)이어야 하며, 동시에 하나님의 통치를 세상 속에 구현해야 하는 선교적 교회, 예수 그리스도가 주님이라는 것을 알리는 세상으로 파송된 사도적 공동체이어야 한다. "세상에 있으나 세상에 속하지 않은"(요 17:16), 그리고 세상을 변화시켜야 하는 교회는 항상 그 사회의 문화적 상황을 주목해야 하며, 그 상황에서 하나님의 사명과 소명이 무엇인지, 그리고 어떤 존재가 되어야 하는지 끊임없이 자문해야 한다.

이 사명을 위해 세상으로 보냄받은 선교사가 바로 성도다. 선교는 타문화권 선교사에게만 국한된 것이 아니라 믿는 모든 성도가 수행해야 할 궁극적 사명이다. 그런 면에서 성도의 가정과 일터, 나라와 민족, 온 세상이 선교지요, 성도가 만나는 모든 피조물이 선교의 대상이다. 본질적으로 선교적 공동체인 교회와 이 세상에 보냄 받은 성도는 지역사회와 다문화사회, 남북한이 처한 시대적 상황에서의 평화통일과 전 지구적 차원의 모든 영역에서 공적 제자도, 선교적 삶의 실천을 통해 지역사회뿐 아니라 피조세계의 회복과 변혁을 함께 이루어야 한다.

7. 선교와 문화

선교는 항상 다양한 문화적 현장 속에서 전개된다. 하나님의 선교를 수행함에 있어서 복음을 핵심으로 하는 사도적 전승이 다양한 문화권에서 발전한 여러 가지 신학전통을 통해 표현된다고 믿으며, 여러 지역과 종족들의 문화권에서 형성된 신학전통의 독특성과 다양성을 가능한 대로 수용해야 한다. 그러므로 우리는 문화에 대한 무비판적인 수용이나 무조건적인 거부의 태도를 지양하여 복음의 본질과 상반되지 않는 요소와 상반되는 부분들을 정확하게 식별해야 한다. 이 과정에서 우리는 수용을 넘어서 영향을 주고받는 상호 교류를 통하여 복음과 신학에 대한 더욱 풍성한 이해와 실천을 추구한다. 특정 문화의 우선성을 인정하지 않으나, 기독교 역사에서 먼저 복음을 수용한 문화권의 신앙적 전통도 존중한다. 우리는 문화가 믿는 자를 포함한 인류의 삶에 절대적인 조건임을 인정하여, 복음을 다양한 문화적 환경에 따라 적절하게 상황화하는 작업을 통해 복음의 소통에 힘쓴다. 또한 복음이 그리스도 안에서 문화를 새롭게 창조하는 능력이 있다고 믿고 문화의 변혁을 추구하는 것은 물론, 하나님 나라의 관점에서 적극적으로 건전한 문화를 형성해 나가야 한다. 특히 오늘날 세계화의 시대에 인종과 문화의 다양성을 깊이 인식하여 문화를 갈등 모델이 아닌 평화 모델로 접근하고 세계적으로 보편화되는 다문화사회 속에서 수행하는 기독교 선교는 신앙적 생활방식을 발전시켜 인류의 삶에 기여하는 역할을 맡아야 한다.

8. 선교와 타종교

종교는 문화의 핵심이면서 동시에 독특한 양식과 기능을 지닌다. 선교와 타종교의 관계는 역사상 다양하게 나타났는데, 가령 타종교를 악마시하거나 적대시하는 부정적 입장, 세속화의 물결에 맞서는 동맹으로 보는 수세적 입장, 신앙적 동료순례자로 보는 종교대화 중심의 긍정적 입장, 사회를 함께 섬기는 동지로 여기는 종교 연대 중심의 기능적 입장 등 다양하다. 우리는 선교와 타종교의 관계에 대한 역사적 이해를 올바로 하면서, 동시에 현대의 다양한 종교현상들, 즉 세속화, 종교근본주의 발흥, 기존종교 이탈 현상, 소속 없는 신앙, 종교가 아닌 영성, 자기 주도적 신앙 등의 도전에 적극적으로 대처해야 한다. 세계가 다문화, 다인종, 다종교사회로 변해가는 추세 속에서 우리는 종교 갈등 및 종교 편향의 문제에 유의하여 화평케 하는 자로서의 정체성을 공고히 하면서도, 예수 그리스도의 복음을 증언하고 나누는 일을 계속해야 한다. 우리는 세계화의 여파로 발생하는 문명간, 종교간, 민족간의 대립과 갈등이 증가되는 상황 속에서 공통적으로 직면하는 문제를 함께 대처하기 위해 힘써야 한다. 특히 대화와 협력의 장에 적극적으로 참여하여 예수 그리스도의 주 되심을 증거하고 주님의 제자들로서 화해를 이루며 평화를 세우는 일을 능동적으로 감당해야 한다.

9. 선교와 동반자적 협력

선교에 있어서 동반자적 협력은 주 예수 그리스도께 대한 순종에 관한 것이고 그리스도의 몸의 한 부분으로서 상호 연합하는 것이다. 그리스도의 우선성과 중심성이 우리 자신의 정체성(인종, 교파, 신학)보다 우선한다. 우리는 하나님의 선교를 위해 부름 받은 교회, 선교단체 그리고 선교지도자들과 함께 협력한다. 그리스도에 대한 순종 가운데 의심과 경쟁심과 자만심을 버리고 선교에 참여하는 교회들 간의 우정과 친교, 상호 존중을 바탕으로 선교자원의 상호 나눔을 실행한다. 우리는 파송 교회와 현지 교회와의 평등한 동반자 관계 속에서 인적, 물적, 지적인 자원과 함께 서로의 경험을 나누고 겸손한 자세로 선교사역에 참여한다. 동반자적 협력의 바탕은 상호 신뢰이며 이를 통하여 동반자적 협력은 상호 의존적인 관계로 발전한다. 동반자적 협력 안에서 서로 도울 수 있는 은사를 가지고 있으며, 상대방을 통해 배우고 도움을 받고 자신의 부족을 채울 필요가 있다. 동반자적 협력은 자신이 선호하는 교회, 슬로건, 프로그램, 시스템, 방법을 강요하지 않는다. 우리는 국내와 국외를 가리지 않고 동반자적으로 선교를 수행하고 정의와 평화를 이루며 창조세계를 돌보는 일에 헌신하면서, 소외되고 고난당하는 사람들과 공동체를 이루고 연대하는 일에도 더욱 힘쓴다.

대한예수교장로회 제103회 총회 2018. 9. 10.(개정)

[부록 3]

필리핀그리스도연합교회와의 선교협정서

필리핀그리스도연합교회(UCCP), 대한예수교장로회(PCK), 한국기독교장로회(PROK) 간의 선교협력 합의문

1. 선교협력 교회들(Churches in Partnership)

대한예수교장로회(PCK)

한국의 개신교 역사는 서상윤이 한반도 북동쪽에 위치한 황해도에 소래교회를 설립한 1884년에 시작되었다. 1901년에 세워진 장로회신학교 졸업생 일곱 명이 1907년 목사 안수를 받음으로써 독노회가 설립되었다. 대한예수교장로회 총회는 52명의 목회자와 125명의 장로, 그리고 44명의 선교사를 창립회원으로 하여 1912년 9월 1일에 설립되었다.

오늘날 대한예수교장로회는 6,621개의 개교회와 7개의 신학교, 11개의 교단 소속 대학 및 대학교, 7개의 병원, 그리고 228만 명의 성도를 가진 교단으로 성장하였다. 대한예수교장로회는 시련과 고난의 시대에는 물론, 일본의 식민통치로부터 독립을 얻기 위하여 몸부림치던 시절과, 그 후로도 한국인들의 민주주의와 인권에 대한 요청과 한반도 평화 통일을 향한 여정을 계속해 오는 동안 한국과 한국인들을 위한 등불이 되어 왔다. 대한예수교장로회는 한국 사회에서 사

회적으로 소외되고 경제적으로 박탈당한 계층의 요구에 응답함으로써 약자들과 억압받는 자들을 위한 위안자요 해방자로서의 역사적 소임을 계속하고 있다. 대한예수교장로회의 지원과 연대 사역은 실직자들과 함께 하는 일로부터 외국인이주노동자들을 위한 옹호, 그리고 북한의 형제 자매들에 대한 끊임없는 지원에 이르기까지 폭넓게 연결되어 있다. 또한 대한예수교장로회는 한국교회의 일치를 가시화하기 위해 노력해 왔으며, 한국기독교교회협의회(NCCK), 한국장로교총연합회, 한국기독교총연합회의 사역과 증거에 대한 견실한 참여자요 공헌자이다. 대한예수교장로회가 세계교회협의회(WCC), 아시아기독교협의회(CCA), 세계개혁교회연맹(WARC), 세계선교협의회(CWM) 등과 같은 보다 폭넓은 에큐메니칼 기구들과 맺고 있는 일치와 연대 관계는 이 교단으로 하여금 세계적인 교회 공동체와 한국 교회 상황 사이에 중개자로서의 기능을 담당하도록 하고 있다.

한국기독교장로회(PROK)

한국기독교장로회는 1907년에 설립 된 대한예수교장로회의 그 본래의 뿌리로부터, 신학적 자유주의, 에큐메니즘에의 적극적 헌신, 그리고 세상에 대한 예언자적 참여라는 뚜렷한 방향을 취하면서 1953년 "새로운 역사"를 시작했다. 특히 연이은 독재 정부 시절에 한국기독교장로회는 인권과 민주화 운동, 그리고 한반도의 평화 통일 운동에 강력한 지도력으로 앞장서 왔다.

오늘날 민주 정부가 들어선 상황에서 한국기독교장로회는 변화하는 세계에서 갱신과 새로운 정체성을 세우고자 노력하고 있다. 선교에서의 새로운 방향을 모색하고 있는 가운데, 한국기독교장로회는 사회 복지 분야에서 자신의 선교를 강화하고 있으며, 고난 받고 소외된 사람들 편에 서서 정부에 항의하고, 평화와 통일을 위해 적극적으로 사역하면서 또한 다른 교회와 신앙 그리고 시민 기구들과 더불어 협력하는 가운데 계속해서 그 예언자적 자세를 견지하고 있다.

한국기독교장로회는 현재 세계 도처의 약 27개 교단과 공식적으로 에큐메니칼 협력관계를 맺고 있으며, 한국기독교교회협의회(NCCK), 한국장로교총연합회(CPCK), 세계교회협의회(WCC), 세계개혁교회연맹(WARC), 아시아기독교협의회(CCA) 등의 적극적인 회원이면서, 또한 세계선교협의회(CWM)와도 협력관계를 맺고 있다.

한국기독교장로회에는 1,509개의 개교회와 24개 노회, 그리고 약 322,465명의 신도들이 있다. 130명의 여성목사를 포함하여 총 2,090명의 안수 목사를 회원으로 하고 있다.

필리핀그리스도연합교회(UCCP)

필리핀연합교회는 미국에서 건너온 다섯 개의 선교교회들이 유기적으로 연합한 것으로서 1948년에 설립되었다. 필리핀에서의 선교 사역이 시작 된 지 거의 50년이 지난 후, 연합형제교회(the United Brethren Church), 회중교회(Congregational Church), 그리스도제자교회(Disciples of Christ), 필리핀감리교회(Methodist Church) 그리고 장로교회가 필리핀연합교회를 형성하는 연합에 동의하였다.

오늘날 필리핀 연합교회는 2,714개의 개교회, 16개의 학교, 4개의 병원, 5개의 신학교, 그리고 120만명의 신도를 가진 교단으로 성장하였다. 필리핀 연합교회는 가난한 사람들과 억압받는 사람들을 과감히 드러내 놓고 옹호하는 용기있는 교단으로 자리 잡아오면서, 굴하지 않는 그 용감한 태도로 인해 종종 박해를 받아왔다.

연합을 일구어내자는 에큐메니칼 의제의 한 결과로서 전개되는 가운데, 필리핀연합교회는 에큐메니칼 기관들에 적극적인 참여를 지속하기 위하여 노력해 왔다. 필리핀 연합교회는 필리핀기독교교회협의회(NCCP)와 신복음선교연합(New United Evangelical Mission)의 창립회원이며, 동시에 아시아기독교협의회(CCA), 세계개혁교회연맹(WARC), 세계교회협의회(WCC)의 회원이다. 또한 필리핀과 세계 각지에 있는 다른 교회 기구들과도 협력 관계를 맺어오고 있다.

II. 협력관계에 대한 이해(Understanding of Partnership)

우리의 협력 관계는 "저희가 모두 하나가 되어"(요17:21) 라는 우리 주 예수 그리스도의 기도에 토대를 두고 있다. 우리가 추구하는 협력 관계는 바로 이러한 성서적 위임으로부터 나온 것으로서, 이것은 그리스도 안에서 교회의 일치를 추구하는 우리의 신앙의 가시적인 한 표현이라는 우리의 비전에 더 가까이 다가가도록 우리를 이끌어 준다. 협력관계는 세계 도처에 있는 우리의 다양한 교회들을 껴안아 예수 그리스도의 한 몸을 세우려는 우리의 끊임없는 노력이다. 우리는, 협력관계란 하나님의 통치를 미리 알리는 데에 우리 서로가 상호 책임적으로 신앙-생활의 경험들을 공유하는 것이라고 이해한다. 우리는 상호 간에 배우고, 변화되고, 또한 서로 섬기는 일에 우리 자신을 개방한다. 협력 관계 속에서 우리는 평등의 원리를 확인하면서, 거기에서는 차이가 있음에도 불구하고 그 차이를 이용하여 부당하게 행사하거나 서로를 지배하지 않을 것이라는 점을 존중할 것이다. 우리는 협력 관계를 시작함에 있어, 협력 관계 속에서는 일방적으로 주는 자(giver)나 또는 일방적으로 받는 자(recipient)가 있을 수 없다는 데에 인식을 같이 하고 있다. 우리는, 우리 모두가 협력 관계 속에서, 우리가 제공할 수 있는 선물(gifts)과 또한 채워져야 할 부족함들을 가지고 있다는 인식 하에 협력 관계를 시작한다. 이러한 정신으로 우리는 우리 스스로를 협력관계 속에 내어 놓으면서, 서로 필요한 것이 무엇인지 기꺼이 들을 것이며, 우리가 가지고 있는 것 가운데 그러한 것들을 충족시켜 줄 만한 것이 무엇인가를 살필 것이다. 협력 관계를 통하여 우리는 지방과 지역의 에큐메니즘을 강화하고, 다양성 속의 일치에 대한 이해와 세계교회에의 적극적인 참여를 확장하고자 한다. 우리의 협력 관계는 교회로서의 서로의 자율성을 존중할 것이며, 교회를 위해 그동안 수립해 온 기존의 정치 형태와 조직, 프로그램 추진과 우선권 등도 존중할 것이다. 인적 자원이나 강단 교류가 있을 경우에는 받는 교회의 정책과 지침이 우선한다. 자원이 교환될 경우에는 받는 교회의 우선 순위와 정책을 존중한다.

III. 협력 영역(Areas of Cooperation)

예수의 사역은 포괄적이고 통전적이며 적극적인 사역이었다는 것이 우리의 공동 인식이다. 그것은 하나님의 백성들을 치유하고 가르치고 능력을 주는 가운데 생명의 길에 구원을 제공했던 사역이었다. 그것은 하나님의 정의와 의로움과 자유를 위하여 권력과 당국에 기꺼이 도전했던 용기의 사역이었다. 협력 관계는 이 관계에 생명과 의미를 제공하도록 늘 애쓰는 가운데 서로간의 참여와 행동을 통하여 그 자신을 드러내도록 노력해야 한다.

1. 우리의 협력 관계를 우리의 주요 구원자이신 예수 그리스도의 방식으로 표현하기 위하여 다음의 생각과 책임을 공유하고자 한다. 우리의 행동은, 경제적이고 사회적인 불의와 기본 인권마저도 박탈하는 온갖 형태의 폭력을 영속시키는 근본적인 원인들에 대한 공유된 분석을 가지고 시작되어야만 한다. 우리는, 여러 가지 세계화의 수단들, 종교적 열광주의, 인종주의, 성차별과 온갖 차별 등을 지속시키는 권력들과 구조들을 기꺼이 거명해야 한다. 우리는 우리 시대의 여러 가지 비판적인 문제들에 관하여 비판적인 입장을 취해야한다.

2. 우리는 아래의 사항들을 이루기 위해 연합하여 기도하는 마음으로 헌신한다.
    a) 신앙의 공유
      -예배와 성만찬, 예전 자료, 기도와 명상을 통한 공동 의식을 유지한다.
    b) 공동 협의회 개최와 자원 교류
      - 각국의 국가적 교회적 상황에 관한 자료와 분석의 정기적인 교환

- 협력 관계를 새롭게 증진시키기 위한 연구와 신학, 정책, 프로그램과 선교 전략의 문제를 함께 모색하기 위한 특별 협의회와 자문 회의의 소집. 긴급 상황 시, 즉각적인 대처가 필요한 사안들을 처리하기 위해서 비상회의를 소집해야 한다.

c) 인적자원 교류

- 신앙의 관점을 공유하기 위한 에큐메니칼 선교동역자 교환, 세상에서의 선교를 위한 하나님의 부르심에 응답하기 위한 상호간의 지원
- 세계 다른 곳에 있는 교회 공동체들, 기구들과의 대화와 참여를 통하여 나누고 배울 수 있는 인턴쉽 기회부여

d) 프로그램 개발

- 관점, 전략, 프로젝트, 영성을 공유하기 위한 에큐메니칼 방문과 공개 프로그램, 학습 탐방 등을 통하여 상호 인적 자원의 교환 기회를 장려, 촉진하고 그럼으로써 하나님의 사랑, 평화, 정의의 선교에 적극적인 참여를 강화할 수 있다.
- 교회의 취지와 우선권의 실행을 강화하기 위한 특별 프로그램 지원의 통로를 만들고 그 결과로서 자기 의존과 자기 결정을 위한 우리의 노력들을 용이하게 한다.
- 교회-교회, 노회-노회. 노회-협의회, 평신도연합회-평신도연합회 등을 포함하여 다차원적인 협력관계를 개발한다.

e) 각국의 국가와 교회의 주요 문제들에 관한 상호 관심사.

- 공동으로 당장 시행할 수 있는 프로젝트와 프로그램을 공식한다.

- 다문화적 사역, 특별히 필리핀에 있는 한국인들과 한국에 있는 필리핀인들 사이의 인종 사역, 그리고 이주노동자들과 함께 하는 사역을 개발한다.

f) 목사안수

- 필리핀연합교회에 의해 대한예수교장로회/한국기독교장로회 회원들이 목사 안수를 받을 수 있고 또 그와 반대의 경우도 가능하도록 하며, 또한 한 협력 교회에서 다른 협력 교회로 목사직을 옮기는 것이 가능하도록 하는 공동의 정책과 과정을 개발한다.

위에 언급한 것들을 고려하여, 또한 서로의 교리와 전통과 실천에 대한 상호 존중의 표현으로서, 우리는 우리 모든 회원들에게 이 공동 합의문의 통과와 우리들 교회의 삶과 신앙과 사역을 풍성하게 하는 쪽으로 노력해 줄 것을 당부하는 바이다.

우리의 협력 관계가 자유와 구원을 가져오는 예수 그리스도의 교회의 임무를 강화하는 귀중한 노력이 되는데 봉사하기를 기도한다.

필리핀 바기오 시티 Teachers Camp에서 개최된 필리핀 연합교회 제 7차 총회에서 2002년 5월 21일 서명하다.

대한예수장로회를 대표하여 총회장 최병두 목사
사무총장 김상학 목사

한국기독교장로회를 대표하여
해외에큐메니칼위원장 김대식 목사
총무 김종무 목사

필리핀그리스도연합교회를 대표하여
의장 Rev. Elmer T. Paniamogan
총무 Bishop Elmer M. Bolcon

[부록 4]

미국장로교 선교국 운영매뉴얼

미국장로교(PCUSA) 선교사역국(PMA) 운영 매뉴얼

- 2006년 217차 총회에서 승인되었음 -

미국장로교는 이 나라와 세계의 다른 교회와 협력하여 일하기 위해 노력하고 있다. 그러한 상호 사역은 모든 사람들을 대신하여 기꺼이 봉사하는 섬김의 공동체로서 그리스도의 몸의 한 지체가 되는 교단의 자아상과 일치한다.

교회의 사명은 예수 그리스도의 복음에 그 중심을 두고 그 복음을 증거한다. 교회의 사명은 증인의 다양성과 복잡성 아래 교회에서 총회에 이르기까지 다양하다. 모든 장로교인들과 모든 공의회의 임무는 그 선교 사업을 완전히 나누는 것이다. 가장 포괄적인 공의회로서, 총회는 미국장로교의 대회, 노회, 당회 및 회중들의 단결을 나타낸다. 그 다른 책임 가운데서 총회는 선교를 위한 정책, 목표 및 우선순위를 정하고, 선교에 알맞은 기관을 제공하고, 그들의 일을 감독하는 권한을 가지고 있다 (규례서, G-3.0501).

장로교 선교국은 총회의 대리인으로서 총회가 수립한 정책을 시행한다. 대회와 노회와 협력하여 일한다. 총회에 포괄적인 예산을 개발하고 제안한다. 장로교 선교국 이사회 위원은 총회에서 선출되며, 대회, 노회 및 교회 전체를 대표한다. 총회, 장로교 선교국, 대회, 노회, 그리고 당회는 교회 사명을 위해 협력하여 함께 일한다. 사명 조직은 회중을 선교 도구로, 중간 공회의를 통해 공동체에 자원과 봉사를 제공하기 위해 함께 노력한다.

A. 교회의 일치 The Unity of the Church

지체에서 머리이신 그리스도와의 연합은 교회가 에큐메니칼 및 국제적으로 뿐만 아니라 교단 내에서 단결을 증명하도록 부름 받은 것을 확증하는 근본 원리이다. 아마도 이 일치의 가장 강력한 이미지는 그리스도의 몸에 대한 사도적(apostolic) 시각인데, 많은 회원들이 서로 다르지만 상호 건강과 건설을 위해 협력한다. 전체 교회의 단일성을 인정하는 것은 미국장로교의 내부 구조와 교단의 에큐메니칼 공약에 대한 일련의 함의를 가지고 있다.

총회, 장로교 선교국, 총회 사무국 간의 명확한 의사 소통이 필요하다. 이러한 관계와 프로그램, 정책 실행 및 지원 기능의 조정은 교단 내의 단일성을 가시적으로 표현한다.

미국장로교가 자체적인 교회로 부름을 받았지만 이 교단이 그리스도의 교회의 한 부분임을 인정하는 중요한 의미가 있다. 미국장로교는 그리스도의 부르심의 세계적이고 에큐메니칼한 차원에 대한 완전한 인식을 가지고 사역을 수행하며 이 사역과 전세계의 협력 교회들과 상호 사명, 의사 결정 및 자원을 나눌 수 있는 수단을 제공한다.

B. 선교의 사명 Commitment to Mission

교회는 그리스도의 몸으로서 그리스도의 사랑을 세상과 나누기 위해 존재한다. 규례서는 선포, 양육, 예배, 진리의 보존, 사회 정의의 촉진, 하나님의 나라를 세상에 나타냄을 통해 사명을 요구하는 관점에서 교회의 큰 목적을 진술하고 있다(규례서, F-1.0304). 회중의 삶과 선교의 활력은 교회 전체의 소명에 있어 핵심이다. 언급한 바와 같이, 미국장로교는 교회로 부름을 받았지만 그 자체로는 전 세계적으로 그리스도의 몸인 교회의 회원이다. 각 회중 역시 자신의 시간과 장소에서 예수 그리스도의 교회로 부름받았다. 또한 당회의 책임에는 "회중을 통치하고 세상에서 하나님의 주권적 활동에 대한 증거"(규례서, G3.0201)가 포함된다.

C. 다양성과 포용성 Diversity and Inclusiveness

교단 내에서 미국장로교는 다양성이 전체에 기여하는 상호 의존성을 특징으로 하는 단합의 힘을 확인했다. 이 지체의 여러 구성원은 그들이 가져다 주는 특별한 특성을 통해 전체를 풍부하게 한다.

- 우리의 풍부한 다양성을 보여주고 다양한 역사와 전통을 제공하는 다문화 지역구의 인종 민족으로서;
- 다양한 신체적, 정신적 능력과 장애를 가진 사람들;
- 다양한 지리적 영역과 사회 경제적 배경;
- 모든 연령대의 남성과 여성으로서.
- 우리의 개혁 교회 전통 안에서 다양한 신학적 관점을 가지고;
- 많은 다른 선물;

- 개혁 교회 가족 내에서 오랜 역사와 전통을 지니고 있다. 선출된 단체가 교회에서 발견되는 다양한 재능의 선물을 대표하고 힘과 의사 결정을 공유할 수 있는 수단을 제공할 수 있도록 패턴이 확립되었다. 마찬가지로 교회 차원의 인사 절차는 평등한 고용 기회를 촉진한다.

D. 전통과 유연성 Tradition and Flexibility

미국장로교는 개혁 신학을 신앙과 실천의 원칙으로 성경에 견고히 근거한다고 공언한다. 규례서는 "개신교의 표어-오직 은총, 오직 믿음, 오직 성경—은 신앙 생활에서 계속해서 하나님의 백성을 인도하고 고무하는 기본적인 이해의 원리를 구체화한 것이다"(F-2.04). 교회는 또한 본질상 대표적인 개혁 정책을 계승하고 계속해서 인정하고 있다. 하나님에 의한 갱신의 개방성은 구조의 융통성과 성장과 변화에 대한 개방성을 수반한다. 미국장로교는 성장의 필요성을 인식하고 성령의 힘에 대해 열려 있다. 인류와 인간 기관의 타락한 본질에 대한 개혁파의 전통에 대한 인식은 견제와 균형 체계로 구성된 교회 정치의 발전으로 이어졌다. 최근 수년간 이 구조에는 선출된 임원들에 대한 한정된 기간과 교체가 포함되어 있으며 중간 공의회에서 교회의 다양한 요소들을 공정하게 대표할 계획을 세운다. 미국장로교는 모든 개혁 교회의 만인 제사장직에 대한 신념을 공유한다. 이런 이유로 교단 내에서 지도력으로 부름 받은 사람들은 전체 조직이 선교 사업을 할 수 있도록 하는 조직 계획에 의해 움직인다.

E. 파트너십 Partnership

미국장로교는 경쟁보다는 협동을 통해 기능하는 중간 공의회 간의 관계 시스템을 개발하고자 한다. 파트너십은 헌신, 평등, 겸손, 개방성, 민감성, 유연성 및 사랑을 지속하는 것이 특징이다. 달성해야 할 목표 이상으로 파트너십은 성령의 인도하심 하에서만 착수 할 수 있는 과정이나 여정이다. 상담은 의사결정 과정의 일부로 매우 중요하다.

F. 인사와 보수 Personnel and Compensation

총회에서는 장로교 선교국에서 사용하는 인사, 평등한 고용 기회 및 차별 철폐 조치 및 보상 시스템을 승인했다. 이 제도는 해외 인력 및 총회 차원의 단체, 대회, 노회, 당회, 교회 및 교회 관련 기관에 대한 인도지침을 제공한다. 교회 전체에 일관성과 형평성을 키우기 위해 중간 공의회와 교육 기관은 필요에 따라 이러한 정책을 승인하고 시행하도록 촉구된다.

[부록 5]

벨하르 신앙고백서
(Belhar Confession)

1. 우리는 아버지, 아들, 성령이신 삼위일체 하나님을 믿습니다. 그는 말씀과 성령으로 교회를 모으시고 보호하시고 돌보십니다. 하나님은 세상의 시작부터 이 일을 해오셨고 세상 끝날까지 하실 것입니다.

2. 우리는 하나의 거룩하고 보편적인 기독교회와 온 인류로 부터 불러내신 성도들의 교제를 믿습니다.

- 우리는 그리스도의 화해의 사역이 하나님과 화해하고 서로에게 화해한 신자들의 공동체로서 교회 안에 나타나신바 되었음을 믿습니다(엡 2:11-22).
- 그러므로 하나됨은 예수 그리스도의 교회에게 주어진 선물인 동시에 의무이기도 합니다. 또한 하나님의 영의 일하심을 통해 이 하나됨은 서로를 묶는 힘이며 동시에 열렬하게 추구하고 찾아야 하는 실체이기도 합니다. 하나님의 백성은 이 하나됨을 이루기 위해 지속적으로 세워져가야 합니다(엡 4:1-16).
- 이 하나 됨은 가시(可視)적이어야 합니 다. 그러므로 세상은 사람들을 나누고 그룹들을 나누는 분리와 적대감과 증오가 그리스도께서 이미 정복하신 죄라는 것을 믿도록 해야 합니다.

따라서 이 하나됨을 위협하는 것이 어떤 것이든지 상관없이 교회 안에 있어서는 안 되며 반드시 그것들을 저항해야 합니다(요한 17:20-23).
- 하나님의 백성의 이러한 하나됨은 다양한 방식으로 나타나야 하고 적극적으로 활동적이어야 합니다.

다양한 방식들 가운데는 다음과 같은 것들이 있습니다. 서로를 사랑하고, 서로가 공동체를 경험하고 실행하고 추구하고, 서로에게 유익하고 복이 되기 위해 자발적이고 즐거운 마음으로 우리 자신들을 내어주고, 같은 한 신앙을 공유하고, 같은 한 소명을 지니고, 같은 한 마음과 같은 한 뜻을 품고, 같은 한 하나님과 아버지를 모시고, 같은 한 성령으로 채움을 입고, 같은 한 세례로 세례를 받고, 같은 한 떡을 먹고 같은 한 잔을 마시고, 같은 한 이름을 고백하고, 같은 한 주님께 순종하고, 같은 한 목적을 위해 일하고 같은한 소망을 나누고, 같이 그리스도의 사랑의 높이와 너비와 깊이를 알게 되고, 같이 그리스도 되심에 까지, 새로운 인간됨에 까지 세워지고, 같이 서로의 짐들을 알아 짊어짐으로 그리스도의 법을 성취하며, 서로를 권면하고 위로함으로써 우리가 서로를 필요로 하고 서로를 세워주게 되고, 우리가 의를 위해 함께 고난을 당하고, 함께 기도하고, 이 세상에서 같이 하나님을 섬기고, 이 하나됨을 위협하거나 방해하는 모든것들에 대항하여 같이 싸우는 것입니다. (빌 2:1-5; 고전 12:4-31; 요한 13:1-17; 고 전 1:10-13; 엡 4:1-6; 엡3:14-20; 고 전 10:16-17; 고전 11:17-34; 갈 6:2; 고후 1:3-4).

- 이 하나됨은 강압적으로가 아니라 오직 자유 안에서만 수립될

수 있습니다. 다양한 영적 은사들, 기회들, 배경들, 확신들, 또한 다양한 언어들과 문화들은 그리스도 안에서 이루어진 화해 때문에 서로를 섬기기 위한 기회들이며 하나님의 가시적 백성 안에 풍요가 됩니다(롬 12:3-8; 고전 12:1-11; 엡 4:7-13; 갈 3:27-28; 야고보 2:1-13).

- 예수 그리스도에 대한 참된 믿음 만이 이 교회의 멤버(지체)가 될 수 있는 유일한 조건입니다.

그러므로

- 우리는 자연적 다양성을 절대화 하거나, 사람들을 나누는 죄악된 분리를 절대화하는 가르침들을 배격합니다. 이러한 절대화는 교회의 가시적이고 활동적인 하나됨을 방해하거나 깨뜨리며 심지어 분리된 교회를 만들어 정당화하는 길로 인도합니다.
- 한편으로 는 동일한 고백을 하는 신자들이 실제로는 다양성이라는 미명아래 서로에게서 소원(疏遠)하게 되어 더 이상 화해할 수 없는 지경에 있으면서도 말로는 이러한 영적 하나됨은 평화의 결속 안에서만 진정으로 유지된다고 고백하는 그 어떠한 가르침도 우리는 배격합니다.
- 값으로 매길 수 없는 이러한 가시적 하나됨을 열렬하게 추구하기를 거절하는 것이 죄라고 말하는 것을 부인하는 그 어떠한 가르침도 우리는 배격합니다.
- 혈통적 요소나 그 어떠한 인간적 혹은 사회적 요소가 교회의 지체됨을 결정하는데 고려사항이 되어야 한다고 명시적으로든지

암시적으로든지 주장하는 어떠한 가르침도 우리는 배격합니다.

3. 우리는 믿습니다.

- 하나님은 예수 그리스도 안에서 그리고 예수 그리스도를 통하여 교회에게 화해의 메시지를 위탁하셨음을 우리는 믿습니다. 또한 우리는 교회가 이 세상의 소금과 빛으로 부르심을 받았다는 것을 믿습니다.

또한 우리는 교회가 평화를 만드는 자이기 때문에 복이 있다고 하셨음을 믿습니다. 또한 우리는 교회는 말씀 과 행동을 통해 의로움이 거하는 새 하늘과 새 땅에 대해 증언하는 증인임을 믿습니다 (고후 5:17-21; 마 태 5:13-16; 마태 5:9; 벧후 3:13; 계 21-22장).

- 우리는 생명을 주시는 하나님의 말씀과 성령이 죄와 사망의 세력들을 이미 정복하셨으며 따라서 불화와 증오와 비정함과 적대감의 세력들도 정복하셨음을 믿습니다. 우리는 생명을 주시는 하나님의 말씀과 성령이 교회로 하여금 사회와 세상을 위한 생명의 새로운 가능성들을 열어놓을 수 있는 새로운 순종 가운데 살게 하실 것을 믿습니다. (엡 4:17--6:23, 롬 6; 골 1:9-14; 골 2:13-19; 골 3:1--4:6).

- 우리는 이 메시지가 기독교인이라고 고백하면서도 인종적 근거에 의해 사람들을 강제적으로 나누어 소외와 증오와 적대감을 증진하고 영속화 하는 땅에서 이 메시지의 신뢰성이 심각하게 영향을 받고 이 메시지가 주는 혜택의 사역이 방해를 받

는다고 믿습니다.

- 우리는 복음에 호소하면서 그러한 강요된 차별을 정당화 하려 들고, 또 순종과 화해로 가는 길에 과감하게 나가지 못하고 오히려 편견과 두려움과 이기주의와 불신에서 화해하는 복음의 능력을 부인하는 어떤가르침도 이데올로기며 그릇된 교리라고 믿습니다.

그러므로
- 우리는 그러한 환경에서 복음의 이름으로나 하나님의 뜻을 들먹이면서 사람들을 인종이나 피부색에 근거하려 사람들을 억지로 나누고 따라서 사전에 그리스도 안에서 화해의 사역과 경험들을 방해하거나 약화시키는 그 어떤 가르침도 배격합니다.

4. 우리는 믿습니다.

- 우리는 하나님께서 자신을 사람들 사이에 정의와 참된 평화가 있기를 바라시는 분으로 드러내셨다고 믿습니다.
- 우리는 불의와 반목으로 가득한 세상에서 하나님은 특별한 방식으로 버림받은 자들과 가난한 자들과 억울한 자들의 하나님 이심을 믿습니다.
- 우리는 하나님께서 교회를 불러 이 일에 자기를 따르라고 하셨음을 믿습니다. 왜냐하면 하나님은 억눌림을 받는 자에게 정의를 주시고 배고픈 자에게 먹을 것을 주시기 때문입니다.

- 우리는 하나님께서 옥에 갇힌 자를 풀어주시고 앞을 못 보는 자에게 시력을 회복시켜 주심을 믿습니다.
- 우리는 하나님께서 짓밟힌 자들을 격려해 주시고 이방인을 보호하시며 고아들과 과부들을 도우시며 경건하지 못한 자들의 가는 길을 막는다는 것을 믿습니다.
- 우리는 하나님에게 순전하고 깨끗한 종교는 고아와 과부들이 고난 가운데 있을 때 찾아가는 것이라고 믿습니다.
- 우리는 하나님께서 교회에게 착한 일을 행하고 옳은 것을 찾기를 가르치시기를 원하신다고 믿습니다. (신 32:4; 누가 2:14; 요 14:27; 엡 2:14; 사 1:16-17; 약 1:27; 약 5:1-6; 눅 1:46-55; 눅 6:20-26; 눅 7:22; 눅 16:19-31; 시 146; 눅 4:16-19; 롬 6:13-18; 암 5장)

- 그러므로 교회는 어떤 형태든 상관없이 고통이나 궁핍 가운데 있는 사람들 곁에 서 있어야한다고 우리는 믿습니다. 이것이 뜻하는 바는 무엇보다도 교회는 어떤 형태든 불의에 대항하여 증인이 되어야 한다는 것입니다. 그렇게 함으로써 정의가 하수 같이 흐르고 공의가 끊임없이 흐르는 시내처럼 되어야 할 것입니다.
- 우리는 하나님의 소유로서 교회는 주님이 서 계신 곳에 언제나 서 있어야 한다고 믿습니다. 즉 불의에 대항하여야 하고 억울한 사람들과 함께 있어야 합니다. 우리는 그리스도를 따르는 일에 있어서 교회는 이기적으로 자신들만의 이익들을 추구하고 따라서 다른 사람들을 통제하고 해를 끼치는 모든 힘 있

는 자들과 특권계급의 사람들에 대항하여 증언해야 합니다.

그러므로
- 우리는 온갖 형태의 불의들을 정당화시키려는 어떤 이데올로기이도, 또한 복음의 이름으로 그러한 이데올로기에 저항하려 들지 않는 어떤 가르침도 배격합니다.

5. 비록 세상 권세들과 인간의 법들이 혹이라도 이 모든 것들을 금지하거나 그에 복종하지 않는다고 형벌과 고난을 준다고 해도, 우리는 교회의 유일한 머리이신 예수 그리스도께 순종함으로, 교회는 이 모든 것들 을 고백하고 행하도록 부르심을 받았음을 믿습니다 (엡 4:15-16; 행전 5:29-33; 벧 전 2:18-25; 벧전3:15-18).

예수는 주님이십니다.
한분 유일하신 하나님이신 아버지와 아들과 성령에게 존귀와 영광이 영원이 있을찌로다. 아멘.

참조 : 벨하르 신앙고백서는 원래 남아 공화국의 언어인 아프리칸스(화란어와 유사함)로 작성되 었으며 1986년 9월에 남아공의 화란 개혁선교교회의 총회가 신앙고백 서로 채택하였다. 1994년에 화란 개혁선교교회(Dutch Reformed Mission Church)와 아프리카 화란개혁교회 (Dutch Reformed Church in Africa)가 통합하여 남아프 리카 연 합개혁 교회(Uniting Reformed Church in Southern Africa, [URCSA])라는 교단이 결성되었다 .

[부록 6]

에딘버러 2010 대회, '공동의 소명'

에딘버러 2010 대회(6월 2-6일)에 1910년 에딘버러 선교대회의 100주년을 기념하기 위해서 더욱 폭넓은 기독교 교회들이 참여했다. 세계 기독교의 현실을 생각해 볼 때, 오순절파 지도자들을 포함하여 상당수의 복음주의자들은 이번 대회에 적극적으로 참여 했다.

대회를 종료하며, 광범위한 참석자들의 관심과 헌신을 반영한 '공동의 소명'(Common Call)이 확정됐다. 에딘버러 2010 대회의 이해 관계하고 있는 단체인 WEA는 소속 회원들에게 실천을 위한 공동의 소명을 검토 및 숙고하며 이것에 응답할 것을 촉구했다.

에딘버러 2010 대회는 1910년에 개최되었던 역사적인 세계 선교 대회 100주년을 기념하여 6월 2일 부터 6일 까지 스코틀랜드의 수도에서 열렸다.[1] 1910년 대회에는 주로 북미와 북유럽에서 1200명의 개신교 선교 지도자들이 참석했다. 에딘버러 2010 대회에는 세계복음주의연맹의 대표인 제프 터니클리프 박사를 포함한 몇몇 지도자들이 참석했다. WEA 회원인 Rose Dowsett은 공동소명 초안 작업에 참여했다.

---

1) 출처: http://www.edinburgh2010.org/

세계복음주의연맹(WEA)은 세계복음주의연맹은 7개 지역의 128개국의 복음주의 연맹과 104개의 회원단체로 구성되어 있다. WEA의 비전은 모든 나라를 제자삼고, 사회의 그리스도 중심적 변혁을 통해 하나님의 나라를 확장하는 것이다. WEA는 세계 4억 2천만 명의 복음주의 기독교인들을 위한 기독교 연합을 증진시키며, 정체성, 목소리와 플랫폼을 제공하기 위해 노력하고 있다.

'공동의 소명'

1910년 개최된 에딘버러 세계 선교 대회의 백주년을 기념하여 모인 우리들은 하나님의 통치의 표지로서의 교회를 믿으며, 성령의 변화의 능력을 통한 하나님의 사랑의 선교를 나눔을 통하여 오늘날 그리스도를 증거 하기 위해 부름 받았다.

1. 삼위일체 하나님을 믿고 긴급성의 갱신과 더불어, 우리는 구원, 죄의 용서, 충만한 삶, 가난과 압제로부터의 해방의 기쁜 소식을 전파하고 구현하기 위해 부름 받았다. 우리는 하나님이 온 세계를 향해 의지하시는 사랑과 의로움 그리고 정의를 설명하는 삶을 사는 전도와 증인 되는 것에 도전 받는다.

2. 십자가상에서의 그리스도의 희생과 세상을 구원하시기 위한 주님의 부활을 회상하며, 그리고 성령의 능력을 받으며, 우리는 불신자와 타종교 전통을 신앙하는 사람들에게 그리스도의 유일성에 대한 진정한 대화, 존경스러운 개입과 겸손한 증거를 위해 부름 받았다. 우리의 접근은 복음의 메시지에 근거한 담대한 자신감이 새겨져 있

으며 그것은 우정을 쌓고 화해를 추구하고 호의를 행하는 것이다.

3. 세상 가운데 임의로 불어오는 성령을 알게 될 때, 창조세계가 재결합되고 진정한 삶을 가져 올 때, 우리는 긍휼과 치유의 공동체가 되는 것에 부름 받다. 젊은이들이 열정적으로 선교에 참여하고, 여성과 남성이 힘과 책임을 공평히 분배 하는 곳에, 정의, 평화, 환경보존, 그리고 창조자와 피조물의 미를 반영하는 갱신된 예전이 있다.

4. 교회와 세계 안에 우리를 분열시키고 문제를 일으키는 힘의 불균형에 의해 방해 받을 때, 우리는 힘의 시스템에 대한 회개와 비판적 성찰 그리고 힘의 구조의 책임적 사용을 위해 부름 받았다. 하나님께서 교만을 거부하신 다는 완전한 인식 안에서 우리는 한 몸의 지체로 살기 위한 실제적인 방법을 강구하도록 부름 받았다. 그리스도께서 가난하고 고통 받는 자를 환영하시고 힘주시며, 성령의 능력이 우리 안에 연약함에서 나타났다.

5. 선교 사역의 성경적 기초의 중요성을 확인하며, 사도들과 순교자들의 증거를 가치있게 여기며, 우리는 세계 각지의 나라들에서 복음의 표현들을 기뻐하는 것에 부름 받았다. 우리는 이주운동과 모든 선교 방향성을 통해 경험된 갱신을 축하하며, 성령의 선물에 의한 선교를 위해 모두가 준비되는 방법, 그리고 하나님께 지속적으로 어린이와 젊은이들을 복음으로 부르시는 것을 기뻐한다.

6. 21세기 다양성의 세계에서 선교의 진정성을 함양한 새로운 세대의 지도자들의 필요성을 인식하며, 우리는 새로운 형태의 신학적인 교육 안에서 함께 부르심을 입었다. 우리가 하나님의 형상으로 지

어졌기 때문에 이것은 서로의 독특한 카리스마로 인도할 것이며, 서로가 신앙과 이해 안에서 자라날 것을 도전하며, 세계적으로 자원을 공정하게 나누며, 전 인간 존재와 하나님의 모든 가족을 포함하며, 그리고 어린이들의 참여를 증진시키는 동시에 연장자들의 지혜를 존중한다.

7. 모든 사람들 – 가난한 자, 부자, 소외된 자, 무시받는 자, 힘있는 자, 장애를 가지고 살아가는 자, 젊은이, 노인 – 을 제자 삼으라는 예수님의 부르심을 들으며, 우리는 모든 곳에서 모든 곳으로의 선교라는 신앙의 공동체에 부르심을 받았다. 기쁨 안에서 우리는 언행에 의한 증언 안에서, 거리에서, 직장에서, 집에서 그리고 학교에서 서로를 받아들이라는 것에 그리고 화해를 제공하며, 사랑을 보여주며, 은혜를 설명하고 진리를 말하는 것에 부르심을 받았다.

8. 연회의 주인 되신 그리스도를 생각하고 그리스도께서 사시고 기도하셨던 연합에 헌신하며, 우리는 지속적인 협력, 논쟁적인 이슈들을 다루는 것과 공동의 비전을 위해 일하는 것에 부르심을 받았다. 우리는 다양성 안에서 서로를 환영하며, 그리스도의 한 몸을 안에서 세례를 통하여 한 지체가 되었고 선교의 상호관계, 파트너십, 협력과 네트워크의 필요를 인식한다. 그러므로 세계는 신뢰할 수 있을 것이다.

9. 예수님의 증언과 섬김의 방식을 기억하며, 기쁨으로 성령에 의하여 영감 되고, 기름 부음 받고, 보냄 받고, 능력을 받고 공동체 안에서 기독교 훈련에 의해 양육되어 지는 이 방식을 따르기 위해 우

리는 부름 받았다. 영광과 심판으로 오실 그리스도를 바라보기 때문에, 우리는 성령 안에서 우리와 함께 하시는 주님의 현존을 경험하며 우리는 모두와 함께 하는 것에 초대 받는다. 우리는 온 피조물을 향한 하나님의 변혁하시며 화해시키시는 사랑의 선교에 참여한다.

[부록 7]

다종교 사회에서의 그리스도인의 증언

머리말

　선교는 교회의 존재 자체에 속합니다. 하나님 말씀을 선포하고 세상에 증언하는 것은 모든 그리스도인에게 필수적인 일입니다. 동시에 이 일은 반드시 모든 인간을 온전히 존중하고 사랑하는 가운데 복음의 원리에 따라 하여야 합니다. 서로 다른 종교적 신념을 가진 사람들과 공동체들 사이에 긴장이 있고 그리스도 증언에 대한 다양한 해석이 있음을 인식하여, 교황청 종교간대화평의회(PCID)와 세계교회협의회(WCC), 그리고 세계교회협의회가 초대한 세계복음연맹(WEA)이 만나, 지난 5년 동안 성찰을 거듭하며, 전 세계 그리스도인의 증언에 관한 일련의 행동 권고로 쓰일 이 문서를 작성하였습니다. 이 문서에서 우리는 선교에 관한 신학적 진술을 펼 의도는 없으며, 다종교 세계에서 그리스도인의 증언과 관련된 실천 문제들을 말하고자 합니다. 이 문서의 목적은, 여러 교회와 교회 협의회 그리고 선교 단체들이 현재의 관행을 반성하도록 촉구하고, 적절한 곳에서는 이 문서의 권고들을 적절히 활용하여 다른 종교인들과 비종교인들 가운데에서 그리스도를 증언하고 선교하는 고유 지침을 마련하도록 장려하는 것입니다. 전 세계의 그리스도인들이 말과 행동으로 그리스도

신앙을 증언하는 그들 자신의 관행에 비추어 이 문서를 연구하기를 바랍니다.

그리스도인 증언의 기초

1. 그리스도인들이 그들이 지닌 희망에 관하여 온유하고 공손하게 이야기하는 것은 특권이고 기쁨입니다(벧전 3:15 참조).

2. 예수 그리스도께서 최고의 증인이십니다(요 18:37 참조). 그리스도인의 증언은 언제나 그분의 증언에 동참하여, 하나님 나라를 선포하고, 이웃을 섬기며, 십자가에 이르기까지 자신을 온전히 내어주는 형태를 띱니다. 성부께서 성령의 힘으로 성자를 파견하셨듯이, 신자들도 말과 행동으로 삼위일체 하나님의 사랑을 증언하라는 사명을 받아 파견됩니다.

3. 예수 그리스도와 초기 교회의 모범과 가르침은 그리스도인의 선교를 위한 길잡이가 되어야 합니다. 이천 년 동안 그리스도인들은 하나님 나라의 기쁜 소식(눅 4:16-20 참조)을 나눔으로써 그리스도의 길을 따르고자 노력해 왔습니다.

4. 다원주의 세계에서 그리스도인의 증언은 서로 다른 종교와 문화를 지닌 사람들과 나누는 대화를 포함합니다(행 17:22-28 참조).

5. 어떤 상황에서는 복음을 선포하고 실천하기가 힘들고 방해를 받거나 심지어 금지되어 있기도 하지만, 그리스도인들은 그리스도

께서 명령하신 대로 서로 연대하여 끊임없이 충실하게 그리스도를 증언하여야 합니다(마 28:19-20; 막 16:14-18; 눅 24:44-48; 요 20:21; 행 1:8 참조).

6. 만일 그리스도인들이 속임수나 강제적 수단과 같은 부당한 방식으로 선교를 수행한다면, 이는 복음을 저버리는 것이며 다른 이들에게 고통을 줄 수도 있습니다. 이러한 일탈은 참회를 요구하며, 우리에게 하나님의 끊임없는 은총이 필요하다는 것을 일깨워 줍니다(롬 3:24 참조).

7. 그리스도인들은 그리스도를 증언할 책임은 자신에게 있지만 궁극적으로 회심은 성령께서 하시는 일이라고 확신합니다(요 16:7-9; 행 10:44-47 참조). 그리스도인들은 어떠한 인간도 막을 수 없는 방식으로, 성령께서는 불고 싶은 데로 부신다는 것을 알고 있습니다(요 3:8 참조).

원칙

그리스도인들은 그리스도께서 맡기신 사명을 적절한 방식으로, 특히 종교 간 상황에서 완수하고자 할 때에 다음과 같은 원칙을 지켜야 합니다.

1. 하나님 사랑의 실천. 그리스도인들은 하나님께서 모든 사랑의 원천이심을 믿습니다. 따라서 그 증거로 사랑의 삶을 살고 이웃을 자기 자신처럼 사랑하도록 부름 받고 있습니다(마 22:34-40; 요

14:15 참조).

2. 예수 그리스도를 본받기. 그리스도인들은 삶의 모든 측면에서 그리고 특히 증언으로 예수 그리스도의 모범과 가르침을 따라, 그분의 사랑을 나누고, 성령의 힘으로 하나님 아버지께 영광과 영예를 드리도록 부름 받고 있습니다(요 20:21-23 참조).

3. 그리스도인의 덕행. 그리스도인들은 정직, 사랑, 연민, 겸손으로 행동하고, 온갖 오만, 불손, 비방을 지양하도록 부름 받고 있습니다(갈 5:22 참조).

4. 섬김과 정의의 실천. 그리스도인들은 정의롭게 행동하고 온유하게 사랑하도록 부름 받고 있습니다(미 6:8 참조). 더 나아가 다른 이들을 섬기고 그렇게 함으로써 가장 작은 형제자매들 안에 계신 그리스도를 발견하도록 부름 받습니다(마 25:45 참조). 교육과 의료, 구호와 같은 섬김의 행위와 정의와 변호를 위한 활동은 복음 증언의 중요한 부분입니다. 그리스도인들이 봉사 활동을 하면서 가난하고 어려운 처지를 이용하는 일은 있을 수 없습니다. 그리스도인들은 봉사 활동에서 금전적 보상과 사례를 비롯한 온갖 유혹을 삼가고 고발하여야 합니다.

5. 치유 봉사의 분별. 그리스도인들은 복음 증언의 중요한 부분으로 치유 봉사를 합니다. 그들은 이 봉사 직무를 수행할 때 분별력을 발휘하여 인간 존엄을 온전히 존중하여야 하며, 사람들의 나약함

과 치유 요구가 이용당하지 않도록 보장하여야 합니다.

6. 폭력 배제. 그리스도인들은 그들의 증언에서 권력 남용을 비롯한 온갖 형태의 폭력, 곧 심리적 또는 사회적 폭력까지도 배제하여야 합니다. 또한 예배 장소나 신성한 상징, 경전들에 대한 훼손이나 파괴를 포함하여 그 어떤 종교적, 세속적 권력이 자행하는 폭력, 부당한 차별이나 억압도 배제하여야 합니다.

7. 종교와 신앙의 자유. 자신의 종교를 공공연히 고백하고 실천하고 전파하며 개종할 권리를 포함하는 종교 자유는, 모든 인간이 하나님을 닮은 모습으로 창조되었다는 데 근거한 인간의 존엄 자체에서 나옵니다(창 1:26 참조). 그러므로 모든 인간은 동등한 권리와 책임을 가집니다. 종교가 정치적 목적에서 도구화되는 곳이나 종교 박해가 자행되는 곳에서 그리스도인들은 이러한 행태를 규탄하는 예언자적 증언을 하도록 부름 받고 있습니다.

8. 상호 존중과 연대. 그리스도인들은 모든 사람과 함께 서로 존중하며 협력하여 정의와 평화와 공동선을 증진하는 데에 헌신하도록 부름 받고 있습니다. 종교 간 협력은 이러한 노력의 핵심입니다.

9. 만민 존중. 그리스도인들은 복음이 문화들에 도전을 하면서도 이를 풍요롭게 한다는 것을 알고 있습니다. 복음이 문화의 어떤 측면에 문제를 제기할 때에도, 그리스도인들은 모든 사람을 존중하여야 합니다. 그리스도인들은 또한 그리스도교 문화에서 복음에 어긋나는

요소들을 식별하여야 합니다.

10. 거짓 증언의 근절. 그리스도인들은 성실하고 정중하게 말하여야 합니다. 또한, 다른 이들의 믿음과 실천을 배우고 이해하고자 귀를 기울이고, 그들 안에 있는 참되고 좋은 것을 인정하고 존중할 수 있어야 합니다. 어떠한 평가나 비판적인 접근은 상호 존중의 정신으로 이루어져야 하며, 분명코 다른 종교에 관한 거짓 증언을 삼가야 합니다.

11. 개인의 식별 보장. 그리스도인들은 한 사람의 종교를 바꾸는 것은 개인의 자유를 온전히 보장하는 가운데 적절한 성찰과 준비를 하는 충분한 시간이 필요한 결단의 행보임을 깨달아야 합니다.

12. 종교 간 관계 구축. 그리스도인들은 끊임없이 다른 종교인들과 신뢰와 존중의 관계를 쌓아 나가며, 더 깊은 상호 이해와 화해 그리고 공동선을 위한 협력을 증진하여야 합니다.

권고사항

세계교회협의회와 교황청 종교간대화평의회가 주최하고 세계복음연맹이 협력하여, 주요 그리스도 신앙 가족들(가톨릭 교회, 정교회, 개신교, 복음주의 교회, 오순절 교회)이 참여한 제3차 협의회에서는, 초교파적 협력의 정신으로, 교회들과 국가나 지역의 교단들, 선교 단체들, 그리고 특별히 종교 간 상황에서 일하는 분들이 숙고해 보도록 이 문서를 마련하고, 다음과 같이 권고합니다.

1. 연구하십시오. 이 문서에 제시된 주제들을 연구하고, 적절한 곳에서는 개별 상황에 적용할 수 있는 그리스도인 증언에 관한 행동 지침을 마련하십시오. 이 행동 지침은 가능하다면, 다른 종교 대표들의 자문도 얻어, 초교파적으로 이루어져야 합니다.

2. 맺으십시오. 모든 종교인과 신뢰와 존중의 관계를 맺으십시오. 특히 교회들과 다른 종교 공동체들 사이의 제도적 차원에서, 그리스도인 사명의 일부인 지속적인 종교 간 대화에 참여하십시오. 오랜 긴장과 갈등으로 공동체들 사이에 의혹이 깊어지고 신뢰를 잃어버린 특정 상황에서, 종교 간 대화는 갈등 해소와 정의 회복, 기억의 치유, 화해와 평화 구축을 위한 새로운 기회를 마련해 줄 수 있습니다.

3. 격려하십시오. 그리스도인들이 다른 종교를 더 깊이 알고 이해하는 가운데, 다른 종교인들의 관점도 고려하면서, 자기 종교의 고유한 정체성과 신앙을 강화할 수 있도록 격려하십시오. 그리스도인은 서로 다른 종교인들의 믿음과 실천에 대한 그릇된 표현을 삼가야 합니다.

4. 협력하십시오. 다른 종교 공동체들과 더불어, 정의를 옹호하고 공동선을 추구하는 종교 간 활동에 협력하십시오. 가능하다면 갈등 상황에 있는 이들과 함께 연대하십시오.

5. 요청하십시오. 많은 나라에서 종교 단체와 종교인들의 선교

활동이 금지되고 있다는 사실을 깨닫고, 종교 자유가 올바로 온전히 존중받도록 보장할 것을 그러한 나라들의 정부에 요청하십시오.

6. 기도하십시오. 기도가 우리의 존재와 활동의 핵심이자 그리스도 선교의 핵심임을 깨닫고, 이웃들과 그들의 행복을 위하여 기도하십시오.

부록: 문서의 배경

1. 오늘날의 세계에서는 그리스도인들 사이에, 그리고 그리스도인들과 다른 종교인들 사이에 협력이 계속 증진되고 있습니다. 교황청 종교간대화평의회와 세계교회협의회의 종교 간 대화와 협력 프로그램은 이러한 협력의 역사를 공유하고 있습니다. 이들이 과거에 협력한 주제들로는 종교 간 혼인(1994-1997년), 종교 간 기도(1997-1998년), 아프리카의 종교(2000-2004년) 등을 들 수 있습니다. 이 문서는 이들의 공동 노력에서 나온 결실입니다.

2. 오늘날 세계는 폭력과 인명 피해를 포함하여 종교 간 긴장이 고조되고 있습니다. 정치, 경제, 그 밖의 다른 요인들이 이러한 긴장에 한몫하고 있습니다. 때때로 그리스도인들도 본의든 본의가 아니든 간에 박해를 받거나 폭력에 동참하는 자가 되어 이러한 갈등에 연루되기도 합니다. 이에 대한 대처 방안으로 교황청 종교간대화평의회와 세계교회협의회의 종교 간 대화와 협력 프로그램은 그리스도인 증언에 관한 행동 권고를 함께 마련하는 공동 과정에 참여하여 관련 문제들을 다루기로 하였습니다. 세계교회협의회의 종교 간 대화와 협력 프로그램은 이 과정에 세계복음연맹이 참여하도록 초대하였고,

세계복음연맹은 기쁘게 참여하였습니다.

3. 처음 두 차례의 협의회 회의가 열렸습니다. 첫 번째 모임은 2006년 5월 이탈리아의 라리아노에서 "현실 평가"라는 주제로, 여러 다른 종교의 대표들이 개종 문제에 관하여 견해와 경험을 나누었습니다. 이 협의회의 성명서는 이렇게 밝히고 있습니다. "우리는 모든 사람이 다른 사람들에게 자신의 믿음을 이해하도록 권유할 권리를 가지고 있지만, 다른 사람들의 권리와 종교적 감성을 침해하면서까지 그렇게 해서는 안 된다고 단언합니다. 종교 자유는, 우리 자신의 믿음보다 다른 믿음을 존중하여야 하고, 우리 신앙의 우월성을 내세우려는 목적으로 결코 다른 종교를 폄하하거나 비방하거나 왜곡하지 말아야 하는, 타협할 수 없는 책임을 우리 모두에게 똑같이 부과하고 있습니다."

4. 두 번째 그리스도인 간 협의회 회의는 2007년 8월 프랑스 툴루즈에서 개최되어 같은 문제들을 성찰하였습니다. 곧, 가정과 공동체, 타인 존중, 경제, 시장과 경쟁, 폭력과 정치에 관한 문제들을 면밀하게 토론하였습니다. 이러한 주제들과 관련된 사목적, 선교적 문제들은 신학적 성찰의 바탕이 되고, 또 이 문서에 개진된 원리의 배경이 되었습니다. 각각의 문제는 그 자체만으로도 중요하지만 더욱더 관심을 기울여야 할 문제들을 이 권고에 담았습니다.

5. 제3차 (그리스도인 간) 협의회 회의 참석자들은 2011년 1월 25일부터 28일까지 태국 방콕에서 만나 이 문서를 완성하였습니다.

[부록 8]

 **Presbyterian Church of Aotearoa New Zealand**

The Rev Martin Baker
Assembly Executive Secretary
Terralink House, 275 Cuba Street
PO Box 9049, Wellington 6141
aes@presbyterian.org.nz
Phone (04) 801-6000
Fax (04) 801-6001

2 February 2011

Rev Dr SG Cho
General Secretary
Presbyterian Church of Korea

Dear Rev Cho,

Greetings and Happy New Year to you! We are looking forward to seeing you and Myong here in April. It will be our privilege to have you both.

We would like to raise the possibility of our two Churches working on a joint project here in New Zealand in which we appoint an Asian Mission and Ministry Coordinator. I have attached an Executive Summary of the position as we see it.

There are two key elements in the position that stand out for us. We need someone who can

* Support Asian Presbyterian congregations, embedding them into the life of the Presbyterian Church of Aotearoa New Zealand.

* coordinate the development of emerging Asian leadership

We would especially like to pursue the option of working with the Presbyterian Church of Korea on this project. The PCK is a close and valued partner and we already have in our Church a large number of ministers and members who have come to us from a PCK background.

We are looking for someone who is able to relate to these ministers, Elders and congregations, as well as other Korean folk who have come from other Churches in Korea, such as the PROK and the Haptong group of Churches.

Some of our Korean members have become Christians after their arrival in New Zealand and have had no previous involvement in Church life. This has been an exciting development for us.

The position is however by no means simply directed towards our Korean members. It includes relating to our Chinese, Taiwanese, Indonesian and Indian congregations. Therefore the appointee's ability to speak English well is vital.

We see two possibilities for processing this project further.

The first would be to invite the PCK were to send a missionary to us to carry out this task. As an initial discussion point, we were wondering if the PCK would be prepared to explore the possibility of supporting us financially for a 3 year period. That would also give the appointee's position some stability and provide quite some status in the Korean community here.

The other possibility is the missionary sharing programme of the Council for World Mission, in which the PCK becomes the sending Church and the PCANZ the receiving church.

This would involve a joint application from the PCANZ and PCK to CWM, using their processes and funding.

Either way, we would be delighted to work with the PCK.

We would appreciate any thoughts you may have on this proposal.

We look forward to working together with the PCK on this and other projects and we certainly look forward to seeing you in April.

Every blessing to you and your family.

Warmest regards

Martin Baker
Assembly Executive Secretary

뉴질랜드장로교회에서 대한예수교장로회(PCK)에
아시안 사역 총무 추천을 요청한 편지

뉴질랜드장로교회- 대한예수교장로회 선교협의회 합의문

대한예수교장로회(PCK)와 뉴질랜드장로교회(PCANZ)는 1982년에 선교 협정을 체결한 이래 양 교단 쌍방 간의 협력 관계를 발전시켜 왔다. 2012년 9월에는 "대한예수교장로회와 뉴질랜드장로교회간의 목회상호인정에 대한 협정"을 체결함으로 이러한 협력 관계를 한 걸음 더 진전시켰다. 2014년 5월, 두 교회의 대표들이 서울의 한국교회100주년 기념관에서 만나서 이러한 협정들과 관련된 사항을 논의하고, 양 교단의 협력 관계를 개선하고 발전시키기 위한 현안에 대해 의논하였다.

대한예수교장로회의 총회 사무총장 이홍정 목사는 "치유와 화해를 위한 하나님의 생명망 짜기 - "생명의 하나님께서 우리를 정의와 평화로 이끄시는 한 가지 방편"라는 제목의 문서를 발표하였다. 이 문서는 양 교단 사이의 관계에 대해서 근본적인 기초가 되는 교회 간 동역관계의 신학을 포함하고 있다. 이 합의문은 양 교단 사이에 이미 공유하고 있는 선교를 강화하기 위해서 토론한 결과 아래와 같이 확인한 세 가지의 영역에 초점을 맞추고 있다.

1. 뉴질랜드 내의 한인 디아스포라 공동체를 위한 사역을 전개하는 일
2. 양 교단 간의 자원과 사역의 상호 교환을 강화하는 일
3. 뉴질랜드 내의 아시아 이민자들을 위한 사역 개선하는 일

   1. 뉴질랜드에 온 일부 한국 목회자들과 선교사가 뉴질랜드의 상황에서 사역을 감당하기에 충분한 준비가 되지 않은 경우도 있다는 사실을 확인했다. 이미 뉴질랜드에서 사역하거나 새롭게 사역을 시작하는 한국 목회자와 선교사들이 뉴질랜드에서 성공적인 사역을 감당하도록 지원하기 위하여, 뉴질랜드장로교회의 아시아평의회로 하여금 녹스 센터(KCML)의 자문을 받아 이들을 위하여 적절한 훈련과 오리엔테이션 프로그램을 개발하여 지원토록 한다.

   2. a) 2012년의 양 교단간의 목회상호인정에 대한 협정은 두 교단 목회자를 상호교환하기 위한 것이다. 뉴질랜드장로교회는 신학학사(B.Th.) 학위와 교역학 디플로마(Deploma of Ministry) 학위 소지자를 목사 안수 자격조건으로 정하고 있는 반면에, 대한예수교장로회는 교역학 석사(M.Div) 학위 소지자를 목사 안수 자격조건으로 정하고 있다. 이러한 양 교단의 목사 안수를 위한 자격조건을 동등한 자격으로 인정하며, 양 교단이 이를 상호 인정하도록 양 교단 사무총장이 공식 문서로 추진한다.
   b) 더불어 양 교단과 국가 사이의 선교와 목회에 대한 이해를 증진시키기 위하여 청년, 신학교 교수 및 신학생의 교환 방문 프로그램을 실시한다.
   3. a) 뉴질랜드 교회의 입장에서 아시아 이민자들은 선교를 위한

중요한 영역이다. 많은 수의 중국인 이민자들이 뉴질랜드에 들어오지만 이들 대부분은 기독교인이 아니다. 이 외에 필리핀 이주 노동자들이 오클랜드와 크리아스트처치 지역에서 빠른 속도로 증가하고 있다. 중국 선교를 위해서 훈련된 대한예수교장로회 선교사들이 뉴질랜드에서 중국인 이민자들을 위해서 사역할 수도 있다. 양 교단은 이러한 선교 영역을 발전시키기 위하여 구체적인 협의를 진행한다. 이러한 사역은 뉴질랜드장로교회의 초청으로 시작될 수 있으며, 양 교단의 공동 사역으로 전개한다.

b) 양 교단은 아시아 이주 노동자에 대한 사회봉사 선교 프로그램 실시를 위한 가능성을 타진하며, 이는 뉴질랜드에 거주하는 대한예수교장로회 선교사가 담당할 수 있다.

2014년 5월 27일 (화)

고마운 사람들에게

먼저, 필리핀에서 뉴질랜드까지 유목민같은 삶을 함께 해 준 아내 박정헌과 두 아들 세주와 성주에게 미안하고 고마운 마음을 전하고 싶다. 에큐메니칼 대화의 동반자였던 사랑하는 두 동생 영숙(아신대 졸), 경숙(감신대 졸)에게도 고맙고 든든한 마음을 전한다. 아들 식구를 선교사로 파송하며 그 형편과 처지를 돌봐달라고 늘 기도하셨고, 영적·경제적 도움을 주신 아버지 한희영 집사님과 어머니 김미자 권사님께도 감사드린다. 이 책이 올해 팔순을 맞으신 아버지께 그동안 베풀어주신 사랑에 대한 작은 보답이 되었으면 한다.

동반자 선교가 가능하도록 기도하고 후원하였던 교회들이 있다. 선교사 파송식을 했던 종암교회, 재정적인 후원을 해주었던 하늘비전교회 류종상 목사님과 성도들, 포항오천교회 박성근 목사님와 성도들, 부산산성교회 성도들과 허원구 부산장신대 총장님, 그리고 영일교회 최진수 목사님과 북부광성교회 박영구 목사님을 비롯한 서울북노회 필리핀선교후원회 목회자들과 교회들. 낯선 동반자 선교를 이해해준 넉넉한 마음과 보내주신 도움의 손길이 선교지에서 늘 고맙게 다가왔다.

동반자 선교 보고서 출판을 도운 이들도 있다.
이 책을 교생연N의 1주년 기념도서로 출간하도록 격려해 준 한국교회생태계연구네트워크의 운영위원들과 거친 원고를 손질해 준

박준범 전도사, 홍승만 목사, 김민오 목사, 김찬영 목사의 수고에 특별히 감사한 마음을 표한다. 서로북스의 민대홍 목사는 물과 같은 나의 생각을 포도주와 같은 책으로 만들어 주는 실력을 보여주었다. 앞으로 교생연N 2주년 기념도서로 기획 중인 '한국교회목회생태계 현황과 과제'와 함께 '동반자 선교 매뉴얼', '다문화선교 제안서', '청년선교 가이드북', '아시아 교회와 함께 하는 선교'와 같은 연구 프로젝트를 진행하고 싶다.

세계교회와의 동반자 선교를 지원하기 위해 총회 기획국에서 함께 했던 남인도교회 선교동역자 딜립(Rev.Dileep Kumar Kandula) 목사, 조성원 전도사와 누렸던 우정과 환대의 시간은 영원히 기억될 것이다.